大数据时代会计专业人才培养及教学改革研究

姬潮心 ◎ 著

吉林出版集团股份有限公司
全国百佳图书出版单位

图书在版编目（CIP）数据

大数据时代会计专业人才培养及教学改革研究 / 姬潮心
著. -- 长春：吉林出版集团股份有限公司，2024.1
ISBN 978-7-5731-4577-2

Ⅰ. ①大… Ⅱ. ①姬… Ⅲ. ①会计－人才培养－研究
－中国②会计－教学改革－研究－中国 Ⅳ. ①F233.2

中国国家版本馆CIP数据核字(2024)第041518号

DASHUJU SHIDAI KUAIJI ZHUANYE RENCAI PEIYANG JI JIAOXUE GAIGE YANJIU

大数据时代会计专业人才培养及教学改革研究

著　　者　姬潮心
责任编辑　田　璐
出　　版　吉林出版集团股份有限公司
发　　行　吉林出版集团青少年书刊发行有限公司
地　　址　吉林省长春市福祉大路 5788 号（130118）
电　　话　0431-81629808
印　　刷　北京昌联印刷有限公司
版　　次　2024 年 1 月第 1 版
印　　次　2024 年 1 月第 1 次印刷
开　　本　787 mm×1092 mm　　1/16
印　　张　11.5
字　　数　238千字
书　　号　ISBN 978-7-5731-4577-2
定　　价　76.00元

前　言

随着全球经济一体化进程的深入，我国经济发展客观上需要大批具有理论基础与实践操作能力的新型会计人才。在会计行业的发展、会计准则与国际惯例协调的大时代背景下，我国高等院校会计专业教育的国际化发展已是大势所趋。更新会计专业的教育理念、调整会计人才的培养战略，是我国会计教育的必由之路，同时对推动会计学科的建设与可持续发展、培养大批适应市场需求的复合型会计人才具有重大的现实意义。

信息技术的飞速发展，不仅推动了科技的发展，也使教育教学产生了一些新模式、新方法。信息技术的发展推动了会计教学手段的更新，各校广泛应用各种会计学实训软件。在互联网经济十分繁荣的大数据时代下，大数据为传统会计业务的进一步发展注入了新鲜的血液，企业对会计专业人才的需求正在发生改变。同时，会计行业的市场背景已经发生了翻天覆地的改变，高校应该就大数据背景下的会计专业进行教改，因为人才是社会的第一发展力，所以人才培养方向是非常重要的，确定人才培养方向能够在一定程度上决定人才培养是否成功。必须先明确人才培养方向，再规划人才培养方案，最后实施人才培养方案，并根据人才培养方案实施过程中出现的问题，不断进行调整，确保人才培养结果足够理想。本书围绕会计专业的人才培养提出了一些建议。

本书先是概述了大数据的基本认知，并分析了大数据的内涵、特征以及大数据人才培养、大数据与财务管理，接着详细探讨了大数据时代财务管理的意义、大数据时代企业财务体系构建，并详细系统地梳理了大数据时代企业投资决策的优化，之后探讨了大数据对会计工作的影响及对策、企业财务管理的挑战与变革、大数据时代企业财务风险预警与管理等相关内容，最后重点对大数据时代会计教学改革的有效途径进行论述，对大数据时代会计教学改革之路进行展望。

本书能够顺利出版，要感谢出版社编辑认真出色的工作。由于新思想、新方法和新技术在不断地发展，书中难免有不足之处，希望读者不吝指正。另外，在本书的编写过程中，参考借鉴了国内外学者的大量研究成果，在此对这些学者表示衷心的感谢。

目　录

第一章　大数据的概述

第一节　大数据的内涵

一、大数据的产生过程

随着时代的进步与科技的发展，大数据广泛应用于我们的日常生活中。常见的大数据是网络数据，如微信、微博等社交平台上的数据，用户发送消息后，好友能够即时与其互动。随着数据数量的持续增长，电子商务交易数据成为大数据中的一种，这一数据具有实时生成、急剧增加的特点，便利店、百货超市、购物中心的售卖记录、购买信息等数据都属于这一类型。另外，企业在进行管理工作时会制造出大量的数据，金融服务业的业务交易数据数量也十分庞大。可以看到，互联网的普及与数字时代的来临使人们的生活发生了巨大的改变，同时促进了社会生产的进步。总体上看，我们所使用的数据生成模式发生过三个阶段的变革，具体如下：

第一阶段是运营式发展阶段。这一阶段以数据库技术为基础。当数据库运用于各行各业，人们的数据管理工作将更加精准，数据管理过程也将得到简化。一般而言，运营式系统多借助数据库，因为数据库是运营系统的子系统，能够为数据的管理做出突出贡献。比如，银行的业务交易记录系统、医院的看病记录系统都应用了数据库。数据库被运营式系统用于数据管理工作后，其所能获取的数据数量急剧上升，但这种数据不是主动产生的，需要人为控制。

第二阶段是用户主动创造内容阶段。信息技术的广泛应用极大地改变了人们的日常生活生产活动。随着互联网时代的到来，网络使用者数量有了巨大的提升，人们可以借助 QQ、微信等平台展开互动交流。这一阶段是人们主动上传行为数据的阶段。智能手机与平板电脑在人们生活中的普及标志着社会移动时代的来临。这一阶段的数据增长来源于两个方面，一是用户自主提交的行为数据，二是人们与亲戚朋友的互动产生的数据。这些数据具有强大的传播力，且是主动产生的。

第三阶段是进入感知式系统阶段。这一阶段的数据数量有了很大的增长，代表着大数据时代真正到来了。科技的巨大变革使人们拥有了更强的能力，能够发明出体积小却具备处理功能的传感器。传感器则凭借其优势得到了各个行业的青睐，其既能够实现对整个社会的实时监控，又能持续上传新的数据。这一阶段的数据是自动产生的。

综合整个数据产生和发展的过程，可以发现数据产生方式从被动、主动逐渐发展为自动，这表明了运营式系统、用户原创内容系统、感知式系统的升级进步。可以说，大数据的数据来源于以上三种模式，但感知式系统的数据对大数据的生成起着决定性作用。

二、大数据的概念界定

（一）大数据的定义

Apache（音译为阿帕奇，是世界使用排名第一的 Web 服务器软件）的开源项目Nutch（一个开源 Java 实现的搜索引擎）首次使用了大数据这一概念，用其来代表对网络搜索索引进行大量处理或分析时生成的庞大数据集。在谷歌发明并开始使用MapReduce 和 Google File System（GFS）后，大数据不仅代指数据的体积数量，还代指数据分析速度。大数据是现在数据分析领域的领先技术。IT 行业中的大数据、数据分析、数据安全等受到极大的关注。大数据不仅仅涵盖网上的所有信息，更重要的是还包括广泛应用于生活中的传感器所持续实时上传的大量数据。在新的处理模式下，大数据对决策与观察起着决定性的作用，其可以简化流程、提高速度，使来自各个途径的大量信息资源得到处理。简言之，大数据技术适用于对不同类型数据进行分析，通过处理得到有用的信息。随着网络、传感器与服务器等设备不断更新升级，大数据技术借助这些设备渗透企业的实际运营，为企业带来了无法预计的经济收入，创造了极大的社会价值。

除此以外，认清信息和数据的辩证关系至关重要。数据与信息的关系十分紧密，信息以数据为载体，数据经由信息反映出来。知识历经归纳与整理两个环节，最后反映社会的规律信息。信息时代的来临推动了"数据"覆盖范围的扩展，数据不再仅指"有意义的数字"，还可以用来指所有储存于电脑内的信息，这些信息以多样化的形式储存，包括文本、视频和图像。发生这一转变的原因与数据库的出现密切相关。20 世纪60 年代，软件科学创造了许多成果，数据库就是其中之一，之后所有的文本、视频等都可以储存在数据库中，数据因此逐渐用来指代一切文本、视频、图片、数字。通俗地讲，对数据进行加工就形成信息，也就是说信息是经过数据处理产生的结果。信息体现数据的内涵，而数据是信息的存在形式，数据本身不具有任何意义，只有当数据与人们的行为发生反应时才变成信息。信息能够以独立的形式存在，且在离开信息系统的每个组成与阶段时都具有这一性质。

（二）大数据的分类

大数据根据来源可分为四种类型，即互联网数据、科研数据、感知数据、企业数据。

互联网数据特别是社会平台占据了大数据的主要部分。大数据技术的升级与国际互联网公司的发展密切相关。比如，致力于发展搜索领域的百度与谷歌的数据规模超过了上千拍字节；人们日常生活经常使用的天猫、亚马逊、脸书的数据超过了上百拍字节。拥有超高计算速度和杰出性能设备的研究机构是科研数据的主要来源，天文望远镜或者大型强子对撞机就属于这类设备。虽然感知数据和互联网数据的重合程度不断加深，但是感知数据的规模庞大，甚至比社会平台的数据还要多。企业的数据有多种类型，因此企业也能够借助互联网收集许多感知数据，并且数据增长速度也非常快。企业外部数据能够收集社会平台数据，内部数据则由结构化数据与非结构化数据共同组成，而且非结构化数据占比不断增加。企业的数据已经从最开始的邮件与文档等发展到社会平台和感知数据，这些数据具有多样化形式，如视频、音频、图片等。

三、大数据的技术组成

大数据技术分为大数据工程、大数据科学与大数据应用。大数据工程就是按照规划而开展的对大数据的建设以及运行管理的整个系统。大数据科学致力于发现在大数据不断发展与运行中存在的规律，并且对大数据和活动之间的关系进行检验。大数据应用指的是将大数据技术投入社会生活的应用之中，以帮助社会大众解决现实问题。大数据要求对庞大的数据实现高效处理，如云计算平台、分布式数据库、大规模并行处理（MPP）数据库、可扩展的存储系统、分布式文件系统与数据挖掘电网等。现在进行大数据分析所使用的工具来自两个生态圈，即开源和商用。HBase、Hadoop HDFS、Hadoop MapReduce 都属于开源生态圈，数据仓库、数据集市与一体机数据库则属于商用生态圈。随着人们对大量数据处理的需求不断增多，大数据技术也不断升级，储存与处理技术、有关分析算法研发及超级计算机的出现，使大数据在社会各领域的运用成为可能。

综合来看，大数据技术指的是能够从大规模的数据中提取出有用信息的科学技术。这些年，与大数据相关的新技术不断被开发研制出来，社会各行各业也越发重视大数据技术，而新技术的出现也有效推动了大数据的收集、储存、分析处理与使用等工作的进行。具体而言，大数据应用过程中最常使用的技术有以下几种。

（一）大数据分析与挖掘技术

大数据分析的目的是经过对庞大的数据的分析，从中发现一些有价值的信息，从而为用户适应环境的改变提供帮助，提高决策的准确性和合理性。大数据分析技术由下面五个要素构成：一是可视化分析。当人们应用大数据分析时，不管是专业人员还是一般用户，都需要用到可视化分析。数据可视化分析能够使结果更加直观，让人们读懂数据。二是数据挖掘。数据挖掘是大数据分析形成的理论基础。不同类型的算法能够增强我们分析数据的能力，提取数据中的有效信息，发挥数据的价值。这些算法既可以处理大规模的数据，又可以使数据处理速度实现最大化的提高。三是预测分析能力。专业人员在开展预测性分析工作时，需要使用之前数据分析与挖掘所得到的结果，从而对之后的形势做出预测性判断。四是语义引擎。语义引擎在设计时要注重人工智能功能的研发，使其可以自动对数据信息进行提炼，找出数据的规律。五是数据质量与数据管理。当前，社会生活中每天都会产生大量的数据，要在大量的数据中找到有价值的信息，需要增强数据质量与数据管理水平。

（二）大数据展示与使用技术

随着社会中的数据规模急剧增加与上涨，人们通过大数据技术便能发现蕴藏于庞大数据中的信息与知识。这些信息与知识可以为人们进行各项活动提供参考，有利于提高社会各行业的运营效率。大数据主要应用于公共服务、市场销售与商业智能等领域。

我们有理由相信，随着大数据使用范围的不断扩展，大数据技术将得到改进和优化，从而与更多的行业领域相融合。

（三）大数据存储与管理技术

当需要对收集的各类数据进行储存，构建专门的数据库，对大数据进行管理与调配时，储存和管理技术就显得十分必要。在处理复杂的非结构化数据、半结构化数据与结构化数据时，加强储存与管理技术在这些数据上的使用和研究非常必要。如今，大数据技术中受到众多关注的技术，主要包括索引技术、安全管理技术与新型数据库技术。

（四）大数据预处理技术

使用收集技术收集到庞大的数据后，需要使用大数据预处理技术。这一技术一般应用于那些已经接收的数据。大数据预处理主要包括四个环节，即数据清理、数据集成、数据变换、数据规约。

四、大数据研究的范围

（一）理论研究层面

理论研究层面主要包括大数据的特点和总体情况、大数据的经济价值研究、大数据的发展等方面。

（二）技术研究层面

第一，分布式处理技术/分布式处理平台。这一技术能够使位置、功能、数据不相同的计算机进行协调合作，通过对计算机的控制系统进行调控，达到对数据分析和处理的目的。

第二，数据挖掘。数据挖掘是数据处理时的关键步骤，也称数据勘探、数据采矿。这一环节主要进行知识挖掘，因为在庞大的、复杂的、无规律的数据中能够挖掘出暗藏的、不为人知的、有用的数据。电商平台就对数据挖掘有着广泛应用。在消费者浏览了许多产品并购买完商品后，电商平台能够通过收集客户的浏览信息，了解客户的特征、喜好。

第三，云计算。云计算的功能是给予数据资源以储存、访问的平台。简单地说，云计算建构了数据所需要的基础架构平台，使大数据的使用成为可能。

第四，个人的大数据。个人的大数据指的是人们在运用网络时所产生的一系列数据，常见的有人们的注册信息、登录用户名、密码、历史记录等。这些数据都能够储存在数据库里，但也存在数据被他人非法获取而导致个人隐私泄露的情况。

第五，储存技术。储存技术为大数据的分析和处理提供了基本保障。如互联网巨头谷歌与百度都有着几十万台的服务器与硬盘，而且它们的储存设备一直在增加，为技术开发创造了条件。

（三）实践研究层面

第一，政府的大数据。政府部门有着社会各方面的大量数据，如天气、教育、医疗、税收及交通等。如果这些数据能够得到合理的运用，它们的价值便能得到最大的实现。第二，企业的大数据。企业管理层局限于报表数据，更期待得到对经营决策有帮助的大数据，尤其是实时的大数据，而不是那些已经过时的技术。第三，互联网的大数据。根据有关调查，每年互联网的数据规模都比前一年增加一半。阿里巴巴凭借淘宝与支付宝获得了许多交易数据与信用数据，腾讯凭借微信和QQ获得了许多用户的数据。以上数据都能够用来对人们的行为习惯进行分析，通过数据挖掘获取有用的信息。

（四）大数据的内涵探究层面

从人类的认识史层面分析，不难发现信息的认识史实际上反映了人类的认识能力不断提高和实践不断拓展的历史。人类社会曾出现过四次信息革命。第一次信息革命以语言的出现为标志。语言作为人们进行实时交流与信息沟通的手段，促进了人际关系的构建，使人们对世界有了更清楚的了解。语言的出现反映了人们认识和表达世界的需要，而且反过来给世界带来变化，可以说，语言是人们思维产生的基础。但是，语言具有一定的不足与缺陷，即语言无法打破时空限制。第二次信息革命是文字的发明和造纸与印刷技术的出现。这一次信息革命使人们的思想打破了时空的约束，能够跨越时空传播，但是文字的传播离不开大量的交流成本与传播成本。第三次信息革命以通信的出现为标志。电报、广播、电视使文字、声音与图像可以远距离实时传播，为之后的计算机和互联网的出现奠定了基础。第四次信息革命以电子计算机和互联网的出现为标志。这是一次历史性的结合，其特征是把一些信息转化为数据，以数字的形式进行表达，整个世界能够用 0 与 1，以及逻辑关系进行建构。信息技术与电子计算机的完美结合大幅度提升了信息传播与处理的速度，同时，人们对信息的掌握与使用的能力也有了极大的提升，人类社会正式迈入信息社会。

哈特莱在《信息传输》这篇文章中，将信息定义为包含新的内容与知识的消息。香农是信息的奠基人，他于 1948 年提出了信息具有肯定性与确定性的特征，并且排除了不确定性的存在，发明了信息量的概念和信息熵的计算方式。美国数学家诺伯特·维纳在《控制论：或关于在动物和机器中控制和通信的科学》中提出了不同的想法，他认为信息是在对外部世界进行适应管控时所产生的交换内容。信息与物质或能量截然不同。美国著名物理化学家吉布斯发明了向量分析，使人们能够站在一个新的角度去看待事物的随机性与偶然性。美国信息管理专家霍顿将信息定义为加工处理后的数据，能够帮助用户进行决策。以本体论为基础，信息直接理解为事物的存在方式以及运动状态的表现形式。其中，事物可以指思维活动、自然环境以及人类社会中的任何对象，存在方式包括事物外部联系与内部结构，运动状态则是事物在时空运动中所体现出的特点与规律。

第二节　大数据的特征

对于如何定义大数据特征，不同的学者有不同的看法，这是因为它包含的内容比较多，很难通过简单的表述来进行精确的定义，但大家都认同大数据的特点在于"大"，这个"大"不仅指其包含的数据量很大，还意味着通过大数据实现的目标已经远远超越了计算机领域。那么，如何让这些庞大的数据发挥其应有的作用呢？答案是我们必须知道如何处理这些数据。目前，市场上已经有了比较成熟的数据处理体系，包括从采集数据开始到研究、定义等过程，还包括相关的数据处理平台、系统等。可以说，能否深层挖掘大数据的价值，应用大数据指导生产生活，是衡量大数据技术进步的指标。从这个意义上看，大数据技术的关键在于掌握数据特点，并能通过这些特点分析出未来的发展方向。大数据的 4V 特征主要指数据体量大（Volume）、数据多样性

（Variety）、数据价值高（Value）和计算速度快（Velocity），下面分别做具体介绍。

一、数据体量大

在计算机科学领域，数据指的是所有能够被计算机识别并分析的符号的介质总和，包括数字、字母和模拟量等。这些符号按照一定的顺序进行排列组合，有其实际的表达意义，是信息系统的基本组成单元。计算机系统一般应用二进制信息单元，以 0 和 1 表示。字节（byte）是数据的最小单位，每 8 个二进制组成 1 个字节，其进位关系是 1024（2 的 10 次方），如 1KB 换算为字节是 1024B。

以 2014 年为例，人类所有印刷出来的信息量是 200PB，但从有语言以来，人类所说过的话的数据量是 51EB。与之相对应的是，我们日常所用的个人计算机的硬盘容量以 TB 计算，但在一些领域，所产生的数据已经接近 EB 了。虽然到底关于多少数据才可以被称为大数据，学者并没有进行清晰的划分，但一般认为是在 PB 级别的数据集合。但数据量的单位不是判断这个级别的数据集是否为大数据的标准，其决定性因素在于计算机处理数据的效率能有多高。例如，20 世纪 60 年代的计算机技术并没有得到充分发展，从当时的计算机处理水平看，处理 MB 级别的数据所花费的时间已经很长了。因此，现在大数据技术之所以成为发展的主要方向，关键在于计算机技术的发展，无论是在软件方面还是硬件方面，计算机处理数据的能力都有了飞跃式的提高。也正是因为这个原因，相应的数据产生速度加快，造成了数据总量的爆发式增长。

美国的一家科技公司 EMC（易安信）所承接的主要业务是存储信息、管理产品和服务及针对技术问题提供解决方案。2014 年 4 月 9 日，这家公司公布了第七份数字宇宙研究报告，这是业界唯一可以量化并预测每年产生多大数据量的研究报告。IDC（互联网数据中心）可以为 ICP（互联网内容提供商）、企业、媒体、各类网站提供大规模、高质量且保障安全的多种业务，包括服务器托管、空间租用、网络批发宽带、ASP（Active Server Pages，动态服务器页面）等。通过 IDC 对相关数据的统计和分析不难发现，无线技术、智能产品和软件研发等企业的出现是全世界数据极速增长的关键因素。同时，物联网技术的发展使得数据量每两年就翻一番。

二、数据多样性

计算机技术的发展，特别是在硬件嵌入式技术上所取得的突出成就，促进了智能终端的全方位、多角度式的普及，使人们采集的数据类型发生了变化，逐渐由结构化数据转为非结构化数据，即从储存在数据库中的可以用二位表结构逻辑表达的数据，转向了视频格式、音频格式，以及图像化、序列化的文件格式的数据。目前，非结构化的数据量远远大于结构化数据量，但非结构化的数据没有办法用数字或统一结构表示。由于分析对象不同，分析所用的方式也不同，所以现在的大部分数据分析所采用的数据处理方式并不统一。因而，要处理这些类型各不相同的数据，必须发展更强的数据处理能力。物联网的发展，不但带动了数据量的极速增长，而且带动了输出数据的智能连接设备数量的极速增长。正如 EMC 公司的第七份数字宇宙研究报告所说，物联网包含的日常用品数以十亿计，每个用品都对应一个独特的标识符，能够自动记录、报告、接收数据。举例来说，安装在鞋中的传感器可以追踪人们跑步的速度，也可以通过它跟踪鞋的主人采用的交通方式。

三、价值高，密度低

从前的计算方式总是先规定好计算的目的，再分析和选取有用的数据，最后淘汰没用的数据。这就像是熬中药的过程，将有用的成分融进药汤里，倒掉没用的药渣。这种看似快捷的计算方式存在的问题是，那些被淘汰掉的数据只是对这个计算没有作用，未来也许可以为其他的计算提供价值。现在，数据的容量越来越大，我们可以将这些因为不同的计算目的分别收集的数据都存储下来，进而实现数据价值的最大化。当然，这种不加筛选的数据存储模式也造成了大数据的又一个特点，即价值密度低。价值密度与数据体量成反比，体量越大，价值密度越低。当今时代，数据来源多种多样，数据的总量也在不断增长，要想从这些数量庞大、类型多样的数据中准确提取用户的目标数据，即对用户来说有价值的数据，需要快速地对数据进行整体性分析，然后根据不同用户需求分类处理并完成计算任务。

四、处理速度快

在大数据时代，数据的时效性大大降低。数据从产生、存储、使用、归档到最后被丢弃，也许转瞬即可完成。这就意味着一些数据现在可能是有用的，一秒之后就可能毫无价值。为了更快速、准确地分析这些数据，著名的 1 秒定律出现，即秒级定律，就是在处理数据时一定要快速，这对大数据技术的应用非常关键。在实际操作中，运算过程的时间要以秒计。数据处理的时间单位是区分传统数据处理技术和大数据处理技术的关键指标之一。从这个意义上说，大数据技术是传统数据技术的一次质变，并且终将取代传统数据技术。

第三节 大数据人才培养

一、大数据人才培养的目的

人才培养目标是大数据人才培养中的重要影响因素，因此在对大数据人才进行培养的过程中，需要先明确人才培养的目的，再进行接下来的培养工作。在实际教学中，要将培养目标落实到各项教学活动中，如果在实际教学中遇到问题，则可以适当调整大数据人才培养目的，以实现大数据人才的高效培养。

大数据是一门涉及数学、统计科学、计算机科学，以此及应用领域的复合型交叉学科，培养的人才是兼具应用领域知识背景和大数据专业知识的复合型人才，因此不同的高校大数据专业培养目标并不一致，但是基本目标应该包括以下几个方面：

首先，大数据专业本身处理的是来自各行各业的数据，以为决策者提供参考。因此，大数据专业毕业生首先必须具备计算机科学、数学等学科的基本技能，同时必须具备应用领域的知识背景，即能在应用领域知识的指导下运用大数据技术进行应用领域的数据处理和分析，因此要求从业人员必须具有较强的多学科交叉融合能力，包括通识能力、表达能力、计算机技能、数学基础以及行业知识素养等。

其次，计算机思维与数据思维。大数据专业从业人员需要运用数学思维，在计算机技术的支撑下完成大数据处理与分析，因此需要具备计算思维和数据思维，包括问题分析、建模、求解、数据分析等能力，以及具备较强的复杂问题的分析能力和解决能力。

最后，工程实践能力。大数据专业与实际产业紧密联系，无论是大数据系统的开发、维护工作还是大数据的分析应用工作，都需要大数据相关人员具备解决实际问题的能力，而要想对这一能力进行有效培养，则需要不断通过实际操作训练的方式进行。由此可以看出，在大数据人才培养中，工程实践能力是其中一项培养目标。

大数据人才培养已经成为当今时代人才培养的主要组成部分之一，要想保证最终人才培养质量能够达到相应标准，则需要在正式开展大数据人才培养工作之前，确定大数据人才培养的目的，在此基础上制订有针对性的人才培养计划。大数据是在云计算以及物联网之外的又一次技术革新，所以当今社会对大数据人才的需求量也在不断增加。高校作为大数据人才培养的主要机构，则需要跟上大数据时代的技术发展要求及发展水平，认识到大数据人才培养的重要性，根据大数据人才培养目的，科学合理地制订人才培养计划。

（一）我国大数据人才培养目的相关文件

2018年，我国教育部印发了《高等学校人工智能创新行动计划》，其中针对大数据人才培养目的给予了相应的规定。预计到2025年，高校在大数据领域的科技创新能力以及人才培养水平还会得到更进一步的提升，届时大数据人才培养经验也会进一步丰富，为未来大数据人才的批量培训奠定基础。到2030年，我国高校将成为大数据人才培养的重要机构，同时成为大数据人才培养中的核心力量，为新一代大数据人才的发展提供条件，并通过这种方式促进我国进入技术创新型国家的行列，为其提供人才保障以及技术支撑。

在《高等学校人工智能创新行动计划》中还确定了一项重要任务——推动高校人工智能领域科技成果转化与示范范围。具体如下：

第一，对重点领域进行有效应用，采用"大数据＋计划"，支持高校在大数据以及人工智能领域、国家安全等领域实现技术转移及成果转化，通过这种方式实现示范应用作用。同时，与相关部门展开相互合作，尤其是在教育、文化、医疗、交通以及制造、金融等部门，引导其形成新型的产业以及新型的形态。另外，重点培养大数据以及人工智能企业，引导其形成产业集群及示范区域。

第二，促进智能教育的有效发展。促进学校在教育以及人才培养中进行有效变革，在数字校园建设的基础上，逐渐引导其向着智能校园的方向发展，利用技术建立高水平的校园环境，在大数据以及人工智能技术的基础之上，构建新型教学，优化完善教学流程。同时利用人工智能技术，针对大数据人才培养过程展开监督控制，分析学情，判断学生的学业水平等，在大数据技术的基础上，对大数据人才培养展开多维度的智能评价。根据评价结果，对教学过程进行精准评估，实现因材施教这一教学目标。在校园治理方式方面，学校利用大数据技术以及人工智能技术，对校园中的组织结构以及管理体制进行优化完善，建立高效的服务模式，进而实现整个校园的精细化管理以及个性化管理，全方位地提高学校管理水平，达到提高大数据人才培养水平的目的。建立终身在线学习，将学生作为中心，利用大数据技术建立智能化的学习平台，为学生提供丰富的学习资源，实现服务供给模式的有效创新，进而实现终身教育。

第三，创新建设资源开放共享。鼓励高校通过联合企业以及科研机构等方式，实现大数据及人工智能技术之间的创新联盟，积极培养人才参与到重大科研项目建设中，制定相应的国家标准体系以及国际标准体系。支持高校大数据人工智能平台的建设，充分开放平台中的资源，同时鼓励高校针对纳入平台智能的技术作为科研成果，给予肯定，同时将其作为奖励和评价的重要组成部分。

第四，支持地方和区域的创新发展。根据我国地方以及区域产业的发展特点，根据我国重大部署，安排各个地区之间展开合作，高校、政府及企业共同为大数据人才培养提供条件，实现协作创新。采用联合实验室及创新中心等平台，促进高校在大数据人才培养领域的进一步发展建设。根据企业与地方之间的发展需求进行对接，加快地方转型升级的同时，实现区域创新发展。

通过我国针对大数据人才培养目的制定的相应政策能够看出，无论是大数据人才培养还是科学创新，其最终的目的都在产业应用以及经济发展中，也就是说，上层建筑是适应经济基础发展的主要需求。利用大数据技术对百度搜索热点进行分析能够发现，智慧农业、金融科技及智能制造等行业属于搜索的重点内容。这一现象也能够说明，传统行业逐渐呈现下沉的趋势，而大数据及人工智能相关领域，将是未来社会发展的主要方向及趋势。在这一环境下，大数据人才培养目的则是充分利用科学知识，促进行业创新以及经济发展、社会进步，同时这一目的也是所有人才培养的主要目的之一。大数据人才培养的目的不仅在于知识创新和突破，还在于促进社会的稳定发展，大数据人才培养可以为我国发展大数据等目标提供服务，而且其最终目的也是为了培养出符合我国人工智能及大数据发展的专业人才。高校在人才培养的过程中，需要采用"服务于不同学习需求"这一理念，大数据人才培养要在不断夯实理论基础知识的同时，认识到与人才市场相互结合的重要性，在实际人才市场需求的基础上，对社会发展中的核心人才及紧缺人才展开有效培养。在当今的时代环境中，大数据及人工智能等领域的人才，需要面对整个社会发展，因此在高校培养中加入企业，可以将高校及企业的优势充分发挥出来，企业利用自身感知的行业需求及工程能力，对大数据人才培养提出具体的要求，最终培养出具备综合实力的大数据人才。

（二）基于培养单位的大数据人才培养目的

大数据人才培养目的与人才培养单位之间有着紧密联系，大数据人才培养不仅能够在大数据专业以及计算机专业中体现出来，还可以在经济专业、统计专业、金融专业等对大数据人才进行培养，实现人才在各个领域的全面开发和培养。以上专业之所以能够实现大数据人才的有效培养，是因为只有在以上专业中培养大数据人才，才能够将自身的专业属性充分发挥出来，因此，大数据人才培养目的与培养单位属于相互促进的关系。

由于目前与大数据相关的岗位数量较多，如数据采集、数据整理及数据存储等工作，所以不同类型的数据岗位，在知识结构之间也存在一定的差异。要想最终达到大数据人才培养目的，则需要根据学生的具体学习情况制订有针对性的培养方案。目前在我国大数据领域中，数据平台开发、数据应用开发、数据分析和数据运行维护四项工作对技术水平的要求不同，因此从事的人才层次也不同。大数据人才培养目的还需要根据行业领域的实际需求来确定。目前，为了满足大数据人才需求，部分企业也会开展大数据人才培养工作。

（三）基于教育阶段的大数据人才培养目标

在不同的教育阶段，大数据人才培养的目标也不同。例如，在专科教育阶段，大数据人才培养目标是培养技能型的人才；在本科教育阶段，大数据人才培养目标是培养具备一定研发能力的应用型人才；在研究生教育阶段，大数据人才培养目标是培养创新型人才。通常情况下，研究生往往从事数据平台的开发工作，本科生从事大数据的应用和开发工作，专科生从事大数据的运行维护工作。而对大数据专业的所有学生来说，大数据人才培养除了需要对人才的德、智、体、美进行培养之外，还要求其具备良好的政治素养与道德素养，掌握统计学中的理论知识体系，同时具备应用及分析能力。他们在今后能够从事与大数据相关的工作，其中包含大数据教学工作、开发工作及应用工作等。

另外，大数据专业的学生需要全面掌握大数据应用中数学、统计学及计算机科学的理论知识和相应方法，熟练使用大数据技术分析手段，在数据建模和数据管理的过程中，能够灵活使用大数据基本理论及方法，实现全面系统的大数据分析工作。大数据人才还需要具备一定的数据预处理能力，可以实现对大数据系统的良好架构，可以进行简单的大数据应用开发。大数据专业的学生需要在系统专业的数据训练中，不断拓宽自身的数据应用视野，同时可以有效挖掘和分析大数据系统，具备大数据开发、挖掘及应用等各个领域的工作能力。

（四）基于职业岗位的大数据人才培养目标

大数据产业规模逐渐扩大，教育部在2016年增加了大数据技术与应用专业，通过这一决策能够看出大数据已经成为未来产业的主要发展趋势之一。大数据专业的学生如何对大数据人才培养目标进行有效定位，已成为相关人员关注的重点问题。在此过程中，可以从职业岗位的角度出发，分析大数据人才培养目的，保证整个大数据人才的培养质量。

第一，大数据职业岗位分析。由于岗位的不同，对岗位人才的能力要求也不同，所以大数据人才培养目标也存在一定的差距。目前，大数据职业岗位主要包含以下六种类型：

（1）大数据运行维护工程师。该职位的主要工作就是利用系统监控及集群配置的方式，保证大数据平台能够长期稳定运行，帮助企业完成相应的工作。从事这一职位的人才，在对其进行培养的过程中，需要重点对大数据平台的部署能力、监控管理能力以及测试能力进行培养，以保证大数据人才具备相应的安全管理控制能力。

（2）ETL（数据仓库技术）工程师。从事这一职位的人员主要负责对数据进行预处理，利用数据抽取、整理、传输及加载校验等方式，同时利用大数据处理工具，对数据资源进行清洗工作，保证大数据最终分析结果的准确性，提高数据资源分析工作的质量。

（3）大数据应用开发工程师。这一职位的人才主要从事软件开发工作，利用对大数据进行处理分析的方式，将其与软件开发流程相结合，根据业务流程的实际需求，完成大数据应用开发中的软件设计工作，实现工作目的。从事该项工作的大数据人才，在培养过程中需要将目标放在文档编写、系统测试中，保证大数据人才能够满足相应的工作需求。

（4）大数据可视化工程师。该岗位的人才主要从事大数据可视化设计工作，使用数据可视化报表技术、智能报表技术及网络开发框架等，实现应用的可视化设计和开发展示工作，通过这种方式能够直接将大数据的价值充分发挥出来。

（5）大数据售后工程师。这一岗位的人才主要工作是完成售后服务及技术支持等工作，充分熟悉大数据平台的建立和维护工作，针对大数据进行故障检查，同时根据故障制订相应的解决方案，保证大数据平台运行的稳定性。

（6）大数据实施工程师。该职位的人才的工作内容为对大数据平台进行部署，利用服务器、交换机、虚拟化以及云计算等设备与知识，快速并高效地完成大数据平台管理工作，完成对大数据平台环境的搭建工作。该职位的大数据人才需要掌握平台的搭建技术、测试技术及安全管理控制技术。

第二，大数据职位工作任务分析。通过对以上大数据职业岗位进行分析，能够将大数据职位工作任务划分为以下九种类型：

（1）大数据平台部署工作任务。人员完成配置及管理网络设备，完成网络搭建工作，配置相应的管理服务器和存储、维护设备；针对操作系统的安装和配置，完成对大数据平台进行的搭建、部署及测试工作。

（2）大数据平台运行维护。对于大数据平台的日常维护工作，相关人员需要使用相应的工具，对大数据平台的软件及硬件平台运行状态进行监控。大数据平台如果在实际运行中出现故障，工作人员要完成应急处理，保证整个平台能够正常、稳定、安全地运行。

（3）大数据售后技术支持。根据项目在售前的技术方案情况及客户沟通情况需求，完成项目实施方案及测试方案，灵活使用大数据组件及模块等工具，根据组件安装手册，对大数据系统进行部署，同时解决部署和安装过程中可能存在的问题。针对大数据项目，从整体的角度出发，对其进行规划、执行及风险管理和项目验收等工作。熟练使用大数据项目中的工具，同时掌握网络规划能力和设计能力，熟练使用数据库系统等。

（4）大数据系统测试。工作人员要对文档编写进行测试，其中包括用例测试、报告测试等。工作人员利用自动化的测试工具，对大数据系统相关工作进行测试。

（5）大数据安全管理控制工作。针对大数据进行细致化的授权管理和配置工作，熟练使用管理系统，认证 kerberos 组件，利用 LDAP（轻型目录访问协议）、AD（通告距离）对大数据的用户进行认证管理，同时对大数据系统进行审计管理。针对大数据平台中的敏感数据及重要数据、元数据等进行加密，根据大数据系统的实际情况，制定有针对性的数据安全管理策略。

（6）大数据预处理。使用相应的工具，从数据采集工作阶段开始，实施数据采集及抽取工作，收集整理需要的数据，并利用工具对数据进行转化校验等工作。在此基础上完成数据的加载任务，对分布式 ETL 过程进行优化。

（7）可视化设计开发工作。利用网络开发框架，对大数据进行可视化开发，同时根据行业及企业的实际情况，进行可视化设计工作。例如，使用 BI 工具（商业智能），对商业智能报表进行设计、开发与展示工作。

（8）大数据应用开发。建立良好的大数据程序开发环境，根据用户的实际需求，充分利用开发语言实现大数据的分析工作以及预处理工作，进而完成大数据应用程序的进一步开发。通过以上方式对大数据平台的功能进行测试，集成展示最终的开发成果。

（9）大数据文档编写。根据正确的格式及相应要求，完成文档的编写工作，同时针对文档进行正确的编辑和排版。

第三，定位培养目的。通过对大数据工作任务职能分析的方式，确定大数据专业人才的培养目标。大数据专业人才培养需要适应生产、建设、服务及管理等大数据工作需求，完成市场中的大数据分析工作、仓储管理工作及数据可视化管理工作等，为大数据市场提供具有综合能力的应用型人才，使人才具备实践专业能力的同时，形成良好的职业道德素养以及创新精神，进而适应我国大数据应用的进一步发展。

在大数据职业岗位的基础上，大数据人才培养目标主要包含以下内容：①大数据人才需要具备良好的敬业精神及职业道德观念，同时具有创新精神和职业素养、团队合作精神以及职业行为能力等。②善于观察和勤于思考，能够不断学习新的专业知识，不断充实自己。③具备良好的文献查阅能力及工具检索能力等，可以完成大数据文档编写工作。④具备大数据平台部署能力，可以利用服务器及网络等工具，完成大数据平台中的环境搭建工作及部署工作，所以在大数据人才培养中，需要将大数据平台搭建能力及部署能力作为目标。大数据人才可以通过监控系统及集群配置等技术手段，保证大数据平台稳定运行，进而支持大数据企业一系列工作能够良好开展。针对数据，大数据人才能够实现数据的良好抽取整理、传输校验等工作，实现对数据全面有效的处理，并且具备良好的数据应用开发能力，根据业务的实际需求，完成大数据的实际应用和开发设计工作。

第四，大数据应用型人才培养目标。对大数据人才培养来说，培养出应用型的大数据人才是大数据人才培养的主要目标。应用型大数据人才，指的是针对应用，具备一定的大数据职业能力的人才。该类人才在实际培养的过程中，可以从人才培养院校的发展战略出发，根据大数据企业的实际发展前景，将大数据人才作为核心对象，采取理论知识与实际相互结合的方式，从学生的就业能力出发，制定有针对性的培养目标。根据以上要求进行总结能够看出，大数据应用型人才的培养目标要求在素养方面，大数据人才需要具备良好的人文素养、职业素养及科学素养，需要掌握计算机学科及大数据专业的基本技能和使用方法；同时掌握大数据分析能力和建模、挖掘处理能力，可以在科研院校及企业中从事与大数据相关的技术工作，其中包含数据分析工作、数据处理工作及系统研发工作等。

通过以上分析能够看出，在确定大数据人才培养目标过程中，要遵循德、智、体、美、劳全面发展，将大数据专业知识及未来职业的工作作为重点，使学生掌握大数据工作岗位中必备的专业知识，同时具备良好的职业素养及创新创业精神。高校为当地的经济发展提供服务，着重发展创新型人才及发展型人才，保证大数据人才培养的整体素质。目前，大数据人才培养目标可以大致分为三个维度，分别为知识培养目标、能力培养目标和素质培养目标。在确定了大数据人才培养目标之后，培养机构需要根据人才需求的实际情况，与相关企业进行合作，加强沟通，并对大数据人才培养目标进行定期修订和完善，充分了解企业在大数据人才、项目方面的需求，在此基础上逐渐完善人才培养目标。

（五）大数据人才培养未来发展目标

根据当今大数据行业的实际情况，针对未来大数据的发展趋势，大数据人才培养目标也要进行一定的改变。针对这一情况，本书将重点对大数据人才培养目标未来五年的发展趋势进行分析。

第一，规范大数据人才培养体系。对大数据分析中的基本培训内容及认证项目进行规范，为大数据人才提供丰富的锻炼和学习机会，通过这种方式能够培养大数据人才的实际分析能力。采用工具化及便捷化的方式，让大数据人才从业人员可以使用更多的工具，利用通识教育的方式，提高自身的数据分析能力，具体包括数据获取能力、基础的数据呈现能力、数据特征描述能力及基本数据的统计分析能力等。同时对大数据人才培养体系进行规范，建立科学规范的课程体系以及服务体系，利用专业的人才培养院校以及授权机构，在当地培养大数据行业的人才。

第二，建立大数据人才智能数据库。形成系统使用的知识数据库，利用大数据，优化完善大数据学习体系，完善理论知识，实现理论知识与行业知识数据之间的进一步联系，进而在数据跨越联系中实现水平提升。进一步规范复合型大数据人才培养体系，保证培养出来的大数据人才可以在企业中实现全面发展，既能够从纵向开始，积极参与到工作中，促进工作的进一步发展；又能够从横向的角度，实现知识的对比分析，掌握多个学科以及多个领域的专业知识。通过以上方式培养大数据人才的综合能力，将大数据人才逐渐转化为我国产业升级中的中流砥柱。

科学选拔大数据人才培养机构，主要为具有培训资质的教育机构。将我国的旅游、医疗、交通及零售行业等作为大数据人才培养的主要导向，并将其应用到计算机科学、统计学、机器学习及数据挖掘等领域中，实现大数据人才培养的广泛教学。同时建立大数据人才能力评价体系，明确大数据人才的判定标准，为今后高质量大数据人才培养提供条件，充分吸引海外的高素质大数据人才。

第三，深化建设大数据人才培养平台，在各个领域建立专家群体，建立跨学科的大数据科学研究团队，同时建立实验室及案例、模型等相关知识共享平台，实现专业大数据知识的高效共享。针对大数据主要行业，建立案例库，将案例作为主要内容，实现培训实验室的有效覆盖。通过培训掌握能够提高企业竞争力的数据及人才培养体系，得到数据的应用团队，需要具备对应的技术及团队管理运行能力。

第四，促进微课程的发展，提升个性化数据分析水平。通过微课的方式，满足公众个性化的学习需求。微课与网络教学、视频教学之间存在一定差异，微课教学具备更高的互动性、信息传播性及协作性。通过拓展大数据微课的方式，为大数据人才培养拓展渠道，对大数据人才培养模式进行进一步探索创新。利用数据进行思维分析及技术应用，并将其作为重点内容。专业性课程与普适性课程需要相互补充，加快新技术及新领域的开发，实现数据与应用之间的高速融合，进而实现整个教育课程体系的有效完善。与相关部门和具有实力的企业合作，对大数据行业的教育资源进行优化，提升大数据人才培养机构的技术应用手段，在此基础上建立具备行业引导作用的培训机构。在大范围内建立专业的大数据人才职业培训及大数据继续教育，为大数据行业的发展提供充足的后备人才。

二、大数据人才培养标准

（一）基于时代环境的大数据人才培养标准

大数据人才指的是具有大数据处理能力的人员。目前针对大数据人才的实际需求，国际上已经针对大数据建立了相应的教学课程。从国际上的大数据人才培养课程设置能够看出，大数据人才需要灵活掌握数据分析技能，其中涉及数学、统计学、数据分析及商业分析等领域，因此大数据人才需要具备非常宽的知识范围及综合实践能力、创新能力等。在通常情况下，只有大数据人才具备了相应的大数据的分析技能，才能够促进整个大数据行业的良好发展，同时在此过程中对各种计算机手段和知识进行收集整理和综合利用，为企业以及其他机构的决策提供专业的数据支撑，保证数据的充足性。另外，大数据人才需要对各种数据进行预处理，根据数据的实施需求，实现数据的转换、加载等，并对数据模型及数据分析方法进行有效分析，最终形成数据分析报告，帮助相关人员解决实际问题。大数据人才在思想方面需要满足一定的要求，即大数据人才培养要具备较高的合作意识及合作精神。在大数据时代背景下，整个数据分析工作较为复杂，不能仅仅凭借一个人的力量完成数据分析，因此需要一个分工明确的团队，各自完成自身工作，紧密配合，共同完成数据分析工作。良好的合作精神，能够使成员在遇到问题时相互鼓励、相互帮助，共同解决问题，渡过难关。采用分工合作的方式才能实现已经制定的目标，所以合作能力与责任心是大数据人才必备的条件之一。

（二）基于需求的大数据人才培养标准

在当今环境下，数据分析师已经在各个行业中得到了普及，其中所占比例最大的行业为互联网行业。经过分析调查发现，有70%左右的数据分析师从事互联网行业。根据《大数据与AI核心人才趋势报告》的内容能够发现，除了互联网之外，数据分析师在金融行业中的占比为16%，在其他行业的占比都在3%以下，通过这一数据能够看出，目前互联网以及金融行业对大数据人才的需求量较大。互联网行业对运营的重视程度较高，整个产品开发过程也与大数据分析紧密联系，加上互联网在收集数据方面具有一定的优势，难度较低。为了满足自身对数据分析的要求，互联网利用专业的大数据人才，不断提高自身的业务水平。猎聘数据分析部门表示，金融行业对数据的重视程度之高已经成为该行业的传统，因为金融行业的多数任务需要建立在数据的基础上，所以金融行业对大数据人才的需求量也较大。

对阿里巴巴及百度等规模较大的互联网公司来说，大数据人才的数量处于较为缺失的状态，从企业正在招聘的职位中能够发现，大数据人才的招聘职位占总招聘职位的65%左右。在这一背景下，大数据人才已经成为互联网及金融行业需求量最大的职位之一，但是大数据人才的数量较少，目前供给指数为0.05，属于高度稀缺的范围。因此，大数据人才的跳槽速度也较快，平均跳槽的周期为19.7个月。在整个大数据团队中，数据分析师为整个团队的核心组成部分。专业的数据分析师要根据业务的实际情况进行数据搜集，同时参与到项目业务的决策中，这个行为涉及企业发展的各个阶段。未来市场逐渐向着数据驱动的方向发展，因此数据分析成为大数据人才需要具备的基本技能之一。由此可见，在未来社会中，大数据人才的职位将与财务及行政岗位相同，成为每个企业在实际运行中的基本配置，根据我国商业联合会数据分析专业委员会统计发现，未来大数据人才缺口的数量将逐渐增长。

大数据团队将逐渐向着集中式管理的方向发展，并且采用嵌入式的工作模式。集中式的团队指的是对企业中的数据资产及人力资源进行统一管理，避免出现数据信息孤岛的现象，进而集中建立大数据战略发展优势。嵌入式的工作模式指的是大数据团队人员与企业业务人员相互沟通合作，建立紧密的合作关系。例如，企业在实际经营中，物流、战略规划及市场营销等部门，需要对相关数据进行分析，大数据分析人员将对具体业务进行进一步了解，除了日常的业务分析之外，要根据相关数据的实际情况，进行预测性的建模分析。

从目前的情况能够看出，我国对大数据人才的需求量在逐渐增加，但是我国多数大数据人才培养工作仍然在 IT 层面，大数据产品的开发多数在底层。早在 2016 年，我国教育部就公布了新增数据科学与大数据技术专业。整体上看，我国大数据人才培养处于初步发展阶段，导致高校大数据人才培养与社会人才需求之间存在脱节等问题，因此，社会大数据人才培养机构对大数据人才培养起着至关重要的作用。

目前我国大数据人才培养课程分类较多，而分类依据主要是中高等级、工作职责、就业岗位等，这种课程划分方式并不能对大数据人才进行全面有效的培养。多数大数据人才只能掌握某一项大数据分析技能，无法对整个数据分析工作进行全面有效的掌控，导致企业大数据人才管理工作出现一定的偏差，甚至认为大数据业务人员只需要掌握自己负责岗位中的技能就可以，该种思想无法对大数据人才进行有效培养。为了避免大数据人才培养这一误区继续发展，我国针对大数据人才培养出台了相应的标准，具体内容如下：

随着大数据在我国各个领域中的普遍应用，中国商务广告协会数字营销委员会（简称数委会）提出建立《中国大数据人才培养体系标准》，并针对这一标准进行了深入研究。数委会认为，大数据人才培养已经成为当前的重要任务之一，并在 2017 年 7 月 12 日启动了"中国大数据人才培养体系"，邀请大数据领域的企业、学校及培训机构等，针对大数据人才培养标准提出相关意见。经过专家的深入讨论研究，大数据人才培养标准初步形成。大数据人才培养标准的制定，是大数据人才培养及充分发挥大数据商业价值的重要体现方式。数委会会长认为，大数据已经不仅是先进的理念，还是需要通过数据分析将自身价值充分体现出来的行业之一，所以在制定大数据人才培养标准的过程中，大数据人才属于数据应用型人才，而应用型人才应该具备怎样的素质，就是大数据人才培养标准制定的基础内容之一。大数据的综合性较强，要想成为一名高水平的大数据人才，则要具备专业的 IT 工具使用能力，并能对大数据行业进行深入理解，拥有专业的分析问题能力及解决问题的能力。数据掌控水平直接决定最终大数据技术的实际应用效果，因此需要将 IT 技术及大数据分析软件作为数据分析的主要工具，但是在确定大数据人才培养标准的过程中，需要在此基础上将大数据人才如何使用工具，并为企业以及客户创造商业价值作为主要衡量标准。

将大数据人才定位在应用型人才中，不仅是我国相关领域专家的观点，也是国际上专家组织的统一认知。应用型人才是充分体现大数据价值的关键内容之一，但是目前在大数据行业中，大数据人才较为缺失。通过调查发现，我国在大数据人才培养中，存在过于重视技术忽视业务能力的问题。因此，数委会在大数据人才培养标准中指出，目前我国在大数据人才培养中忽视业务驱动力，导致无法解决企业在实际经营中面临的问题，也不能从根本上将数据作为驱动力促进业务发展。所以，在大数据人才培养标准中，需要正视我国在大数据人才培养中存在的问题，通过充分落实标准的方式，培养出专业的大数据人才。目前数据委的这一标准属于基础草案，今后将根据实际情况对该标准开展进一步深化研究，针对不同领域及不同行业，确定不同的大数据人才培养标准，希望通过这种方式，使标准能够真正反映出各个行业的真实发展方向，指导大数据行业进入新的发展阶段。

（三）大数据人才培养认证标准

互联网技术在近几年得到了快速发展，新技术不断出现，尤其是在 2010 年之后，出现了大量的新技术，其中包含人工智能技术、区块链技术、云计算技术、大数据技术及物联网技术等，正式进入互联网快速发展时代。在以上技术中，大数据技术与我们的实际生活紧密联系，大数据技术具有规模性、多样性、实时性及价值性的特点，因此其在商业、工业以及农业各个领域中都得到了广泛应用，已经成为未来经济发展的主要推动力之一。

2019 年 9 月在世界计算机大会中，大数据产业生态联盟等相关行业组织共同制定了《2019 年中国大数据产业发展白皮书》（简称《白皮书》），其中指出"计算机未来"这一概念，同时确定了中国大数据企业 50 强及中国大数据企业投资价值百强等名单。在《白皮书》中，科研人员组织中包含专业高校、研究机构、行业用户、投资人员，考核指标并不是将企业规模作为主要内容，而是将考核重点放在大数据技术能力与大数据行业应用之间的融合程度上。针对企业在大数据中的研发及投入，从大数据产品、解决方案及实际应用等方面展开考核评价。以上过程包含在大数据产业生态链中的各个环节中。通过《白皮书》能够看到我国大数据产业生态发展中呈现的新格局、新业态及新模式，同时，将更多的注意力放在数字经济、智慧城市及大数据等新兴热点领域，从创新、专业人才培养及标准建立等方面入手，对整个大数据行业展开深入分析，挖掘出大数据行业在实际发展中的核心内容，为今后大数据的良好发展提供条件。

通过对目前产业进行细分能够发现，网络广告对互联网的数据应用起着引导作用，因此数字营销在当今时代受到欢迎；营销管理、数据融合及信息交流已经成为产业发展的主要趋势；对政府来说，数据资产管理和应用是行业未来发展的主要部分；数据资源中心内涉及数据治理等领域，能够为整个产业发展提供新机遇；大数据人才的缺口量较大，因此复合型人才培养得到了人们的广泛关注。以上情况对大数据产业细分来说，起到了积极引导的作用，同时为大数据的发展提供了良好方向。《白皮书》从基础支撑、数据服务及融合应用等方面，对大数据整个产业链展开了更深一步的分析研究，同时确定了大数据领域中的龙头企业，其中包括华为、阿里巴巴及美团、百度等企业。针对大数据人才缺失这一现象，我国在政策方面给予了大力支持，为大数据人才培养提供了政策条件。《白皮书》中尤其强调了大数据人才的相关问题，表明目前我国在大数据人才培养中，培养力度不断加强。

第一，大数据人才技能认证体系。针对以上所提到的营销管理、数据融合、信息交流等大数据发展现状，大数据人才培养的标准也发生了一定的变化。通过对大数据企业进行调查能够发现，部分企业将大数据人才培养标准认证国际化与大数据人才及技能认证等领域相互结合，提高了大数据人才的核心竞争力。在此过程中将企业数据岗位职能作为主要导向，为各个项目设计有针对性的数据应用技能认证体系。

第二，大数据人才国际考试与认证体系。这一认证体系由 CPDA（注册项目数据分析师）委员会设计，目前已经针对公民数据师、数据架构师及数据科学家等实现了资格认证体系，其中包括 IT 部门、财务部门、销售部门等的数据需求，因此可以帮助企业在短时间内搭建相应的数据库及组织数据人才，通过这种方式帮助大数据人才在提高自身数据技能的同时，促进企业逐渐向大数据的方向转变。

第三，大数据人才培养机构认证。《中国经济的数字化转型：人才与就业》报告显示，在大数据领域，人才的缺失数量将逐渐增加，大数据人才作为大数据产业发展的基础条件，其培养已经成为当前需要解决的主要问题之一。从目前我国大数据人才培养市场情况看，我国并没有建立具备国际化职能导向的证书评价体系，在这种情况下，大数据技能国际认证机构 OpenCertHub 推出了大数据人才培养认证体系，这一体系的出现弥补了大数据人才培养认证中存在的缺失，对整个大数据人才培养及企业发展起到了良好的促进作用。

大数据人才培养可以在顺应我国科技发展要求的同时，促进我国大数据行业的进一步发展。在"十四五"规划之后，我国将大数据作为发展的国家战略，政府和企业对大数据人才培养的重视程度也不断提高。

通过对其他行业的专业人才培训发展能够发现，任何一个行业的人才培养都与资格认证紧密联系。资格认证机构作为人才培养中的第三方认证机构，需要具备专业的认证技术以及认证经验，保证每次认证的完整性和有效性。OpenCertHub 中的 Apache 作为世界上最大的非营利服务器之一，能够实现对当今时代的大数据与开源技术进行准确定义，其中最重要的一点是，开源软件在大数据企业中已经成为业界的衡量标准之一。通过这一现象能够看出，在今后大数据人才培养发展的过程中，将会有更多的培训机构，推出不同类型的大数据课程，同时提供有针对性的技能资格认证体系，保证能够将应聘者及招聘企业的岗位需求相互结合，为我国大数据人才培养的进一步发展提供动力。

从大数据人才培养发展的角度来看，大数据对我国科技水平发展起着至关重要的作用，而准确科学的大数据人才培养认证体系，能够为我国大数据人才培养市场的发展提供正确引导，最终达到提高大数据人才培养质量的目的。

三、大数据人才培养策略

（一）大数据人才培养现状

第一，大数据人才培养机构布局情况。近几年，我国建立了大数据战略，在这一背景下，北京大学、中国人民大学等高校，均在大数据方面展开了深入研究，并开展了各种大数据项目。我国近几年大数据项目的发展速度非常快，其中北京大数据相关院校开展数量最多，同时北京也代表着我国大数据发展的最高水平，成为我国大数据产业中的重要组成部分。我国西南地区对大数据人才培养的重视程度较高；我国的沿海地区与其他发达地区相比，对大数据的关注程度也较高。

第二，大数据人才培养研究方向。目前我国大数据人才培养研究方向主要包含以下几种类型：

（1）将统计学科作为核心内容。这一大数据人才培养方向主要对基础性的数据进行分析和挖掘并建立模型，大数据分析硕士培养协同创新平台已经成为我国最成熟的大数据人才培养平台。大数据人才培养计划的必修课程主要包含统计学及计算机科学的交叉部分，将大数据人才培养重点放在大数据价值实践能力培养上，而选修课程需要各个学校根据自身的实际情况进行设计。

（2）将计算机学科作为核心内容。这一大数据人才培养方向主要内容为工学设计、计算原理及数据存储处理等。目前复旦大学、中国人民大学、山东大学等高校都开设了相关课程，其中涵盖了大数据的基础知识、集成、存储及建模管理等内容，在课程设置中，将其分为必修专业及选修专业。必修专业的课程包含大数据系统平台、大数据理论知识及大数据分析方法等；选修课包含大数据的分析和统计、高级数据库系统管理及计算机网络安全等。

（3）将业务需求作为核心内容。这一大数据人才培养方向是为解决企业商业运行中存在的问题。中央财经大学商学院在 2015 年 10 月份开设了金融与大数据营销工商管理专业，学分要求至少为 45 分，其中必修课的学分为 28 分，特色课程主要包括金融服务营销、大数据驱动客户关系管理及金融市场与机构等。西南交通大学也开设了大数据方向的四门课程，中国人民大学同样也开设了相关的课程。

通过以上分析能够看出，目前我国对大数据人才的需求量越来越大，但是国内专业大数据人才培养的学校并不多，尤其是将业务需求作为核心的高校，因此在未来大数据人才培养的过程中，高校需要根据自身的实际情况，充分借鉴国外大数据人才培养情况，解决我国目前在大数据人才培养中存在的问题。

（二）大数据人才培养措施

1.确定科学的人才培养模式

第一种是针对大数据人才培养目的，在设定人才培养模式的过程中，将本科作为标准，将就业作为导向，将能力作为本位，沟通建立一个完善的人才培养模式。正确的大数据人才培养模式，是达到最终培养目标的基础条件，尤其是在应用型大数据人才培养的过程中，最终的培养目标是使学生具备相应的大数据职业能力，能够完成大数据中的各项工作。该项人才培养模式的具体落实措施包含以下内容：

（1）将本科人才培养作为标准。高学历的本科教育目标就是培养优秀的本科人才，本科人才需要具备良好的思想政治素质、身心素质及人文素质等，系统掌握本专业的相关知识，形成知识获取能力及实践应用能力。

（2）将就业作为导向。将学生的就业和创业作为目的进行教学，并将其贯穿到整个教学过程中，这种教学方式既能够满足大数据人才培养需求，又能够满足大数据人才的创业需求。

（3）将能力作为本位。大数据人才培养的目的就是提高学生的综合能力，其中包含大数据岗位的胜任能力、专业能力及团队协作能力等。所以在对大数据复合型人才进行培养的过程中，需要将行业需求作为职业能力培养的标准，通过得到技能证书和参加职业比赛等方式，对学生专业知识的应用能力及工作能力进行有效培养，保证大数据人才在进入工作岗位时，能够在短时间内适应岗位，并且完成相应的工作。

第二种是两个协同多元化人才培养模式。大数据属于新兴产业，因此在实际大数据人才培养中，存在师资力量及教学资源不足等问题，加上大数据专业具有较强的应用性，所以国务院在《促进大数据发展行动纲要》中明确指出，在大数据人才培养中需要创新人才培养模式，同时建立多层次及多类型的大数据人才培养机制，积极引导高校通过校企联合的方式培养综合人才，充分应用校外企业以及社会资源，采用多元化的人才培养模式，实现大数据人才培养效果与企业人才需求之间的有效吻合。同时这种方式也是培养学生综合实践能力的主要方式，符合当今时代对大数据人才培养的要求。两个协同中包含校内外协同以及课内外协同两种形式。

（1）校内外协同。在校内举办多种形式的人才实验活动，并与企业进行合作，共同在校内举办实验活动。这一过程需要面向大数据行业的实际应用，这种方式既能够培养出符合企业实际发展需求的人才，又能够解决资源缺失这一问题。在企业中建立校外活动实践基地，可以为高年级的学生提供实习机会及毕业实践条件，实现实践型人才的有效培养。

（2）课内外协同。在课内引入企业资源，共同建立实践课程，高校在此过程中应用部分实践课程，通过企业中的技术人员完成对应教学任务。这种方式既可以帮助学生在校园学习阶段接触到真实的大数据项目，又可以对校内的教学教师进行有效培养。在课堂外部，积极鼓励企业在学校举办兴趣班，利用课堂外的时间指导学生完成项目。还可以采用鼓励学生参与科研项目的方式，参加学科竞赛，解决实际问题，进而对学生的动手能力以及实际问题解决能力进行有效培养。

第三种是"一台三体"大数据人才培养模式。

（1）该模式的主要组成要素如下：

①目标定位和规格。这一要素是实现大数据人才培养工作的重要条件，能够为培养工作的实施提供良好条件。由于大数据人才属于应用型人才，该种类型的人才培养目标及规格，需要从政府政策、社会企业实际需求及学校条件入手，综合考虑其中存在的影响因素。在"一台三体"大数据人才培养模式中，通过建立大数据人才培养平台的方式，高校、企业及政府之间可以实现高效的信息交流，进而得到更加准确的大数据人才培养信息，再根据相关法律法规以及学校实际，设置有针对性的大数据人才培养目标以及规格，保证最终培养出的人才与社会需求更加贴近。

②专业设置。在培养应用型人才的过程中，大数据人才培养专业设置需要充分考虑时代、市场、办学条件及学生的实际情况等方面，提高专业设置的灵活性和有效性。高校在设置相应的大数据人才培养专业之前，可以利用大数据平台，收集大数据人才培养的相关信息，充分了解市场的需求情况，同时建立相应的专家小组，对同种类型的高校进行调查，掌握其在大数据人才培养中的专业设置情况，再根据本院校的实际条件，进行有针对性的专业设置。这种方式既能够避免出现高校专业设置相同的情况，又能够将高校自身特色充分发挥出来。高校在专业设置完成之后，还需要利用大数据平台，实时掌握社会经济及市场产业的实际变化情况，在此基础上建立专业的预警机制，灵活调整完成设置的专业，将专业的时代性及应用性充分发挥出来。

③课程体系。课程体系是实现大数据人才培养目标的重要组成部分，建立完善科学的课程体系，是培养应用型人才的基础条件。在"一台三体"大数据人才培养模式中，课程体系主要包含两个方面：一方面是理论课程。根据大数据人才的特点能够看出，在知识结构方面需要具备负荷性及时效性的要求，在素质培养方面则需要具有职业性及综合性。所以在对课程体系进行优化设计的过程中，充分考虑各个课程之间存在的内部联系、学生的实际学习能力、相关结构对大数据人才理论知识的实际要求等，

保证最终课程体系建设的完整性和科学性。在选择课程内容的过程中，将大数据人才培养目标及规格作为基础，消除各个课程之间存在的阻碍，实现课程整合，取消不符合当今时代发展要求的课程，不断优化完善课程内容，进而达到教育资源优化配置的目的。另一方面是实践课程。根据应用型人才及其特点，保证实践教学体系的完整性及科学性，为大数据人才培养工作提供条件，由此可以看出实践教学体系对最终人才培养的重要性。

④培养过程。在大数据人才培养过程中，政府、企业及学校之间会相互影响，同时处于共同利益体系中，但是目前三者在相互合作的过程中仍然存在一定的问题，如政府对校企合作的关注度不高，并没有给予有针对性的扶持和帮助，缺乏宏观整体调控等。加上在大数据人才培养的过程中，企业处于被动的状态，并没有建立科学的校企合作规章制度，也没有完成全过程的监督管理工作，无法保证最终校企合作的质量。多数企业在学生完成实习之后，并没有根据学生实习的实际表现情况，与学校进行有效沟通，进而出现校企合作脱节等现象。整体上看，学校、企业及政府之间，缺乏沟通和交流的平台，导致三者之间的合作出现问题。但是在"一台三体"大数据人才培养模式中，学校可以充分利用大数据平台，与政府及企业进行积极有效的沟通，如从政府的角度出发，利用该平台掌握校企合作项目的开展进度以及开展情况，为其提供有针对性的政策支持；从企业的角度出发，企业利用这一平台，与高校开展高效合作，共同建立双师型的教学教师队伍，举办各种人才培养讲座，进而达到提高大数据人才培养质量的目的；从高校的角度来看，利用该平台时刻了解政府及企业的变化情况，共同组织实训课程，同时利用先进的信息技术，实现大数据人才培养方式的创新，提高人才培养质量，使其成为经济社会发展需要的人才，保证社会结构的稳定发展。

⑤评价体系。高质量的评价体系是大数据人才培养工作中的保障条件，在"一台三体"大数据人才培养模式中，高校可以与企业进行积极有效的沟通，共同制定大数据人才培养评价标准，保证双方达到认知一致，在此基础上开展培训质量评价，能够降低质量评价中发生问题的概率。在实际质量评价的过程中，利用大数据平台，对大数据人才培养进行全过程的有效监控，时刻掌握人才培养的实际情况，一旦出现问题及时解决，进而保证最终大数据人才培养质量。

（2）"一台三体"大数据人才培养模式的具体内容。该模式在实际实施的过程中，需要利用大数据平台，实现政府、企业与高校之间的有效沟通及信息共享，为大数据人才培养提供良好条件。在"一台三体"人才培养模式中，利用大数据平台，政府可以将与大数据相关的信息发布到数据平台中，为高校大数据人才培养活动提供条件和参考。另外，政府还可以利用大数据平台，收集高校及企业的与大数据人才相关的数据信息，更加深入地全面了解大数据人才的培养情况及需求情况，进而为其提供有针对性的政策支持，实现三者之间的高效合作和配合，最终达到提高大数据人才培养质量的目的。通过以上分析能够看出，在"一台三体"大数据人才培养模式中，利用大数据平台，企业与学校之间可以实现高效的信息交流，在保证良好沟通的基础上，共同进行大数据人才培养工作。企业利用大数据平台能够参与大数据人才培养的整个过程，实现与高校人才培养的深度合作，使校内课程与校外课程相互整合，提高大数据人才实践能力的培养质量。利用大数据平台进行大数据人才培养工作，高校能够及时了解政府和企业对大数据人才的要求和需求，进而确定大数据人才培养方案，实现有针对性的人才培养，同时能准确掌握市场的变化情况，并对未来的发展和需求进行预测分析，进而对整个大数据人才培养体系进行科学调整。高校在大数据人才培养的过程中，可以将人才培养进度及效果实时传输到大数据平台上，与政府和企业实现信息交流，及时掌握大数据人才培养的最新进度。这种方式可以为学生提供与社会交流合作的条件，避免出现象牙塔似的教学模式，可以提高大数据人才培养过程的社会性，进而达到促进大数据人才培养工作全面发展的目的。

（3）"一台三体"大数据人才培养模式需要注意的问题。

①数据隐私和安全问题。"一台三体"大数据人才培养模式的特点之一，就是可以高效解决信息孤岛的问题，对师生数据进行分析管理，充分挖掘出之前具有价值的数据信息；还可以对社会、大数据行业、企业中的数据进行收集分析，为大数据人才培养提供丰富的数据条件。但是由于以上过程中涉及大规模的数据，所以在数据隐私安全保护中容易出现问题。这同时也是大数据在各个领域应用面临的主要问题之一。所以在应用"一台三体"大数据人才培养模式的过程中，需要在数据收集、分析、应用中注意安全保护问题，在充分挖掘其内在价值的同时，认识到数据隐私安全问题的重要性，为大数据的安全管理提供条件。

②平台维护的人力需求。大数据平台是"一台三体"大数据人才培养模式中的核心组成部分，因此要想保证大数据平台的正常运行，则需要耗费一定的人力和财力，但是当今时代大数据维护人才严重缺失，大数据平台的整体维护成本也较高，维护管理难度也较大。导致这一现象出现的主要原因为大数据体系目前在我国的发展并不成熟，大数据平台管理人员既需要具备一定的信息管理专业知识，又需要具备数据意识及数据分析能力，因此在人力需求方面存在一定缺失。

③政府和企业之间的配合程度。"一台三体"大数据人才培养模式可以将高校、政府及企业融为一体，促进三者之间的信息交流，这就需要三者之间相互合作、相互协调、相互配合，建立长效的合作机制，在最大程度上实现信息的有效沟通，不断拓展合作范围。在此基础上对三者之间的信息进行及时的处理和分析，并将最终的数据分析结果应用到实际大数据人才培养中，促进大数据人才培养工作的进一步发展。

2.优化完善课程体系

第一，建立"产教"融合的课程体系。大数据的工具直接决定大数据的应用性，因此在大数据人才培养的过程中，需要将其定位在应用型人才上，高校需要向着这一目标，实现课程体系的优化和转型，而校企合作是实现这一目标的有效方式。建立"产教"融合的课程体系，可以实现对应用型大数据人才的有效培养，实现学校与企业资源整合，在此基础上进一步实现产教结合。学校和企业属于该课程体系中的双主体，所以无论是学校还是企业，都需要将自身的主体性充分发挥出来，在该课程体系中实现共同进步。该课程体系在实际落实中可以从以下三方面进行：

首先，在设置课程的过程中，保证校企双方共同参与其中，对大数据市场需求及人才需求进行深入讨论，实现教学知识与行业发展之间的紧密结合，在此基础上共同确定大数据专业课程体系内容、教学方法以及教学资料等。

其次，在实施课程的过程中，需要充分尊重学生的人格及个性之间存在的差异，并在正确的教学理论上，根据学生的实际情况不断探索新的教学方法，将教学方法的优势充分发挥出来。

最后，在设置课程内容的过程中，需要针对大数据实践中的内容进行重点强化，将大数据企业真实项目案例应用到教学内容中。教师要起到准确引导的作用，学生在其引导下，不断提高大数据人才的专业技术水平，实现项目人才培养与实际职业岗位之间的有效对接。

第二，理论＋实际课程体系。在当今大数据背景之下，大数据人才培养的目标为复合型高素质人才，因此可以采用理论＋实际的原则建立课程体系，充分利用企业对大数据人才的实际需求，对大数据人才培养课程体系进行有效调整。同时，大数据人才培养人员需要不断丰富自身的大数据知识储备，提高自身的专业水平以及综合素质，充分利用大数据技术，对大数据行业未来的发展趋势展开有效分析。所以，在设置课程体系的过程中，不能只设置理论性课程及基础性课程，还需要将实践课程应用到其中，使大数据人才可以利用所学知识解决实际问题。

在建立教学课程体系的过程中，需要注意以下问题：

首先，需要在大数据人才培养目的基础上，合理设置教学建议，保证教学内容的应用性；灵活调整教学内容，保证学生能够在掌握基础理论知识的同时，保证理论知识与企业实际需求的一致性，充分激发出学生在实际学习中的积极性。

其次，提高教学课程体系建立的实践性，对学生的实践能力进行有效培养，采取校内实习及校内实训的方式，培养学生的实践水平。除了采用课程实践的方式之外，校内实习及校内实训，能够对学生的实践能力及知识应用能力进行有效培养，是学生综合能力提升的主要组成部分。

在大数据应用型人才培养目的的基础上，将实践课程大致分为五个阶段。第一阶段为基础阶段。该阶段的重点为课堂，通过课程教学的方式，加深学生对大数据相关知识的理解。第二阶段为专业阶段。在该阶段，可以组织学生开展户外实习，实现知识的实践和应用。第三阶段为技能阶段。在该阶段，开展教育培训及指导实习工作。第四阶段为专业水平提升阶段。在该阶段，教师指导学生完成毕业设计及毕业论文。第五阶段为拓展阶段。在该阶段，组织学生进行社会实践等活动，通过实践等方式，总结经验，实现学生对所学知识的灵活应用，完成大数据应用型人才的有效培养。

在此过程中，高校需要改变传统的教学观念，对整个课程实践体系进行优化完善，建立科学有效的课程实践体系。通过逐渐加深实践教学深度，循序渐进地提高学生的理论知识水平和综合实践能力，并通过实践的方式培养学生的创新意识和创新能力，进而达到培养大数据复合型人才的目的。

3. 提高师资队伍建设水平

采用双师双能型教师队伍建设理念。双师指的是兼具教师和工程师资格；双能指的是教师既要具备教学能力，又要在大数据领域具备实践能力。大数据人才要在掌握专业理论知识的同时，具备良好的实践操作能力。根据这一培训要求，建立高素质、结构科学的教师队伍，是保证大数据人才培养质量的关键。在落实这一目标的过程中，可以采用以下几种模式：

（1）教师在职培训。

充分利用学校现有的资源，其中包括科研工作室、校企合作基地、大学生创业计划项目等，培养双师双能型教师，从科研水平和实践水平入手，提高教师队伍的综合素质和实践能力。

（2）教师短期培训。

将学校中的中青年教师和骨干教师送到国家级或者省级大数据教师培训基地，进行集中培训；充分利用寒假或者暑假的时间，选择有条件的教师参加技能培训，对教师展开专业的技能培训。

（3）企业挂职培训。

校企合作模式不仅能为学生提供实践机会，还能为教师提供锻炼平台。教师在相关企业中进行挂职锻炼，期限为一个学期或者一个学年，这种方式可以提高教师的实践能力，丰富教师的实践知识。教师只有掌握了将理论与实践相结合的方式，才能对学生进行正确引导，培养出复合型人才。

（4）国际交流培训。

充分利用校园中现有的中外联合项目和出国留学项目等，定期选择一定数量的教师到国外校园或者相关企业进行学习。

以上几种方式可以提高教师的实践能力和综合素质，建立双师双能型教师队伍，改变传统的教师队伍结构，为大数据人才培养提供高质量的师资条件。

4. 建立动态人才培养质量评价体系

大数据人才培养质量评价体系能够帮助培养人员确定目前人才培养的实际情况，实现专业的有效反馈。根据评价结果，可以发现在大数据人才培养中存在的问题，在发现问题的第一时间解决问题，进行优化完善，保证大数据人才培养质量。而采用动态大数据人才培养质量评价体系，是达到大数据人才培养目标的保障条件之一。在建立动态大数据人才培养质量评价体系的过程中，需要注意以下三方面问题：

一是保证评价指标的目的性。这一评价指标体系建立的主要目的，就是提高大数据人才培养质量，对整个大数据人才培养过程进行正确引导。所以，在建立质量评价体系的过程中，要根据学生的实际能力和大数据就业情况进行，以全面反映出大数据人才培养情况，促使大数据人才培养工作的进一步实施。

二是建立多元化的评价主体。在此过程中，评价主体不仅包括学生和教师，还包括大数据相关行业的专家以及社会教育行政部门等，将评价对象作为核心内容，多个主体共同参与其中，保证大数据人才培养质量。

三是建立动态化的评价体系。如果将就业作为大数据人才培养导向，随着就业市场的变化，需要调整大数据人才培养质量评价体系，并根据评价目的和大数据行业发展情况做出适当改变。这种方式能够保证大数据人才培养质量体系建立的有效性和灵活性，进而建立一个动态的大数据人才培养质量评价体系。目前，我国大数据市场处于快速发展阶段，市场需求量较大，加上政府对大数据人才培养的重点关注，大数据技术正逐渐向创新的方向发展。在大数据人才培养的过程中，需要根据人才培养目的，确定对应的人才培养路径，为大数据行业培养出高质量、复合型的人才，做好大数据人才储备工作。

5. 基于 OBE 理念的大数据人才培养措施

（1）OBE 理念的内在含义。

OBE 理念是成果导向教育（Outcome Based Education）理念的缩写，OBE 成果导向教育能够充分体现工程教育专业认证中的成果导向，将学生作为核心内容，采用持续改进的方式开展教育工作。我国在开展工程教育认证的过程中，也将 OBE 理念充分体现出来。在这一背景下，将 OBE 理念与大数据人才培养相结合，也是实现高质量人才培养的主要方式之一。OBE 理念是一种在学习产出基础上形成的教育模式，出现在 20 世纪八九十年代的美国和澳大利亚。在这种教育模式中，学生是所有教学活动的中心，教育重点是学生学习了哪些知识、取得了怎样的学习效果。正因如此，OBE 教育模式改变了传统教育中将学习时间作为重点内容的习惯。OBE 教育模式中的理论基础主要包含四个问题，分别为学习成果、达到这一学习成果的原因、达成学习成果的方式以及如何判断学生是否达到这一学习成果。

（2）OBE教育理念基础上大数据人才培养措施。

传统大数据人才培养教学模式，主要将知识和学习进程作为主要导向，要求学生按照相应的学习计划进行学习，再根据阶段性学习的方式，判断学生最终是否达到相应的学习效果。而OBE的教育理念则是在成果导向的基础上进行的，根据最终成果来判断学生是否成功。这种基于结果导向的教学模式，将学生作为整个教学过程的中心，并将产业需求作为最终结果。所以，与传统的进程导向模式相比，OBE教学模式将学生要达到的最终产出结果作为目标，将学生作为中心，对各个大数据人才培养环节进行反向设计。整个大数据人才培养过程主要包含以下阶段：

第一阶段，根据大数据产业对人才的实际需求，制定有针对性的人才培养目标。OBE理念是在成果导向的基础上开展的，而成果需要在产业需求的基础进行，因此在制定大数据人才培养目标之前，要对整个产业人才的需求情况进行分析。通过对现有的急需紧缺人才目录和招聘信息进行分析，确定目前大数据产业的人才需求情况，其中大数据运行维护工程师、大数据分析师以及应用性较强的岗位，对人才需求量较大。在OBE理念的基础上，根据大数据行业未来五年的职业发展情况，确定相应的人才培养目标，保证大数据人才能够适应该区域的经济发展和社会发展需求，在具备扎实的理论知识的同时，也具备大数据的思维分析能力，能够灵活掌握计算机理论以及大数据处理技术；在素养能力方面，具有商业素养和创新精神，可以对金融、商业营销等领域进行数据分析和数据管理工作，全面培养人才。

第二阶段，对专业的培养目标进行分解，使其成为能够执行的毕业要求能力指标。将大数据人才培养目标与CDIO（即构思Conceive、设计Design、实现Implemet和运作Operate）能力指标相结合，确定大数据专业的毕业要求，同时细化对应的能力指标。具体可以将其分为四个方面，分别为产业需求、培养目标、毕业要求以及能力指标。产业需求指对大数据相关产业进行调查研究，得出大数据产业对人才的实际需求情况，并对未来发展情况进行分析。

培养目标指遵循服务地方、促进经济发展的主要原则，根据本地经济的实际发展情况，培养大数据人才。首先，需要具备扎实的数学统计等科学基础知识以及分析能力；其次，能够将金融、营销等领域与大数据相融合；再次，需要具备大数据相关领域的数据分析能力、数据管理能力以及系统开发能力；最后，要拥有较高的财商素养和创业能力。

毕业要求主要包含三方面内容：

一是知识要求，至少掌握一门外语和高等数学、线性代数等基础知识；可以进行基础的外语口语交际；能通过专业实践的方式，使用相应的大数据应用开发技术。

二是能力要求，可以使用数据科学的相关理论和方法，解决相关行业中实际存在的问题，同时拥有独立工作和协调沟通的能力。在能力指标中，大数据人才需要掌握本专业的统计学、计算机、金融以及商务等知识，能够使用大数据的采集、存储、处理等技术能力，同时具备大数据工程需要的系统认知能力。

三是素质要求，要求思想道德素质水平较高，具备一定的文化修养和专业素养。

在实际工作中，能将大数据学科中的专业知识和技术应用到实际问题的解决中，具备终身学习能力、信息获取能力、表达能力、独立工作能力等。另外，要熟悉我国大数据相关专业的政策和方针，充分了解国内外大数据产业的实际发展情况；拥有正确的世界观以及人生观、价值观。相关部门要在满足以上能力指标的基础上，根据经济发展原则，在全国范围内开展大数据人才培养工作。

第三阶段，实现能力指标、课程匹配和毕业要求之间的匹配矩阵。在数据科学、大数据技术专业中，设置相应的通识教育、专业教育、实践能力和素质拓展教育平台，每个平台均具备相应的特点，因此要根据特点针对平台建立对应的课程，使每项课程与学生的毕业能力的内容相对应，通过这种方式达到毕业要求。

第四阶段，将毕业要求转化为课程培养标准。毕业要求中的每一项指标都需要对应不同的课程体系，而一门课程可以对应多个指标要求。在制定教学大纲的过程中，也需要在 OBE 理念的基础上，从毕业要求指标出发，反向设计对应的教学内容，使用相应的教学手段，实现最终的能力培训目标。在课堂考核中，采用多种考核形式和考核方法，对学生的学习成果进行评价，对课程培养标准中形成的闭环进行不断优化改进。

第五阶段，使用多样化的评估手段对学生的学习成果进行评价。对学生的学习成果进行评价，是 OBE 理念中的重要组成部分，也是建立大数据人才培养模式的前提条件。所以，需要将能力考核和知识考核作为重点内容，实现多元化的学习成果考核体系，同时对学习过程检测以及评估反馈机制进行完善。在实际执行评价体系的过程中，要根据大数据专业和大数据产业需求的实际情况，将实践能力、专业知识水平和创新能力作为主要评价指标，通过项目考核、产业学院实践考核等多种形式，建立全面多样化的考核评价体系。同时，对其进行不间断的优化完善，最终形成完整的大数据人才培养闭环。项目评价中使用过程评价的方式，具有直观性、展示性、功能性以及创造性等特点。产业学院实践采用达标评价的方式，根据对应的能力指标，确定与之相匹配的评价标准。

大数据人才培养质量评价体系，对课程体系设置和培养模式的优化具有非常重要的意义，所以根据大数据产业的实际发展特点，选择工程研究能力、专业实践能力以及创新创业能力作为核心评价指标，将学生在学校实习中项目的实际完成情况和参加竞赛情况作为主体进行分析，建立有针对性的反馈机制，实现对大数据人才培养模式的不断优化。

通过以上分析能够看出，在 OBE 理念的基础上，采用反向设计的方式建立大数据人才培养模式，能够达到当今时代对大数据人才培养的要求。成果导向则是将学生作为核心，采用不间断改进完善的方式，提高大数据人才培养的专业性，促进我国工程认证标准的进一步发展。

（3）四阶递进式大数据人才培养体系。

这一人才培养体系包括基础实验、综合实验、课程设计以及毕业设计四个层级。其中基础实验和综合实验是课程实践教学中的内容，包括编程语言、数据结构、数据库原理以及机器学习等课程，每个知识点中的实验为基础实验内容，同时每个教学科目中需要根据一定比例设定综合实验，通过这种方式培养学生分析问题和解决问题的能力。在课程设计上，主要根据大数据的特点，开展集中实践教学活动，包括数据结构、数据挖掘以及大数据处理技术课程等，而课程设计需要采用企业项目组的方式，对学生的团队合作能力、交流能力进行培养。在此过程中，要求每位学生根据一个实际工程项目的内容，完成应用大数据项目的开发工作。

6. 培养学生的创新创业能力

良好的创新创业能力能够帮助学生解决较为复杂的问题，同时利用校内外的训练基地为该项能力的培养提供良好条件。

（1）现代学徒模式。

该模式在实际应用的过程中，可以将 6 ~ 8 名学生分为一个小组，同时给每个小组配备一名专业的教师，采用现代学徒的培养方式。从学生入学直到学生毕业，对学生展开全面有效的指导，建立完整的现代学徒模式。专业导师利用自己参与的科研项目、学科竞赛项目、大学创新创业训练计划等方式对学生进行训练。

（2）学科竞赛模式。

学科竞赛属于课堂教学之外的考试形式，学生在此过程中不仅需要掌握大量的课外知识，还要具备良好的思维能力和综合知识应用能力。这一培养方式能够充分锻炼学生的抗压能力，进而达到锻炼智力、毅力的目的。由此可以看出，以赛代练的方式，可以对学生的创新创业能力进行有效培养。在此过程中，可以根据教师擅长的项目，组建有针对性的竞赛队伍；还可以建立大数据专业社团，让高年级学生指导低年级学生，这一指导模式可以营造良好的学习氛围。

（3）创新创业训练。

在实际实施过程中，可以将该项训练安排到第二课堂中，并且邀请校外企业的专业人员进行创业辅导。同时，学校要鼓励学生积极参与大学生创新创业训练活动，并在聘任和考核方面给予一定鼓励，针对在该项目中取得名次的学生，实施学分转化制度，充分激发学生参加实践活动的积极性。

（三）现有大数据人才培养模式

1. 订单式人才培养模式

订单式人才培养模式指的是高校与用人单位合作，根据用人单位的实际用人需求以及学校的实际情况，达成共识，共同制定人才培养方案，从教学、教师、大数据技术以及设备等方面进行合作，签订学生就业订单。学生在订单企业采用工学结合和顶岗实习的方式进行训练，毕业后可以直接进入就业订单签订的用人单位工作。通常情况下，大数据人才培养中的订单时间，根据长短可以大致分为长期、中期以及短期等。这种人才培养模式既能够为学生提供一个良好的开放性平台，又可以为教师提供真实的实践锻炼场所，为顶岗实习提供条件，提高高校的实际就业率。

但是这种模式仍然存在一定的问题：一是学校要想与用人单位达到完全统一，存在较大的难度，因为用人单位关心的是学生能否为企业带来利益，而学校关心的是否能培养学生的能力，二者在此过程中存在一定的偏差；二是受学生主观意识的影响，整个订单的不确定性有所提升，一旦出现学生在毕业后没有根据约定就业的情况，用人单位会受到严重的损失。

2. 校企合作人才培养模式

校企合作人才培养模式，顾名思义，就是高校和企业达成一定的共识，根据社会与市场发展需求，共同制定人才培养方案、设置课程体系、确定教学内容，通过工学交替的方式分别在学校和企业开展教学，将实际工作融入教学过程的一种人才培养模式。首先，通过校企合作，能够实现校园内外的资源共享，在扩大教育教学资源的同时实现资源效益的最大化；其次，通过校企合作，能够为应用型人才培养建设一支高水平的实践教学师资队伍；最后，通过校企合作，能够提高学校和企业双方的知名度，同时帮助学生就业。

但是，这种人才培养模式在实际操作中也呈现出了不少问题，目前，最严重的有三个问题：一是高校与企业的合作力度不够，合作的积极性不高，合作领域不够深入，还没有形成一套完整的校企合作机制；二是企业在校企合作共同培养人才过程中的付出与回报难以达到平衡，严重影响了企业开展合作的积极性；三是校企合作过程缺少相关的法律法规引导和激励政策支持。

3. "产学研"合作人才培养模式

"产学研"合作人才培养模式是指高校、企业和研究机构按照一定的合作原则，利用高校、行业、企业、研究机构和政府多样化的教育资源和环境，将学习、生产和科研结合在一起，以培养行业企业需要的应用型人才为主要目的的一种人才培养模式。这也是当前国内外高素质应用型人才培养应用范围最广的一种人才培养模式。

这种人才培养模式的优点是：首先，融合了通识教育和职业教育的特征，增加了人才培养类型的柔性；其次，打破了传统人才培养模式在象牙塔培养人才的壁垒，引入了丰富的外部教育资源；最后，将教育与就业相融合，在一定程度上促进了学生就业率的提高。

但是，这种人才培养模式在实践中也表现出了不少问题：第一，与"订单式"人才培养模式和校企合作人才培养模式存在的问题相似，学校、企业和研究机构三者之间在应用型人才培养过程中的责任关系和利益关系的处理是一个非常复杂的问题；第二，合作过程缺少保障机制和相关政策法规的支持。

四、大数据人才培养理念

（一）大数据应用型人才培养理念

"人才培养模式"这一概念最早出现在 20 世纪 80 年代，属于我国高等教育改革中的内容。针对"人才培养"这一概念，不同研究人员对其的解释也不同。对于大数据专业人才，其需要具备多种综合能力，并将其应用在实际岗位中，所以在大数据人才培养的过程中，要将应用型这一概念应用其中，实现对大数据应用型人才的高效培养。

应用型人才在实际培养的过程中，主要具有以下三个特点：

1. 知识复合性以及时效性

在知识类型中，应用型人才需要具备多种类型的知识，其中主要包括人文社会科学知识、自然科学知识，以上知识均具有迁移性，能够帮助学生加深对知识的理解。在专业知识方面，专业知识是知识结构中的核心组成部分，也是人才培养中需要进行重点学习的内容。另外，应用型人才还需要具备财务、管理以及社交等方面的知识，所以在知识结构中，应用型人才具有复合性的特点。在知识性质上，应用型本科人才还要具备时代特色，对专业学术理论知识研究人员来说，应用型人才的最终归宿是为社会市场服务。但是社会市场是随着时代、科技以及经济水平而不断变化的，所以应用型人才也需要不断更新，根据时代的发展不断发展，以实现自我价值。

2. 能力多样性和应用性

在能力结构上，对应用型人才而言，除了要具备运用专业知识和技能解决实际问题的专业应用能力外，还应该具有合作能力、表达与沟通能力、自主学习能力、创新能力和终身学习能力等多种非专业性能力。因为这些非专业性能力能够帮助应用型人才更好地将知识运用到实际的日常工作和实践活动中，同时保证活动的顺利进行。因此，应用型本科人才在能力的结构上具有多样性的特点。在能力性质上，应用型人才所具备的能力凸显了强烈的应用特色。

应用型人才主要是为经济与社会发展需要服务的,因此十分强调理论与知识结合,在实践活动中灵活运用的能力。研究型人才主要面向的是科学研究工作,需要较高的科学分析能力和创造能力;技能型人才要求在实际的生产操作过程中操作规范、技术纯熟。与研究型人才的科学研究能力和技能型人才的操作动手能力要求相比,直接面向社会工作岗位的应用型本科人才更强调较快的岗位适应能力、开展实践活动和解决工作中实际问题的能力,具有明显的应用性特点。

3. 素质综合性和职业性

从素质方面来讲,应用型人才具有的素质呈现综合性的特点。对应用型人才来说,首先,应用型人才和其他类型的现代人才一样,都具备思想道德素质、科学文化素质、专业素质、身体心理素质等多种现代人才必备的基本素质;其中思想道德素质是灵魂,在人的整体素质中起着主导作用;科学文化素质是基础,是人才素质结构中的基础内容;专业素质是关键,是人才素质结构中的个性化内容;身体心理素质是根本,是正常工作学习的保证。这些综合性的基本素质为应用型人才积极获取知识,开展实践活动提供了坚实的保障。其次,除了这些基本素质,应用型人才还特别强调职业素质的培养。面向实际工作岗位的应用型人才只有具备强烈的职业责任心、踏实的工作作风和高度的团队合作意识等职业素质,才能更好地满足岗位需要,服务社会经济建设。

（二）根据地方经济以及产业需求开展

在对大数据人才进行培养的过程中,需要将地方经济发展情况和产业需求情况相结合,通过大数据人才培养方式,促进地方经济和产业的良性发展,对其起到有效的支撑作用。高校在进行大数据人才培养的过程中,应认真分析该区域中的经济发展要求和产业发展需求,充分发挥自身优势,采用深化校企合作的方式,开展产教融合、协同育人等工作。

这种方式培养了具备专业知识背景和大数据技术的人才,提高了大数据人才的实践能力,使其能够利用所学知识,解决大数据的实际问题,并对其进行有效处理,实现大数据复合型人才的有效培养。

（三）集中多方力量共建大数据人才培养计划

地方院校由于受多方不利因素制约,在建设大数据专业时要积极谋求地方政府的支持,积极参与和申报国家与地方的新工科建设项目;加强校企合作,在培养模式、课程体系、师资队伍、实践教学等诸多方面与企业开展深层次合作;有条件的院校可建立校企联合培养机制;学校和企业可共同制定大数据专业课程体系,共同开发课程等,保证大数据专业课程能满足企业的需求。在建设师资队伍的过程中,高校应选择优秀教师深入大数据企业内部进行学习，选择企业工程师作为兼职教师，不断优化完善教师队伍的内部结构，提高教师队伍的建设质量，为学生提供高质量的培训服务，建立多种形式的大数据实训基地，满足学生对大数据实践学习的需求。另外，在校园内部开展学科融合、资源共享等工作，采用师资融合等方式，保证大数据人才培养的有效性和专业性。

（四）加强新工科理论实践结合

在大数据专业人才培养的过程中，可以从工程教育的角度出发，对其中存在的问题和难点内容进行分析讨论，探究大数据专业人才的培养模式，逐渐深化大数据中的校企合作和产教融合机制，共同建设大数据专业的协同育人机制，通过这种方式不断提高大数据人才的培养质量。

其具体措施是：完善大数据人才培养体系，鼓励大数据教师申报教学改革项目、发表高质量的大数据教学改革论文，引导教师根据实际情况对教学模式进行优化，进而达到支持学生参与大数据创新创业的目的。

第四节　大数据与财务管理

大数据这一技术的优势渐渐被社会各界所认同。企业在财务上的管理是企业发展的重要环节之一，同样需要与时俱进。这时，大数据的应用就显得十分重要。

一、大数据对财务管理的影响以及应对举措

（一）大数据对财务管理的影响

1.对会计信息来源的影响

大数据成分中有一部分非结构数据比结构数据还要多。以前的结构性数据往往是传统的会计信息的主要来源，面对这主要的信息，会计只能根据其本身做出一系列判断和工作，非结构数据的加入势必会让会计行业有一次变革。

原因有以下几个方面：首先，非结构性数据越来越多地加入会计信息中，这表明大量的结构性及非结构性数据将会互相结合，共同通过分析用于反映企业的运营发展情况。其次，大数据下的相关关系不同于传统的因果关系，能够更多地反映数据之间的关系。最后，传统会计追求的精准也会在这一过程中产生变革，因为大数据时代下，信息的来源更多地集中在数据本身的使用性能上，所以传统的会计行业必须变革才能适应。

2.大数据时代给资产计量带来的变化

大数据对会计行业发展有着重要作用，且不断被运用到会计工作的各方面，所以需要对大数据给资产计量带来的变化做一个评估。这就使得资产计算的方式产生了些许变化。

一是初始计量成本变化。在会计工作中，初始计量成本能够借助两种方式进行计算，即历史成本与公允价值。但是，公允价值具有不确定性与非唯一性的特征，导致公允价值应用时产生了效果差，在投资者运用时会造成一些阻碍。大数据时代的到来，使数据规模有了巨大的飞跃，同时提高了公允价值的清楚性与透明性，增加了公允价值的准确度与可靠度。

二是计量单元变化。在过去会计工作中，一般将"元"用作计量单位，但是大数据时代中存在许多不用"元"指代的计量单位，如数量、时间。

3.财务管理人员的管理职能出现变化

在大数据时代到来之前，财务管理人员主要负责财务管理与核算。进入大数据时代后，需要处理的数据急速增长。受此影响，财务管理人员的工作重心开始放在有价值的资源调配上，从过去主要进行单机搜集、制作凭证、复核、结账、报告等任务变为需要应付大量的业务信息。

4.大数据给管理会计造成的影响

管理会计成为一门独立的会计学科的标志是与传统财务会计的分离。自此，管理会计和传统财务会计处于并列关系，以为企业的运营管理提供帮助为目标。总体来看，管理会计的职能能够归纳为三点：

（1）确认初始成本和计算后续成本。确认初始成本是管理会计各项事务中的关键性工作。成本确定与企业的经济活动密切相关，并且在企业估测、制订计划与预算等步骤中必不可少，所以大数据的发展给管理会计造成的影响之一就是怎样确认初始成本与计算后续成本。过去，成本确定与计算的信息都源自企业内部，但在大数据时代，内部信息不足以满足企业的需求，外部信息逐渐成为企业决策的信息依据，能够帮助企业做出更科学的决策。外部信息能够提供许多宏观资料，包括竞争对手、企业在行业中的地位、竞争定价方式、行业供应链状态、行业背景等。这些信息是企业内部各部门及相关工作者难以获取与管控的。想要获得这些非结构化数据，就必须利用大数据的挖掘与分析技术，将结构化数据和非结构化数据放在一起分析，从而找出内部存在的各种关系。大数据技术的应用有着极大的价值，其可以帮助企业实现更加精准的成本确认与成本计算，使企业各个环节包括运营、销售生产等面临的风险得以减少，为企业进行更好的管理提供科学的数据依据。

（2）为决策与规划提供可靠的会计数据依据。企业的收益与亏欠都由自己负责，所以在企业经营中，管理会计的根本目标是实现收入的不间断、平稳增加。如今企业的管理会计将顾客需求放在第一位，致力为客户带来多样化、专门的服务，以增强企业在市场上的竞争力。具体而言，管理会计需要对不同的管理方案做出评判，列出每个方案的优缺点，从中挑选出与企业未来发展最匹配的方案。但是，企业的运营目标确定与战略规划不管是长期还是短期，都需要依靠大量的数据进行，否则做出的决策就是片面、不精确的。随着社会中数据作用越来越凸显，大数据挖掘与分析的地位随之提高。比如，推广流量在互联网行业中非常常见。通常，企业会通过分析过去流量推广的状况与推广途径对流量推广做出预测，受推广途径与方式的制约，企业在进行预测时缺乏对服务对象所处地区、性别、行为习惯等方面的资料的归纳与分析，降低了预测的精确度与效果。而大数据时代，以上资料都能够进行收集、存储和分析挖掘。

（3）为控制与评价管理提供可靠数据支撑。控制与评价管理是企业管理人员需要完成的工作。这也是进行经济责任审计的前提之一。企业内部的运营管理范围覆盖了各个部门与岗位，因此其所负责的工作也有所区别。通常，管理人员先明确管理的大致原则，对管理要求与管理原则进行区分，这样才能对负责的部门或者工作者进行全面的监督、管理与指导。管理会计中的控制与评价管理工作与上述流程相同，要先明确原则与标准，借助数据储存、挖掘与分析技术，发现不同类型数据之间的稳定关系，为实现控制与评价管理工作提供可靠的数据支持。

（二）大数据时代下的财务管理应对举措

企业面临大数据带来的机遇与挑战，可采取下列措施：

1.澄清大数据资产定义，主动应对庞大数据需求

当前，国内许多领域在进行大数据资产的构建，主要包括航空、电信、保险、金融等领域。大数据资产的构建有利于对用户的使用行为与效果进行调查，针对不同的群体采取专门的销售策略，提高追加销售与交叉销售数量。另外，大数据资产能够对用户的行为习惯与趋势进行预测，有利于改进企业的服务与策略，增强其产品与服务的人性化、针对化水平。数据分析还能够使企业对其在市场中所处的地位有一个大致的了解，提取出与企业发展需要相匹配的有用信息，帮助企业寻找自己的市场定位，使企业面对之后的市场变化做出更精确可靠的决策。因此，了解大数据资产，弄清大数据资产含义，积极进行网络信息管理，能够帮助企业更好地应对庞大的数据，增加企业的经营收入。

2.确定大数据资产，提高会计信息质量

按照市场营销学的理论，不管是哪个行业的客户，购买了商品之后都会产生相应的客户基本信息。这些基本信息涵盖了性别、地区、个人爱好、消费爱好和其他个性化的资料。企业获得了客户的基本信息后，企业的信息资料库中就会形成特定客户

的基础表格，并且永远储存。在大数据时代以前，专业人员与管理人员无法发现客户资料中存在的内部相关性。但是在大数据时代，大数据资产的出现增强了相关人员的分析与挖掘能力。企业中的人员能够将这些复杂且大量的客户信息转化为更加间接、直观的信息，发掘资料中的价值，为企业寻找和巩固自己的市场定位提供可靠的数据依据。

另外，大数据无法以独立的形式存在，一般存在于企业的会计资料中。这些信息能够准确反映企业当前的经济状况及客户的行为习惯，从而实现大数据资产所具有的价值，提高会计信息的质量。

3.增加财务报表表外事项与财务报告陈列项目

为了与大数据时代相适应，应该增加财务报表表外事项和财务报告披露项目。一是随着数据含义和外延的逐渐扩大，与财务报表数据有关的要素不断增加。投资者如今不只重视企业的财务报表数据，还包含许多其他的表外事项。把非结构化数据添加到财务报表表外事项中，能够站在微观角度对企业经营发展情况进行展示，从而向投资者提供完善的数据资料。二是大数据能够对过去无法标价的资产与负债进行价格估计，并且添加到财务报告里面，人力资源与环境资源就属于这一类资产。这可以提高财务报告的透明化水平。

4.提升财务价值，改变财务职能

2010年，英国巴斯大学和CIMA（特许管理会计师公会）达成协议，向5000多名高级财务管理专家发放了问卷，专家在线上进行作答。这些专家并不是来自相同的国家与地区，各自的专长也不相同，因此将他们的职责分为会计信息、风险管理、财务报表、决策支持、内部控制与会计事务六个板块。此次调查指出，会计行业财务的职能在发生变化，由过去的会计核算演变成战略管理指导和支撑。这可以理解为财务职能从过去的"核算型"演变为现在的"价值提升型"。

达成这一转变要求财务人员做出以下努力：第一，在宏观战略层面转变财务管理的定位，抛弃过去的"核算型"，演变成"价值提升型"，并且借助企业提供的资源学习分析管理知识。此外，努力建立财务共享中心，使财务管理层级简化，巩固集团型财务管理模式。第二，完善财务管理核算过程，优化客户的资金流程，使资源得到合理有效的分配。财务职能改变最终还是要由财务人员进行，因此，只有财务人员进行改变，适应价值提升型财务工作，才能更好地掌握和运作其业务。

5.提高财务信息的安全性

云平台与云计算为数据的保存提供了广阔的空间。由此，人们对信息的利用更加容易，不仅能对用户身份进行安全认证与访问认证，有效地保护信息安全性，还能通过大数据信息平台展开信息系统审计工作，提高信息系统的安全性。

6. 推动管理会计中数据挖掘技术的普及

按照美国兰德公司的数据，100家企业中有85%的企业由于决策上做出错误判断，导致企业的运营出现问题。所以，现在企业愈加看重管理会计对企业的影响。大数据时代使管理会计职能发生了一些改变，所以企业推动数据挖掘技术的应用能够帮助企业更好地应对这一转变，同时应对大数据时代庞大数据存在表现出的凌乱性、无关联性等问题。数据挖掘技术不管是在搜集数据、对数据进行整理，还是处理数据、寻找数据暗藏的关系中，都能够发挥出特有的作用与长处。所以，不管是为了尽可能地吸取更多的长处，还是就数据挖掘技术自身而言，数据挖掘与会计管理的融合是不可阻挡的潮流。

大数据时代相比于过去，可以对所有的样本量展开更加完整具体的分析，不再局限于样本登记分析；可以处理多种数据，不再局限于精确数据；可以展开相关性分析，不再局限于因果分析。以上三个特点是提高数据挖掘技术的基础。

首先，对领域内的竞争者有关信息进行分析。在论述管理会计职能转变时，曾提到在大数据时代外部信息给企业提供了很多资料，其中就包括竞争对手的信息、定价战略和竞争战略。企业要想在行业中位居前列，维持其所具有的竞争优势，必须对竞争对手的信息有详细了解。因此，在当前的信息社会，企业借助不同途径得到高质量信息，对这些信息进行剖析，从而得到有价值的资料，这是企业的关键工作。数据挖掘技术就可以帮助企业在复杂、无序、庞大的数据中发现信息暗藏的规律，从而使企业了解竞争对手的长处，弄清竞争对手所使用的定价战略与竞争发展走向，识别其价值链和价值活动。这是管理会计中大数据的主要应用方面。

其次，对现存的与潜在的客户的分析。企业的产品最后是要走向市场的，同时，每一个产品针对的用户有所不同。就算是同样的受众群体，其中的用户也有很大的差别。为了使企业生产的产品能够得到顾客的喜爱，需要对现存客户与可能客户进行分析，这也是管理会计面对信息时代所要进行的主要工作。借助数据挖掘技术，企业能够更加迅速、简便地得到用户的基础信息，只要对这些信息进行有效整理，便能发现用户的地理位置、行为习惯、购买特点等。

最后，对产品生命周期划分的分析。产品生命周期以成本周期为核心，根据生命周期所处的不同阶段，对产品的整个周期进行成本分类汇总。产品生命周期一般分为研发期、投入期、成长期、成熟期、衰退期与结束期。在当前激烈的市场环境中，想要对产品进行实际的周期划分不是一件容易的事，但数据挖掘技术可以克服这一难题，帮助企业划分出清晰的产品生命周期，提高产品成本计量的精准度，为企业进行决策提供可靠的数据支持。

二、大数据对审计的影响及应对策略

(一)大数据对审计的影响

会计数据本身只做统计,在实际运用时并不能帮企业制定经营决策,提供的数据也不能准确、全方位地为企业的经营做出预判,企业的运营还是需要更专业的数据。会计数据本身源于财务会计和管理会计,提供的数据只能满足企业的基础运营,涉及经营决策方面的内容时还是需要更专业的数据,从更专业的监管角度入手提取的信息才有价值。随着大数据时代的逐渐来临,大数据的审计能力受到重视。大数据技术包括对数据内容进行撷取、管理、处理,从所有数据中搜集企业能够参考并做出决策的数据信息。

在大数据时代,复杂的审计工作需要依靠大数据技术才能实现,内部审计人员本身需要改变审计思维,精进大数据技术掌握能力和信息辨别能力,不仅要掌握分析数据、透视数据的技能,还要学会管理数据。海量的数据库都可以作为自身资源,在资源中增强判别能力,获取自己想要的数据,搜集企业能够参考并做出决策的数据信息,对审计决策行为有积极的促进作用。具体而言,大数据对审计工作的影响主要体现在以下几个方面:

1. 对审计方式的影响

传统的审计方式,主要以数据统计过后开展审计工作为主,审计时主要搜集财务报表进行审计,或者对企业工作人员的经济责任进行判定。我们知道,一般审计工作的开展以某个阶段或者某个周期作为时间节点,如每年年底会对全年的经济工作情况进行统计,针对年度财务报表进行判别,在审计时主要要用到的方法为抽样方法;而且审计材料本身数量不多,在缺乏的资料中挖掘有用的审计信息,这种审计方式本身不能确保时效性,而那些滞后的审计信息甚至给管理层的决策审计工作带来了一定的心理困扰。另外,由于传统的审计以监督企业财务为主,忽略了企业经营管理时存在的管理风险,针对内部控制风险问题没有予以关注,审计能起到的监督、评价作用甚微。

数据的日益增长及企业拓展速度的不断加快,对审计监督提出更多要求,审计工作人员应该更改事前审计的方法和审计习惯,连续性才应该作为当前的审计节奏。在这样的审计节奏中,滞后问题得到解决,为某些特定的或是对内部风险控制的时效性功能要求较高的大型企业,如对互联网上市公司、银行、证券机构、金融小微企业等,提供了较为密集的审计服务,为其经济的稳定发展提供了保障。

2. 对审计方法的影响

审计方法是指审计人员为了行使审计职能、完成审计任务、达到审计目标所采取的方式、手段和技术的总称。审计方法贯穿于审计工作整个过程,而不只存在于某一审计阶段或某几个环节。从制定审计方案开始，到审计意见书的公布、根据有关法律做出的审计决定和最终审计档案的敲定，没有不使用到审计方法的。诚然，审计方法贯穿于审计工作始终，无论是资料的统计、收集，还是数据信息的过滤筛选，都会运用专业的技术方法、手段。而审计方式更重点强调的内容是"Where"和"When"，即在什么地方审、什么时候审是其关键词。大数据时代的来临，给审计工作带来无限的压力，不管是使用审计方法还是审计方式，都会面临无从下手的境地。原来使用的抽样技术过于呆板，数据收集过于片面，这些方法已远远不能满足审计的需求。这种有限的数据对审计问题的判定、审计成果的决策、审计整改措施等方面，已具有局限性。

另外，审计也不再能满足各个企业开展内部控制工作，对一些经济型的企业而言，审计能提供的控制服务并不能满足企业运营需求。大数据时代的来临，更新着内部审计人员的管理思想，如果一直使用传统的审计方式进行数据信息的采集，企图实现内部管理，将会给企业带来较大的审计风险，这会直观地在财务报表上展示出来。一些经济类企业的业务活动本身会对企业经济造成影响，有的却因为审计方法的不同而未被当成数据采集，企业内部人员容易在此过程中做出虚假行为，对企业经营造成影响。在这样的大数据发展背景下，按部就班、停滞不前不应该是发展方向，审计抽样方法必须有所突破。

一是审计抽样方法必须逐渐灵活化。大数据时代的来临，导致审计的内容逐渐复杂化，各类专业知识都将汇集，抽样的模型更新速度需要加快，以提供更灵活的抽样服务，使收集数据、收集信息越来越熟练。审计抽样系统倾向于将更专业的内容呈现给审计人员，减轻其分析压力，让其直接用专业分析过的内容对问题做深度支撑，为其做出客观、专业的审计决策提供足够的材料。

二是抽样的专业化。通过抽样系统对海量的数据库内容进行管理、分类，增强数据的专业性、审计的有效性，这些专业化的工作需要专业的设备完成。也正是有了抽样系统，才增添了可靠数据作为支撑，提出了客观的决策意见。

审计职能在传统的企业运营中要逐渐转变服务思想，为企业的运营提供服务。大数据时代为其提供便利，从资料的烦琐、无从下手，到系统的更新、技术的专业化，基本数据特征被充分分析，发展方向的预测准确率有显著提高。

3.对审计成果的实际应用、整改工作的影响

审计成果是指工作人员在审计实践中通过实施企业审计程序，总结工作经验和成果，最终得出的结论与解决建议，是企业审计行政管理机构和审计管理人员在依法工作过程中留心思考并提取出的工作"精华"。

影响审计应用效果的原因主要有：一是上市企业公司的分管领导、被参与审计的单位领导不给予高度的重视；二是被参与审计的单位不积极地配合工作，在工作中拒

绝提供材料，致使审计时间的延误；三是审计质量得不到保证。这与参与人员本身的工作水平良莠不齐有较大的关系，受管理水平的限制，在大数据时代，首先应该做的就是规范审计成果的正确使用，提高工作人员的审计能力。从一般的角度来看，反复犯的问题始终是审计问题的重要组成部分。目前关注到这些问题的上市企业公司数量不断增多，对问题的整改给予了支持与鼓励。这些企业公司十分重视企业的稳定经营，在企业中应用闭环流程的管理，提高被审计部门（单位）重视和应用的程度，再加上整改举措的进一步实施，整体上提高了企业管理能力。

在互联网和大数据的时代双重发展之际，审计成果的应用主要体现在以下几个主要方面。

一是对往期资料的复查，对往期数据的整理、分析，目的是建构规律模型，以利于内部管理时找出企业经营存在的问题并准确地预估发展方向，为管理层做出正确决策提供技术支持。

二是有利于连续性审计工作的开展，为后期审计工作的整改创造有利环境。

三是揭示问题时充分发掘原因。大数据时代使企业经营漏洞暴露无遗，一个问题的产生，与其他小问题脱不了干系，一个问题的暴露，会牵扯出无数小问题，给审计问题提供海量的信息以供参考，不同种类的问题满足不同管理人员的管理分析需求。

四是将审计问题分析模式固定化，在审计计划中制定问题分析和问题处理方案，强调某一个小问题的解决，以及为同类问题提供预警帮助，更好地找准内部控制角度，实施有效的管理工作。

五是审计人员需要将审计底稿进行收纳储备，以便再次开展审计工作有跟踪需求时拿来作为审计素材。

（二）审计机构面临大数据时代的应对策略

大数据时代有四个显著的特点，即海量的信息、高速的处理速度、多样的处理方式、高价值的数据处理。在大数据时代，审计人员需要提高本身的工作能力，提高自身的决策管理能力，增强个人的挖掘力，优化审计流程，利用自身的工作实现数据的"增值"。

1. 清楚认知大数据审计工作的艰难、烦琐

大数据时代，信息的传递十分普遍，如何有效推动审计分析大数据在企业审计分析领域的广泛应用，是现阶段一项艰巨、复杂的业务工作，需要工作人员用心思考。其思考内容主要表现在以下几个方面：

一是对审计分析的理论综合性和技术要求较强。对大数据的审计分析，不仅严格要求参与者具备大数据审计领域的专业知识，还严格要求参与者具备现代计算机社会科学等审计领域的基础知识。只有同时具备多领域的知识，才能将大数据审计的理论和分析融会贯通。

二是大数据审计分析的理论实际操作性和技术难度较高，如果采用传统的大数据审计分析方法，在未来面临互联网和大数据的时代背景，已经不足以有效支撑我们现有的大数据审计分析项目。打破原有的大数据审计分析方法，不再墨守成规，积极寻求更优化的大数据审计分析工作流程是目前的唯一发展策略。

三是大数据的保密要求不断提高。审计分析大数据中一个显著的特点就是其保密性相对较差，在任何一种大庭广众的场所，均使参与者能够准确地查找到其相应的审计分析资料。因此，在参与大数据的审计生成、使用、报送等各个工作过程中，均应重点关注其保密与否。

2. 在大数据审计项目中汲取工作经验

在该环节中，要求工作人员对工作项目予以关注和重视，设身处地地根据被审计单位的财务状况和内部管理情况制定实施方案；要进一步注意理论学习，加强对工作人员的业务培训。在发展大数据的背景下，审计项目管理人员的专业性和综合业务能力的重要性得以充分体现，培养一批综合业务能力出众的大数据审计项目管理人员是当务之急。

上述会计、审计领域所遇到的大数据问题，是新的问题，展望未来，以下几个问题也值得思考：

第一，大数据的复杂难以想象。大数据信息时代的到来，给企业和人们的日常工作生活带来了前所未有的海量数据，以及随时呈现大规模的数据样本。由于大数据空前复杂的数据对象特征，很多会计和审计人员不得不去面对更加复杂的数据样本，使用大数据技术处理海量信息，其中一些具有典型性的问题值得关注，例如复杂数据所包含和提供的数据价值良莠不齐的问题，将导致传统的会计人员和审计人员在同时从事会计工作和审计工作时因对象维度增加，而使得会计管理工作变得异常困难。另外，由于目前仍有很多企业缺乏综合型人才作为企业的管理后备力量，在处理复杂的大数据信息时十分生疏，又不能根据往年的企业发展规律对企业运营势头进行预判。缺少专业知识储备是目前审计时存在的主要问题，制约了企业的发展空间，不利于企业经营时对大数据技术的钻研和运用。总而言之，如何将大数据进行量化，令非结构性的数据直接被管理人员使用，转换成一种通用的数据文本，以解决其中数据的复杂性给企业和人们使用大数据带来的困难，解释数据之间的内部规律关联性和外部相关性，是目前重点需要思考的问题。

第二，数据的安全与隐私。数据广泛存留在计算机网络上，由于计算机网络的传播效果不容小觑，因此数据的安全性会成为用户担忧的问题。另外，随着大数据技术的广泛使用，数据面临着巨大的威胁和风险。目前数据管理还是依托传统的保护方式，并不能满足大数据时代背景下的数据保护需求，使数据保护存在制约，数据的隐私并不能较好地被保护。

第三，大数据维护系统与其财务维护系统、审计系统需更好地相互融合。目前的大数据维护系统是基于现有的业务大数据系统创办的新系统，也是工作人员依赖着对数据进行维护的重要系统。如何做才能更好地保证现有的大数据维护系统与其财务维护系统、审计维护系统相融合是目前需要重点思考的问题，数据维护和数据处理本身不矛盾且应该融为一体，这样才能实现审计的最大价值，但如何稳定地融合并提升效率是目前重点需要关注到的问题。

第四，审计准备阶段的难题。从内部审计立项开始，工作人员就必须密切关注企业的各项数据，在审批阶段了解上一年度被审计企业和单位的内部审计制度实施的情况、参与的内部审计单位和人员、审计的问题及相关后续的整改工作落实的情况；在审前也可以详细了解之前内部审计工作中发现的内部风险控制的关键点和进行内部风险评估的情况，对被审计行业的内部经济发展情况加深了解，同时对被审计企业内部经济发展的情况、审计的重视程度、问题发现和整改的情况、后续整改工作落实的情况等问题有所深入了解。在研究制定内部审计具体工作实施方案的时候，可以通过审计大数据、云计算和大数据云平台，通过审计数据分析平台和数据分析，了解被内部审计企业和单位的收入、成本、经济往来以及审计费用风险控制关键点等情况。

第五，审计实施阶段的难题。在云计算大数据的时代，通过利用云计算、云数据等平台，可以充分丰富各类企业的数据资料，而不仅仅单纯地依靠企业会计的凭单、凭单附件、协议等。此外，各类企业的数据资源同样可以集中反映某项经济往来或某项其他的经济活动或业务的过程中可能存在的系统性风险，或者是企业可以准确预测得到的系统性风险。在经济往来合同的签订以及风险分析和检查工作方面，通过企业的大数据，可以对经济往来合同方的个人资信情况、纳税情况、经济往来情况、经营发展情况、银行管理企业账户信息等方面进行考察，任何的作弊将会在大数据时代原形毕露。在招标过程中，可以对项目负责人这段时间的经济往来情况和结果进行监督和及时检查。通过该项目人员的信用卡和银行账户的信息，可以实时监测得到其在这段时间的消费时间、消费场所以及消费金额。

第五节 大数据时代会计人才培养发展趋势

一、大数据时代高等院校会计专业人才培养途径的改革思路

（一）大数据时代高等院校会计人才培养改革三大目标

高等院校会计专业在"互联网+"、大数据、网络化、智能化等高精尖技术的介入下，需要达成三大人才培养目标。

第一，全面提高高等院校会计专业就业率。现阶段，我国高等院校应届毕业生整体就业水平仍然有可提升空间，特别是会计专业，在就业率即便较高的情况下，就业质量仍然有所欠缺。而且国内各大高等院校的会计专业培养策略大同小异，教学质量参差不齐，这就决定了必须全面提高高等院校会计专业就业率。借助多样化的方式提高就业率，不只是会计专业的未来发展之路，同样也是整个中国高等院校教育的未来发展之路。而在当今这个时代，高等院校利用"互联网+"、大数据、网络化、智能化等高精尖技术来提高会计专业人才的综合能力和技能水平，无疑是提升就业率的最佳渠道。

第二，提高会计专业知识储备率和转化率。在"互联网+"、大数据、网络化、智能化等高精尖技术模式下，强大的数据存储水平以及分析水平，是知识"运转"的最佳渠道。借助点对点、面对面的知识传播和引导，使国内的会计专业教育模式、理念、知识架构、知识体系和国外优秀经验之间融会贯通；借助专业的、专门的数据分析处理，构建适合国内社会实际情况的会计专业知识库和培养方案库。率先拥有多元化、内容丰富的知识储备和库存，才能支撑高等院校会计专业的优化和升级。

第三，构建高等院校会计专业人才精英库。知识的传播需要载体，教育的传播也必须依靠载体，而人才是最合理的选择。中华民族历经五千年历史长河的洗礼，留下了博大精深的中华优秀传统文化。古往今来，文人墨客的佳话层出不穷，也留下了无数典籍名篇。无论是"时势造英雄"学说，还是"英雄造时势"学说，人都在其中发挥了决定性的作用。优秀的事物必然需要分享，杰出的会计专业人才也会给高等院校会计专业的良性发展提供最佳的动力支持。就目前来说，国内高等院校会计专业的发展趋势是不断被优化的。参考《在线高等院校会计专业教育产业调查报告》可知，在国内的高等院校中，每年在线学习的学生人数呈现不断上升趋势，同时在整个国家市场中的比例也是直线上升的。

（二）将"互联网＋"、大数据、网络化、智能化等高精尖技术普及到高等院校会计专业人才培养模式中

国内教育领域的杰出代表李明发表了文章，阐述了个人观点，深入剖析了"互联网＋"、大数据、网络化、智能化等高精尖技术与高等院校会计专业教育相辅相成的特色。文章进一步解读了"互联网＋"、大数据、网络化、智能化等高精尖技术对高等院校会计专业人才培养模式产生的影响作用，并且严谨分析，大胆论证，得出"互联网＋"、大数据、网络化、智能化等高精尖技术有效作用于高等院校会计专业人才培养模式这一基本结论。

纵观教育行业的变革以及现状，该论点客观公正且科学。"互联网＋"、大数据、网络化、智能化等高精尖技术正在多角度、全面性地影响着高等院校会计专业人才培养模式的扩充与重构，而且会继续影响其专业结构、办学理念等各个方面。立足于理论的角度考虑，"互联网＋"、大数据、网络化、智能化等高精尖技术时代的到来，直接影响了高等院校会计专业教育中的核心关键点——人才培养机制的调整和升级；立足于内容的角度考虑，"互联网＋"、大数据、网络化、智能化等高精尖技术推动了高等院校会计专业人才培养模式走向成熟，未来，在高精尖技术的作用下，财会类必然会衍生出更多全新的岗位；立足于具体执行方式的领域考虑，互联网和万维网等的大规模应用，使高等院校的运行模式发生改变；立足于宏观的角度剖析，"互联网＋"、大数据、网络化、智能化等高精尖技术会冲击传统产业的运营模式。归根结底，高精尖技术对高等院校会计专业人才培养模式的作用基本涵盖了以下几项：调整专业结构，避免出现界定不清、边界模糊的问题；调整课程结构，降低知识复杂难度；调整技术结构。将"互联网＋"、大数据、网络化、智能化等高精尖技术渗透进高等院校会计专业人才培养模式的变革中，是一项长远的任务规划，需要循序渐进，不能操之过急。任何历史决定的做出，必须以时间、地点、条件为参考因素，坚持因地制宜，立足于差异化区域内的经济发展的实际情况和当地高等院校会计专业的教育水平，来对"互联网＋"、大数据、网络化、智能化等高精尖技术引入高等院校会计专业人才培养模式变革进行投资规划和建设掌控，以保证新型人才培养模式的合理并且能够切实执行下去。高等院校会计专业应该从全局考虑，把控风险，做好顶层架构、结构设计，制定可持续的整体发展规划，把人才培养模式更新作为头等大事和长期任务，去投入、去创造。

笔者认为，当前阶段，将"互联网＋"、大数据、网络化、智能化等高精尖技术引入高等院校会计专业人才培养模式必然迎来一场超乎想象的变革，甚至会催生一场新的工业革命、教育革命。这一切都等待后来者的检验和审视。

（三）将"互联网 +"、大数据、网络化、智能化等高精尖技术引入高等院校会计专业人才培养模式的创新意义

在高等院校会计专业人才培养过程中，加入"互联网 +"、大数据、网络化、智能化等高精尖技术必然产生重要的影响，主要体现在以下两个方面：一是"互联网 +"、大数据、网络化、智能化等高精尖技术对于高等院校会计专业教育途径的直接影响，换言之，即"互联网 +"、大数据、网络化、智能化等高精尖技术与人才培养直接进行对接；二是"互联网 +"、大数据、网络化、智能化等高精尖技术对于高等院校会计专业人才培养模式的间接影响。

目前，高等院校会计专业的某些传统理念或者因素可以在当下与互联网相结合，以推陈出新，不断进步，跟上现代化的发展节拍。

二、大数据时代会计人才培养改革的发展趋势

（一）人才类型向着大数据时代的应用复合型靠拢

大数据时代应用复合型会计人才的背后不仅是信息技术革命，还与个人相关，改变着人们解读世界以及预测未来的方式。复合型会计人才的出现，也是产品创新、服务创新的原动力。高等院校理应立足于大数据时代对会计人才的实际需求，更新人才培养模式，力求能够培养出符合大数据时代要求的应用复合型会计人才。

1. 需要明确大数据时代应用复合型会计人才的定位

大数据的确能够创造价值，但这种价值并不是凭空产生的。大数据将从根本上改变社会组织的竞争和运营方式，在这一过程中，必然需要传统财务部门的支持，为决策者提供数据参考，借助洞察财务信息和非财务信息，对基于历史的、动态的数据进行聚合和分析，总结分析出更智能、实时和基于事实的决策。由此可见，社会组织中的会计人员需要具备扎实的财务会计知识，同时掌握大数据的处理能力和技术。"大数据 + 会计"专业毕业生将不仅能够掌握在金融行业、跨国公司、会计师事务所和国家机关、科研院所、高等院校等企事业单位从事会计理论、会计实务及科研方面与财务工作相关的专业技能，而且能够基于突出的数据分析能力将战略、财务、业务、会计、商业分析有机整合，为组织提供决策支持。因此，大数据时代应用复合型会计人才应定位于"适应大数据时代需要，能够将财务会计、信息技术和大数据分析技能融会贯通应用于商业活动的复合型人才"。

2. 构建大数据时代应用复合型会计人才的知识领域

信息技术是会计人才的一项必备能力。国际会计教育准则委员会（IAESB）制定的 11 项专业胜任能力中就涵盖了 2014 年信息技术国际商学院协会出具的国际会计认

证标准。高等院校会计专业的毕业生需要能够进行数据的创建、共享、存储、分析、报告和挖掘等。现阶段对高等院校会计专业而言，以大数据为代表的信息技术显得尤为重要。用数字驱动决策将是社会组织进行有效管理的方式，未来的会计人员需要具备数据思维方式。为了能够胜任大数据时代的专业化岗位，应用复合型会计人才需要全面掌握财务会计、数理统计、统计分析软件应用、数据库和建模、数据可视化应用等多方面知识和技能。

综上所述，大数据时代应用复合型会计人才的知识领域应涵盖三部分：一是拥有财务会计核心知识以及技能。学生应掌握管理学、经济学、财务和会计的理论和知识，可以正确解读产生财务会计信息的业务过程，掌握财务会计信息的编制原则、方法。二是具备财务会计大数据分析能力。学生应掌握数据库管理、数据建模、数据分析工具和技能，如 Python、R 语言、SAS 等具体的使用技能，具备大数据分析能力，能够发现对企事业单位具有真正价值的数据集。三是具备财务会计大数据应用能力。学生应掌握预测学、供应链和人力资源分析、商务分析、财务与风险分析、数据可视化等知识和技术，具备预测分析能力，从而通过对财务会计大数据的分析，洞悉企事业单位的供求趋势和业绩趋势，并通过实现"数据可视化"和控制表等方式与非财务信息相结合，为企事业单位的战略和决策提供依据。除此之外，高等院校还需根据本科、硕士、博士的不同培养阶段来设计人才培养知识和技能的进阶和递进。

（二）构建与行业紧密协作的跨学科人才培养体系

会计环境的发展变化对会计教育会产生颠覆性影响，需要高等院校不断向社会输送具备核心胜任能力和职业道德素养的专业人才。高等院校应顺应时代要求和发展机遇，培养应用复合型会计人才，在传统会计人才培养的基础上进一步转型升级。构建依托行业的跨学科人才培养体系，加强会计专业的重构和升级建设。目前，高等院校会计专业本科阶段细分为财务会计、管理会计、会计电算化等，研究生阶段划分为会计学术硕士、审计学术硕士、会计专业硕士、审计专业硕士，博士阶段设有会计、审计专业。其中除了会计电算化方向人才培养，信息技术在高等院校各培养阶段课程结构中的比重都不高。

进入大数据时代，并不意味着会计要让位于信息技术、统计学科，而是迫切需要高等院校将传统会计专业进行重构与升级，这不可避免地需要突破多重困境：与大数据时代应用复合型会计人才培养的需求相比，传统会计专业人才培养方案中会计课程的比重较高；数据分析能力培养课程不足；现有实践教学环节偏重会计电算化软件操作，还需补充大数据的分析和应用环节；相关师资紧缺，且缺乏会计领域的大数据教学资源。高等院校对传统会计专业进行重构与升级，需要结合大数据时代的发展趋势，树立清晰的专业发展目标，制定有序的专业建设规划，在人才培养方案、课程建设、教学资源、实践教学、师资队伍等多个领域展开全方位的提升，对于现阶段较为薄弱的应用能力培养课程、大数据财务会计分析能力加以优化建设。高等院校必须增强投入的广度和力度，尽快形成专业发展支撑。

（三）建立跨学科合作的人才培养体系

培养下一代会计师，塑造未来的卓越会计人才，已成为世界各国的战略选择，会计高等教育已进入发展的关键阶段。高层次的应用复合型会计人才，能够适应大数据时代的复杂环境，因此，会计、信息技术、统计相关学科应深入合作，开展富有成效的教学和科研。由于会计、信息技术和统计学科之间存在差异，且大多数高等院校分属不同的院系，需要从学校层面建立跨学科协作平台，会聚不同领域的教师，发挥各自的学科和专业专长，进行互补性教学和研究，实现 N 个 1 相加大于 N 的共赢效果。高等院校需要建立跨学科协作的长效机制，在管理体制和机制上进行创新。由于不同学科、院系的利益目标存在差异和冲突，会在一定程度上对跨学科人才培养造成障碍，因此，为了突破学科界限和阻力，高等院校可以设立会计跨学科委员会，在教学和科研方面发挥重要的桥梁搭建作用，将一个个专业和学科的孤岛连接成网络，推动各专业教师开展跨学科协作。

长期而有效的跨学科人才培养，需要持续建立跨学科合作载体和工作机制，如开展跨学科系列讲座、跨学科研究项目共同体、多学科的选修课程等。项目负责制培养方式以研究和探索项目、实践项目等为载体，为不同学科的教师和学生设立短期和长期的合作项目，激发学生对项目的好奇心和兴趣，在学习中锻炼学生的沟通、合作与互信、纪律和操守，鼓励学生发挥探索精神，促进学生对专业知识和新技能的理解和实际操作。项目制培养方式以实现一个目标、解决一个困难、突破一个难题为突破口，推动教师和学生跨学科合作，在专业应用领域推陈出新，逐步积累和凝练专业特色。此外，高等院校还可以在人才培养方式上进行创新，如设立会计专业与信息技术专业、统计专业双学位，培养跨学科复合型人才。

（四）与行业组织和实务界紧密合作

大数据时代应用复合型会计人才具有很强的时代性特征，有着巨大的社会需求。大数据的应用从实务界兴起，行业组织快速响应，高等院校接力发展。例如，麦肯锡咨询公司自 2010 年以来就在不断探索和引领大数据在健康、医疗、教育等领域的应用。国际四大会计师事务所竞相在审计大数据、税收大数据等业务领域展开应用创新。高等教育院校需要立足于行业发展的长远目标，从人才培养的全局入手，集合会计教育、会计研究以及会计实践，拓展校企、校政合作的深度、广度，才能培养出适应当前需要的专业会计人才。

高等院校要保持学科和专业的开放度和融合度，与行业组织、会计师事务所、政府等单位和部门紧密合作。成功的校企、校政合作，需要高等院校与合作单位共享知识和最优实务，其中包括共建科研机构、合作研究、共同开展技术咨询和攻关；联合开展本科及研究生教育合作，如在高等院校成立企业学院；需要聘请实务界专家担任兼职导师；需要向合作单位开展员工培训；需要共同申请专利，共享知识产权。高等院校只有在多方面拓展与合作单位的合作空间，形成立体、稳固的校企合作网络，才能为大数据时代应用复合型会计人才培养提供有力支撑。

（五）加快大数据资源建设

大数据时代应用复合型会计人才的核心价值是对大数据的分析和应用，这就需要在人才培养过程中将专业知识与数据思维相结合。然而，目前我国高等院校对应用复合型会计人才的应用能力培养还处于起步阶段，大数据资源相对匮乏，在一定程度上形成掣肘。在大数据时代，数据成为一种重要的资源，对复合型会计人才的培养来说不可或缺。高等院校所使用的大数据，包括源自我国和其他国家政府的开放数据、知名企业的开放数据以及从数据公司购买的数据。随着平台的逐步完善，政府数据开放平台将成为高等院校开展应用复合型会计人才培养的重要数据来源。

此外，高等院校还需要根据学科和专业特性，购买或获取反映特定企业、特定行业业务和交易特征的大数据，用于开展教学和科研。例如，应用大数据分析审计电子商务平台时，所运用的电子商务平台一个年度的交易数据；利用大数据分析识别税务风险时，所使用的一个城市所有企业若干年度的税务大数据等。

由于教学和科研的大数据需要采集或购置、整理、挖掘、分析、存储、更新、访问，有条件的高等院校可以建立大数据共享中心，配备信息技术设备、软件以及相应的技术人员，为学校的学科建设、教学和科研，以及学生的学习和实践提供保障。同时，高等院校还需建立大数据管理制度，规范师生在使用大数据的过程中对知识产权的保护。

（六）打造优秀的师资队伍

决定高等院校复合型会计人才培养是否成功的最核心要素是师资队伍。尽管大数据在我国发展迅速，但是目前掌握大数据技术、有大数据应用经验的专业教师数量有限，师资队伍运用大数据的整体水平与专业建设目标还存在较大差距。教学人才的短缺以及由此导致的学科、专业体系不健全，是高等院校会计专业教育面临的巨大挑战。同时，高等院校的管理机制创新不足、对教师的科学评价和激励不足，进一步加剧了现有师资队伍与应用复合型会计人才培养目标的矛盾。

高等院校的办学层次和社会影响力，主要取决于其培养的人才对社会的贡献，高等院校应培养符合社会需要的卓越人才。在大数据背景之下，信息技术的更新加速影响深远，因而，只有拥有适应时代发展的高水平师资队伍的高等院校，才能获得竞争优势。高等院校应在管理体制、机制上适应这种变化，推动教师积极融入变革的洪流，成为变革的引领者和推动者。

第二章 大数据时代财务管理的意义

第一节 大数据时代财务管理的理论结构分析

随着社会的发展，财务管理越来越受到人们的重视，在企业的管理和发展中发挥了很大的作用。财务管理的实体是先于财务管理理论发展的。我国的财务管理理论相较于其他国家出现得较晚且不够健全，同时我国的财务管理实践需要科学化的财务管理理论指导，以规范财务管理人员的言行，以促进我国财务管理的发展和进步。

一、财务管理理论概述

财务管理理论是在之前的财务管理实践的基础上进行归纳和总结，然后在实践中加以发展、再总结，得出系统化、科学化、合理化的财务管理指导思想，继而发展成为一套理论。财务管理理论可以使财务管理工作更具有科学性和有效性，以发挥财务管理工作的最大作用。

二、财务管理理论结构的构建

（一）财务管理理论的基础

财务管理理论的基础，主要是指财务管理环境、财务管理假设、财务管理目标这三者之间的关系和发展状况。财务管理环境是进行财务管理工作的逻辑起点，一切财务管理工作都是围绕这个出发点开始的，也是以它为基础开展一切工作的；财务管理假设主要研究财务的主体以及市场投入产出之间的比例，是构建财务管理理论结构不可缺少的组成部分；财务管理目标是指开展财务管理工作将要达到的目标或者目的，是在财务管理环境和财务管理假设的基础上建立的，对涉及财务管理的业务具有导向作用。财务管理目标既是对财务管理环境和财务管理假设的总结，又可以指导财务管理工作的开展。

目前，我国实行的市场经济，使财务管理理论所承担的压力变大了。在财务管理理论的指导下，对市场经济下的资金进行合理的分配和支出，能够实现经济效益最大化。

（二）构建财务管理的基本理论

财务管理工作的开展需要遵循一定的原则和方法：财务管理的内容、财务管理的原则、财务管理的方法都是财务管理的基本理论。从这三个方面入手，可以保证财务管理理论的科学性和合理性。财务管理工作主要是针对企业筹资、投资、营运及分配等方面开展的。财务管理原则可以有效地约束财务管理工作的行为，可以使财务管理理论更加科学化、系统化。把财务管理的内容与财务管理的目标连接在一起，能够提高企业决策的正确性。

（三）建立财务管理通用业务理论

财务管理通用业务是指一般企业都具有的财务管理工作，属于比较大的范围。在财务管理通用业务中可以对企业的筹资、投资、营运等业务进行系统的总结和研究，可以指导财务管理向着正确的方向发展，可以为财务管理理论的建立提供强有力的事实依据，可以提高财务管理理论结构的科学性。财务管理理论结构的建立，实际上是为财务管理工作提供一个比较大的框架，任财务管理工作者在这个框架内发挥，也为企业财务管理中的资金支出情况做了系统分配，从而确保财务分配上存在着一种"公平性"。

综上所述，财务管理理论结构为企业财务管理工作的开展提供了强有力的理论依据，同时财务管理理论结构的建立也受到多方面因素的影响和制约。但财务管理理论在我国财务管理工作中具有很高的地位，因此要形成一套逻辑性强、科学化、系统化的财务管理理论，确保我国财务工作开展的正确性和有效性。

第二节　大数据时代财务管理的价值创造

财务管理是企业管理的重要组成部分，是实现企业价值最大化经营目标的重要手段。财务管理价值创造能力的水平越高，其在企业价值创造中的地位越高，为企业创造价值的效率和质量就越高，因此提升财务管理价值创造能力，有助于其更好地发挥价值、创造作用，意义重大。

一、财务管理的价值创造

财务管理的价值创造是通过一系列财务管理活动，为企业创造价值，以期实现企业价值最大化。财务管理在企业价值创造过程中扮演着诸多角色，可以直接创造价值，或者以支持辅助的方式间接创造价值，还可以保护企业现有价值不受损害。

（一）价值创造

财务管理可以通过多种方式来实现价值创造。一是通过投资、享受政府优惠补贴政策、开展理财活动等财务活动，直接为企业增加现金流或获取收益；二是通过统筹运用各项资源、集中管理资金、统一结售汇、税务筹划等方式，降低各项成本。

（二）价值促进

财务管理可以通过辅助支持企业的各项价值创造活动来促进企业价值的提升。一是通过预算管理，合理配置企业资源；二是通过评价考核、薪酬激励、奖励惩罚等措施，促使企业价值创造机能有效运行；三是进行财务分析，供管理参考，为决策服务，协助各项价值创造活动有序高效地开展。

（三）价值保护

财务管理还可以采取财务措施保护企业价值不受损失。一是通过内部控制手段，防范企业潜在风险，实现企业价值保值；二是通过财务审计，规范企业财经秩序，防止企业价值受到损害。

二、财务管理的价值创造能力

（一）含义

价值创造能力是指创造企业价值的主观条件的总和，是实现企业价值最大化目标的能力。财务管理价值创造能力是指通过财务管理手段为企业创造价值的能力。

（二）影响因素

影响财务管理价值创造能力的因素包括以下几个方面：

1.人员。财务管理工作具体是由财务管理人员执行的，财务管理人员能力越强，财务管理工作越能实现其价值创造的目标。

2.制度。制度体系的建立，使财务管理价值创造活动有制可循、有章可依，有利于规范其价值创造活动，提高价值创造工作的效率及质量。

3.流程。完善、高效的流程，可以解决相关管理要素不能得到有效利用的闲置浪费问题，使管理有序，充分发挥财务管理的最大效率，为财务管理价值创造活动助力。

4.方法。先进科学的管理方法能保证财务管理在价值创造活动中实现管理功能，保证其发挥应有的作用，因此财务管理方法对企业充分发挥财务管理的价值创造作用影响很大。

5. 环境。财务管理环境，是指对企业财务活动产生影响作用的企业各种内部和外部条件。企业的财务管理活动离不开财务管理环境，财务管理环境必然影响财务管理活动。

三、提升财务管理价值创造能力的几点建议

企业应围绕创造企业价值的目标，提升企业财务管理的价值创造能力。

（一）提升财务管理人员的价值创造能力

一是树立价值创造理念。形式上有人去做财务管理工作是绝对不行的，必须将价值创造的理念深入参与财务管理的每一个人心中。财务管理人员首先应该改变自身理念，只有认同财务管理企业价值创造者的角色，才能真正通过意识和理念去指导实践，以实现价值创造的目标。

二是提升财务管理人员的专业素质，培养企业所需的复合型人才。学习并不断更新财务管理方面的政策和知识，提高业务素质；加强对企业业务、流程、部门架构等的了解，加强沟通与协作，储备较为全面的综合知识，更好地为企业价值创造机制服务。

（二）建立以价值创造为导向的财务管理制度体系

一是完善制度。在价值创造过程当中，想要财务管理工作高效地创造价值，就必须对原有的财务管理制度进行梳理，从价值创造的角度对原有制度进行评估、修改及补充，将价值最大化的企业目标体现落实到相关制度中。

二是建立制度体系。以价值创造为导向的财务管理制度体系应分为几个层次，最底层是具有操作性的实施细则，第二层是具有指导意义的管理办法，最高层是财务管理的价值创造总纲领。

三是用文字记载。相关规章制度应以文字方式形成文件，确保制度的约束性、严肃性和引导性，使财务管理价值创造活动有所依据。

（三）改进财务管理流程

将财务管理与业务流程相结合，让财务部门和财务管理人员全面参与到整个价值链流程中，将管理措施融入企业各生产经营环节，从价值创造的角度，帮助各业务部门、经营环节做出事前的预测规划、事中的监督控制、事后的评价等，实现企业价值链上的财务协同，为企业价值创造提供全面支持。

（四）应用现代管理方法

借助信息技术、互联网，可以增加沟通、及时获取相关政策制度、及时处理财务及经营信息、实现多维度数据统计等，有利于在提高财务管理价值创造活动效率的同时减少或避免差错，切实保证财务管理价值创造活动的质量。

根据企业实际，采用各类先进科学的管理方法。例如，财务分析中常用的杜邦财务分析法，从净资产收益率出发，对影响该指标的因素进行层层分解，通过这种财务分析方法帮助企业及时发现经营中存在的问题，更好地辅助企业创造价值。再如，预算管理实践中比较有代表性的全面预算管理法，以提升企业价值为目标，通过价值驱动因素配置企业资源，使低效资源加快流转，发挥资源使用效益，同时将价值管理导向贯穿预算管理的执行、分析与控制全过程，促使企业价值不断提升。

（五）营造财务管理价值创造的环境

形成财务管理的价值创造文化，充分发挥其应有的作用，创造并保持财务管理人员参与价值创造的内部环境。财务管理的价值创造文化是财务管理价值创造目标与财务管理人员的纽带，它把从事财务管理的人员团结起来，形成巨大的向心力和凝聚力。这种从内心产生的效应，足以胜过任何规章制度和行政命令。

企业在提升自身财务管理价值创造能力的过程中，应关注提升的效果，对于未达到或偏离了原有目标的应及时调整。同时还应注意克服认知惰性，适时主动地根据企业实际情况，对提升财务管理价值创造能力的方式、方法予以修正，只有这样才能真正地提升企业自身的财务管理价值创造能力，达到提升的目的，实现提升的效果。

第三节 财务管理环境变化对现代财务管理的影响

财务管理是企业发展中的重要内容，对企业平稳经营有着重要的意义和影响。在近几年的发展中，很多企业重视了对财务管理环境变化的分析与研究。一方面是由于财务管理水平与财务管理环境的变化有着密切的联系，需要相关管理团队能够对两者之间的关系进行深入的研究与探讨，为财务管理工作的开展提供可参考的依据；另一方面是由于传统老套的方式和理念已经不能满足现代企业财务管理的需要，如果不能及时创新与完善财务管理制度、理念以及模式等，那么就会影响企业的正常发展。

一、财务管理环境变化的内容

（一）企业发展模式方面

财务管理环境在变化的过程中，会很大程度地引发企业发展模式的变化，而发展模式的变化不仅对企业核心的构建，还对企业财务管理的开展有着重要影响。企业财务管理中涉及很多方面的内容，如资金管理、预算控制及风险规避等。因此，当企业发展模式受到财务管理环境变化影响而发生改变的时候，企业财务管理部门就需要对这些内容进行重新部署与安排。只有通过这样的方式，才能进一步顺应企业发展模式变化的需要，为财务管理工作的开展提供有利的条件。

（二）金融全球化方面

金融全球化对企业融投资的开展有着重要的意义和影响，不仅为企业融投资提供了更多的选择机会，还间接地丰富了融投资的形式和内容。在财务管理环境变化的过程中，企业财务管理部门会根据金融全球化的发展现状对融投资环境做进一步的分析与研究。同时，还会对融投资中涉及的风险问题做进一步的控制和防范，确保融投资的安全，而财务管理工作的开展也会间接发生改变。

（三）经济信息化方面

随着经济的不断发展，国与国之间的交流和联系更加密切，经济全球化的趋势已经愈演愈烈。随着经济全球化的发展，以跨国服务和商品为主要经营对象的跨国公司也广泛兴起。跨国商品和服务的产品流通模式和形式，与传统经济有着很大的差别，经济技术也有很多的变化，急需财务管理模式采取相应的方式。而经济信息化的发展，是财务管理环境变化的重要部分之一，其以互联网技术和电子计算机技术为基础，通过信息的共享和技术的沟通，对经济运行的模式产生了巨大的影响。

二、财务管理环境变化对现代财务管理的影响

（一）资产评估体系构建方面

资金的平稳运行对企业发展与财务管理工作的开展有着重要的意义，而资产评估体系的构建在很大程度上推进着财务管理水平的提升。很多企业在进行财务管理的过程中，会将重点内容放在知识资本的评估与管理方面。对于资产评估中存在的难点，相关管理团队也能根据实际情况，对相应的会计核算工作以及评估工作进行优化处理。

但是在实际资产评估的过程中，很多管理团队没有按照规范的计量模式或核算方法进行相应的工作。而这种情况的出现对资产评估的价值分析与评价有着一定的影响。在财务管理环境变化的引导下，相关管理团队能够进一步提高对资产评估的重视与加大研究力度，并根据实际财务管理环境的变化情况，对企业现金流量计量及管理模式等进行优化，制定出有利于企业财务管理的计价方式，推进资产评估体系的构建。

（二）财务管理网络优化方面

由于互联网时代的发展及电子计算机技术的推广，很多行业在发展的过程中都会将先进的网络技术及电子技术等应用其中，在顺应时代发展需要的同时，促进行业的

平稳发展。各企业的财务管理模式也会受到财务管理环境变化的影响而发生改变，而将网络技术及电子计算机技术应用到财务管理网络系统建设中，逐渐成为企业发展中的重要内容。合理应用网络及电子计算机技术，不仅能够有效控制财务管理工作中存在的问题，还能进一步提高财务管理的质量与效率。

比如，财务管理过程中会涉及很多的数据和信息计算及核对工作，但是相关工作人员在计算和核对的过程中，会受到某些因素的影响而出现问题。而合理应用网络技术就能够在很大程度上降低这类情况出现的概率，还能间接提高信息核对及数据计算的准确性，为财务管理工作的开展提供有利条件。另外，对财务管理网络进行建设与优化，还能实现企业资源的合理配置，提高企业信息共享的效率和价值，对财务管理人员积极性的提升也有着重要的意义和影响，因此需要企业相关财务管理团队提高对网络建设的重视。

（三）财务管理内容变化方面

除了上述两点外，财务管理环境的变化还会对财务管理内容产生影响。由于各企业财务管理的效率和质量会随着国家经济环境的变化而变化，企业要想保证财务管理工作的顺利开展，就要求财务管理相关管理团队根据经济环境实际变化情况，对相应的财务管理内容进行更新与优化。

财务管理环境的变化与经济全球化的发展有着密切的联系。近年来，随着很多大型跨国公司的出现，相关的融投资行为也成为普遍现象。而融投资模式的出现，不仅间接提高了企业的经济水平及筹资的效率，而且带动了计算机技术的应用与推广。融投资方法变得多样化，财务管理内容也变得充实起来。

另外，在财务管理内容发生变化的同时，一些跨国公司还会将新型的投资方式应用到实际的工作中，这不仅给企业发展提供了更多可参考的依据，还间接地促进了企业财务管理模式的创新与升级。虽然企业财务管理会受到一些因素的影响而出现风险问题，导致投资效率下降。但是，财务管理内容在改变的过程中，会间接优化企业受益模式和管理内容，能够在一定程度上规避风险，提高财务管理质量，对企业经济水平的提升有重要的意义和影响。

（四）财务管理理念革新方面

在经济全球化、金融全球化、信息化、知识资本化等经济环境的影响下，财务制度也应当从财务管理理念、财务管理内容、评估系统的构建、电子网络系统的构建等方面进行适当的调整和革新，以适应日益变化发展的经济形势，提高财务管理效率。财务管理环境主要包括经济全球化、电子商务化、企业核心重建等部分，面对这些环境的变化，财务管理也必然要做出一些调整，以适应大环境的发展。

受当前财务环境变化的影响，现代财务管理必须适时进行变革和创新。

首先，在财务理念和理论构建上，应当重视工业经济和知识经济的全面发展，使其在保证经济增长的基础上，还能从技术层面和资金管理层面实现对企业财务管理的优化。也就是在传统财务管理工作的基础上，优化资金使用效率和风险规避制度，确保企业管理者能够正确地决策和投资。

其次，企业应当积极促进财务管理创新。因为企业财务管理工作的目标是发挥资金的最大效用，并且能够最大限度地降低风险。而企业人员关系的协调和生产能力的激发又能够从根本上提高企业的效益，所以在财务管理上，应当将人员关系优化与财务创新相结合，在优化人员管理制度的基础上，实现财务关系的协调和创新。

三、财务管理未来发展趋势

（一）财务理论和关系创新发展

为适应经济发展形势，企业生产经营过程中必须具备稳固的理论基础，以适应社会信息化发展，紧跟知识型经济发展步伐，以更好地适应财务管理环境的变化，提高企业的适应性和灵活性，保证企业财务管理工作的有效实施。随着环境的变化，财务管理的目标发生了一定的变化，由实现股东财富最大化转向企业价值最大化，以保证企业各个相关者的利益。财务管理的关系也发生了一定的变化，更加侧重于企业内部的管理，注重企业内部员工关系的维护，营造和谐稳定的内部环境。

（二）筹资和投资丰富化

随着经济全球化的发展，金融工具更加丰富，企业在筹资和投资决策方面具有更多的选择，企业的决策能力得到提高。网上融资模式的出现，为企业融资提供了一定的便利，使融资领域得到扩展，为企业提供了更加广泛的渠道，实现了企业内部资源的合理配置，提高了企业的总体竞争能力。筹资和投资方面的变化，为企业合理利用资金提供了机会，以降低企业出现资金短缺的可能，保证企业内部资金的流动性。

（三）收益分配合理化

实现利益最大化是企业存在的根本目标，合理分配收益是企业稳定运行的关键，知识经济的发展，使知识成为企业进行利益分配的一项依据。对物质资本提供者来说，主要以资本所有权为依据进行分配。知识创造者在领取基本工资的同时，可以依据对知识资本的创造参与利益分配，获取相应的收益。

（四）预算评价体系专业化

财务管理工作离不开财务预算，各种报表是企业高层管理者进行决策的基本依据。

因此，一个公平合理的预算管理体系对于财务管理工作至关重要，通过准确的数据分析，能够真实地反映企业运营状况，合理预测企业的偿债能力、盈利能力及市场表现情况等。按照预算考核结果进行奖惩，能够更好地推动建设合理有效的预算体系，保证预算体系具有专业性，实现企业的可持续发展。

随着经济形势的转变，财务管理的环境发生了一定变化，对财务管理工作提出了更高的要求，使财务管理的内容和对象不断扩大。为提高企业的核心竞争力，稳定企业在市场中的地位，财务管理人才必须结合市场行情和经济形势对财务管理进行创新，在理论结合实践的基础上改进财务管理工作，提高财务管理的灵活性，更好地适应财务管理环境的变化，从不同的角度满足企业发展的需要，促进企业更好更快地发展，实现企业经济利益的提高，达到企业的总体目标。

第三章　大数据时代企业的财务体系构建

第一节　大数据环境下的决策变革

决策理论学派认为，决策是管理的核心，它贯穿于管理的全过程。企业决策是企业为达到一定目的而进行的有意识、有选择的活动。在一定的人力、财力、物力和时间因素的制约下，企业为了实现特定目标，从多种可供选择的策略中做出决断，以求得最优或较好效果的过程就是决策过程。决策科学的先驱西蒙（Simon）认为，决策问题的类型有结构化决策、非结构化决策和半结构化决策。结构化决策问题比较简单、直接，其决策过程和决策方法有固定的规律可以遵循，能用明确的语言和模型加以描述，并可依据一定的通用模型和决策规则实现其决策过程的基本自动化。这类决策问题一般面向高层管理者。非结构化决策问题决策过程复杂，其决策过程和决策方法没有固定的规律可以遵循，没有固定的决策规则和通用模型可依，决策者的主观行为（见识、经验、判断力、心智模式等）对各阶段的决策效果有很大影响，往往是决策者根据掌握的情况和数据临时做出的决定。半结构化决策问题介于上述两者之间，而战略决策问题大多是解决非结构化决策问题，主要面向高层管理者。

企业战略管理层的决策内容是确定和调整企业目标，以及制定关于获取、使用各种资源的政策等。该类非结构化决策问题不仅数量多，而且复杂程度高、难度大，直接影响到企业的发展，这就要求战略决策者必须拥有大量的来自企业外部的数据资源。因此，在企业决策目标的制定过程中，决策者自始至终都需要进行数据、信息的收集工作。而大数据为战略决策者提供了海量和超大规模的数据。

大数据时代，工商管理领域正在利用大数据创新商业模式，同时也在创造新的产业空间。在零售业方面，可以通过大数据分析掌握消费者行为，挖掘新的商业模式；在销售规划方面，可以利用大数据分析优化商品的价格与结构；在运营方面，能够利用大数据分析提高运营效率和客户满意度，优化劳动力投入，避免产能过剩；在供应链方面，可以使用大数据对库存、物流、供应商协同等工作进行优化；在金融业领域，利用大数据可以实现市场趋势预测、投资分析、金融诈骗识别和风险管理等功能。

除此以外，大数据也可以为新兴的文化创意产业提供扎实有效的数据支撑。例如，超市的排货问题，传统的做法是遵循物以类聚的原则，但是在大数据环境下，依据数据相关性分析，还存在着更加合理的方式。世界最大的零售商沃尔玛通过对顾客的购物清单、消费额、消费时间、天气记录，以及超市货物销量趋势等各项数据进行全面的分析，发现每当飓风来临之时，某一种品牌的蛋挞销量就会相应地增加。以这种通过大数据分析显示出的飓风袭击和蛋挞销量之间的关联，指导沃尔玛在商品摆放时将飓风应急用品与蛋挞相邻安排，就可以得到更高的收益，这充分体现了借助大数据相关性分析所得到的结果，可取得传统的人工决策不可能得到的效益。

第二节　财务管理体系应聚焦落实财务战略

大数据时代，设立单独的财务管理机构是十分必要的。因为企业的核心资源不再仅仅局限于货币资金、土地和知识产权等，商业数据也具有同等的地位。数量巨大、形式多样的商业数据最终会通过各种形式在财务数据中体现，而财务管理人员是处理商业数据最好的人选。将财务管理机构从会计部门独立出来，配备具有丰富经验的从业人员，可以在体制上保证财务管理人员从繁杂的会计核算中解脱出来。一般的财务人员并不擅长数据分析，所以企业在招聘时可以为财务管理机构配备一些数据分析人员，由其专门负责数据的解读。

财务数据作为企业最重要、最庞大的数据信息来源，在企业财务活动日益复杂、集团规模日益庞大的今天，其处理的效率、安全性等问题考验和制约着企业集团向更高一层发展。而以云计算为标志的新时代的财务共享模式，能够为大数据时代下企业集团再造财务管理流程、提高财务处理效率提供帮助。

共享服务中心（Shared Service Center，SSC）是一种新的管理模式，是指将企业部分零散、重复性的业务、职能进行合并和整合，集中到一个新的半自主式的业务中心进行统一处理。业务中心具有专门的管理机构，能够独立为企业集团或多个企业提供相关职能服务。共享服务中心能够将企业从琐碎、零散的业务活动中解放出来，专注于企业的核心业务管理与增长，精简成本，整合内部资源，提高企业的战略竞争优势。共享中心的业务是企业内部重复性较高、规范性较强的业务单元，而且越容易标准化和流程化的业务，越容易被纳入共享中心。

财务共享即依托信息技术，通过将不同企业（或其内部独立会计单元）、不同地址的财务业务（如人员、技术和流程等）进行有效整合和共享，将企业从纷繁、琐碎、重复的财务业务中剥离出来，以期实现财务业务标准化和流程化的一种管理手段。

福特公司在 20 世纪 80 年代建立了世界公认最早的财务共享服务中心，该公司整合企业财务资源，实现集中核算与管理，取得了巨大成效。随后财务共享服务中心模式在欧美等国家开始推广，并于 20 世纪 90 年代传入我国。随着我国企业的快速发展和规模的扩张，以及信息化技术的普及，许多国内大型企业集团组建了自己的财务共享服务中心，如海尔集团、中国电信等。

一项来自英国注册会计师协会的调查显示，超过 50% 的财富 500 强企业和超过 80% 的财富 100 强企业已经建立财务共享服务中心。财务共享模式能够为企业带来规模效应、知识集中效应、扩展效应和聚焦效应，实现企业会计核算处理的集中化运作，整合企业内部的知识资源，提高企业财务模式的扩展和复制能力，将企业财务管理人员从琐碎的财务数据处理中解放出来，专注于企业的核心业务。另外，财务共享模式的集约式管理能够提高数据处理的屏蔽性和安全性，控制企业财务风险，降低生产管理成本，提高经营效率，提升企业财务决策支持能力，优化企业的财务管理模式。

有了大数据的基础，精益财务分析就有了充分的发挥空间。比如库存周转率，之前每月 10 日前做一次分大类的上月库存周转分析，但这种分析方法既粗放又滞后，对管理的改善相当有限，使财务分析失去了意义。

就库存周转率来说，当已有细致到每一天、每一种物料、每一次进出库、每一个批次的数据时，系统就可以结合次日的生产计划计算出即时的、细到每一个库存量单位的存货周转率。这种大数据基础之上的精益财务分析赋予了数据新的实在意义，并实际突破了学术上的库存周转率的限制。传统的用月度平均库存来算库存周转，是受当时的数据基础和计算条件所限，大数据时代，财务分析的方式与方法也要与时俱进。

第三节　提升大数据时代的财务战略管理水平

一、合理利用数据

大数据并不是万能的，在企业管理中，数据只能作为参考或者指向性的方针。其并不能解决企业任何方面的问题，尤其在当前条件下，基础数据的真实程度十分低，如果说在数据处理的过程中错用了这些数据，那么得出的结论往往有所偏差，企业如果盲目地相信这些数据，那么所造成的后果会十分严重，所以企业的运营管理还是需要结合自身发展经验和当前的社会现实的。大数据并不是万能钥匙，迷信盲从的结果往往是自毁前程，企业应合理利用大数据，同时更加需要智慧。

二、注重防范危机

大数据不仅影响着人们的日常生活，同时也影响着企业的各项决策。企业对数据的依赖程度越来越高，对数据的处理技术也越来越成熟，现实的情况却是对数据的过分使用，导致企业在主观判断上失去了方向，造成很多企业出现决策失误的现象。这种现象的出现是由当前数据资源的现状所造成的，在这个信息大爆炸的时代，各种信息数据种类繁多、数量庞大，对这些数据进行严格筛选、提炼并通过各种精确的算法得出结论却是十分困难的。在当前的条件下，对社会上的数据资源进行筛选都是一件十分困难的事情，何谈科学处理计算这些数据呢？原始数据出现失误，那么结果自然不会正确。同时在对大数据的处理上，主观色彩十分严重，对同一条数据有的人抱着乐观的心态，有的人却抱着悲观的心态，那么这样分析得出的结果自然是大相径庭的。因此，企业对大数据的判断需要更加理性，需要时刻注意对大数据危机的防范。

三、以企业实际需求为出发点

由于大数据的利用需要大量的硬件设施投入和人力成本，所以在企业管理中，利用大数据的时候需要做一个全面的把控，结合自身的实际制定适合自己的大数据框架体系。就国内目前对大数据使用的现状来看，我国商业智能、政府管理以及公共服务方面是大数据利用最多，同时也是贡献最多的领域，而企业需要结合自身的实际去使用大数据。从投入成本来看，大部分企业没有足够的能力来使用大数据进行企业管理变革，企业方不要一味地去追求建立自己内部的数据系统，可以考虑用其他的方式来解决，如将自己的企业数据外包出去。

第四章 大数据时代企业投资决策的优化

大数据技术的发展为投资决策提供了应对数据和信息瞬息变化的定量分析方法，为企业投资决策提供了更加真实有效的决策依据，以提高企业战略决策质量。

一方面，大数据提供企业战略决策的翔实数据。企业投资决策的正确与否直接关系着企业的兴衰。这就要求决策者不仅要熟悉企业内部发展实际，还必须拥有大量的来自企业外部的数据资源，并需要对各类数据、信息进行收集、整理。而大数据可以为战略决策者提供丰富的数据来源，与传统的决策相比，大数据决策不再依赖于决策者的经验，也不会担心数据稀缺，丰富的数据来源和数据获取渠道能够保证企业战略决策的真实可靠。

另一方面，大数据升级企业投资决策的分析方法。现代企业对数据的依赖性越来越强，基于大数据的定量分析方法在企业投资决策中的重要性不断凸显，逐渐取代原先的凭借直觉和经验做出判断的定性分析方法。

第一节 获取投资决策信息

一、企业投资决策流程及情报需求特点

大数据给企业投资决策竞争情报搜集、分析和利用带来了深刻的变革，竞争情报咨询机构和企业必须积极面对大数据的机遇和挑战。大数据提供了一个全新的信息生态环境和竞争舞台，只有充分研究大数据特点，不断创新竞争情报分析方法，才能将大数据转化为大智慧。企业对投资的必要性、投资目标、投资规模、投资方向、投资结构、投资成本与收益等重大问题所进行的决策行为，将越来越依赖于对大数据情报的分析利用。大数据将作为企业重要的资产，受到越来越多的重视，但是大数据就像一把双刃剑带来全新机遇的同时也给企业带来了诸多挑战。

投资决策是企业参与竞争的一项关键竞争力，成功的投资决策可以使企业领先竞

争对手建设新的项目，抢占市场制高点。大数据时代，企业这种投资决策竞争力归根到底是数据分析提炼能力和情报分析利用能力。企业投资决策是企业经营生产过程中的重大事件，是企业对某一项目（包括有形资产、无形资产、技术、经营权等）投资前进行的分析、研究和方案选择。一般来讲，企业投资决策周期可以分为投资机会研究、初步可行性研究、项目建议书、项目可行性研究、项目评估及最终决策共六个阶段。每个阶段研究的内容侧重点都有所不同，对竞争情报的需求也有所差异。可以看出，企业投资决策整个流程的每个阶段都需要大量情报作为支持，投资决策因其具有前瞻性和可行性，因此需要精准情报作为决策依据。大数据时代的到来，使得可利用的数据资源空前巨大，可获取的渠道也更加多样，从根本上改变企业投资决策情报的获取、处理及利用方式。

二、大数据给企业投资决策带来的机遇与挑战

大数据为企业获取精准情报提供了沃土。投资决策失误是企业最大的失误，一个重大的投资决策失误往往会使一家企业陷入困境，甚至破产。要避免投资决策的失误，精准的情报支持是必不可少的。大数据的特点之一就是体量巨大，为竞争情报分析提供了空前广阔的空间。庞大的来源渠道、多样化的数据更具有统计分析和相互验证意义，更能为各种投资分析模型提供支持。过去企业投资决策往往苦于数据的缺乏和搜集渠道的单一而只能凭借"相对准确"的数据作为投资参考。大数据时代企业则完全可以通过科学的情报分析方法对产品市场数据、竞争对手上下游数据、项目财务数据等海量数据进行处理、组织和解释，并将这些数据转化为可利用的精准情报。

大数据使投资决策情报更加细化、更有价值。企业投资决策需要的情报种类可以分为政策类情报、市场类情报、竞争对手情报、财务类情报、技术类情报等。大数据整合了各种类型的数据，包括用户数据、经销商数据、交易数据、上下游数据、交互数据、线上数据、线下数据等，这些数据经过加工处理，可以帮助和指导企业投资决策流程的任何一个环节，并帮助企业做出最明智的决策。大数据对传统的情报进行了更具价值的延伸，特别是随着移动互联网的兴起以及以智能手机、平板电脑为主的智能终端的普及，产生大数据的领域越来越多，数据类也从传统的文字、图片发展到动画、音频、视频、位置信息、链接信息、二维码信息等新类型的数据。

大数据为企业提高投资决策竞争力提供了新的舞台。投资决策是企业所有决策中最重要的决策，因此投资决策是企业参与竞争的一项关键竞争力。大数据中隐含了许多"金子"，然而"金子"却不是现成的，需要通过一定方法和工具才能"淘"出来。谁掌握最先进的"淘金"方法和工具，谁就能把握先机，获得竞争优势，而落后者可能面临被淘汰的危险，可以说大数据为企业提供了一个全新的竞争舞台。

大数据时代企业内外部情报环境空前复杂，数据来源的多元化、数据类型的多样化、数据增长更新的动态化都考验着企业数据情报搜集分析能力。首先，大数据处理专业人才缺乏。一个合格的大数据专业人才要具备以下条件：首先，需要深入了解企业内部资源禀赋及发展战略、项目投资决策涉及的经济和产业分析方法，具备数据探勘统计应用知识并熟悉数据分析工具操作。只有这样的专业人才才能激活大数据的价值，重新建构数据之间的关系，并赋予其新的意义，进而转换成投资决策所需的竞争情报。其次，面临重新整合企业竞争情报组织模式的挑战。企业以往的竞争情报大部分是由企业自有情报分析部门与独立第三方情报咨询机构共同完成的，彼此分工明确，合作模式单一。大数据时代对数据反应速度的要求，对现有合作模式带来巨大挑战。最后，现有竞争情报分析方法不能适应大数据时代的要求。现有竞争情报分析方法大多是基于静态、结构化数据基础之上的。而大数据明显的特征就是分布式、非结构、动态性，因此，企业必须在数据的处理量、数据类型、处理速度和方式方法上进行创新。

三、大数据时代企业投资决策竞争情报服务发展方向

（一）创新情报搜集研究方法

大数据产生价值的实质性环节就是信息分析，针对大数据所具有的全新特征，传统的竞争情报研究应该从单一领域情报研究转向全领域情报研究，综合利用多种数据源，注重新型信息资源的分析，强调情报研究的严谨性和情报研究的智能化。以市场情报为例，大数据时代下应该从以前单纯对本项目产品市场调查扩展到替代产品、同类产品，增加对分散的动态竞争情报的分析，如竞争对手经销商、消费者需求变化；增加预测性情报分析，如未来5~10年市场规模、投资回报、价格走势等，大数据使得情报分析精准性大大提升；增加不同类型情报间的关联分析，如微博信息（数据、位置信息、视频等）与历史数据建立相关性分析等。

（二）创新服务方式

我国移动互联网的发展已经超过传统互联网，智能手机和平板电脑日益普及，企业投资决策一般是以团队的形式运行，在移动互联网时代，大数据情报搜集分析特别是服务可以采用跨平台连续推送，对于零散的动态数据则采用协作云端平台随时共享。在企业投资决策过程中，需要企业内部情报与外部情报的有机融合，大数据时代竞争情报服务应搭建以云计算为基础，通过"非结构数据＋创新工具方法＋专家智慧"搭配格局的服务方式。

（三）与企业共同培养大数据专业分析人才

庞大的数据和短缺的人才，造成了一个巨大的鸿沟，阻碍着企业开发和利用数据蕴含的价值。人才的培养不能单靠一方完成，通过与企业组建大数据竞争情报分析团队的形式，产业经济学专业、投资专业、金融专业、统计专业、情报学专业等各种专业背景的研究员通过彼此专业技能的渗透，各自形成既具有某一方面优势，又具有复合能力的大数据分析人才。

第二节　投资框架构建

一、投资准备阶段的主要工作

在大数据环境下，数据作为企业最具价值的资产之一，数据质量与企业的投资决策之间存在着直接联系。高质量的数据可以使企业的投资决策更加科学、高效。在企业的投资决策过程中，数据的完整性、及时性、可靠性等质量特征，对企业投资决策的数据收集和准备阶段、制定和评估阶段、监控和调整阶段都有着重要的影响。基于企业的投资决策流程，以数据为主线，在分析各个阶段对应数据源、数据质量特征、数据类型的基础上，构建大数据环境下考虑数据质量特征的企业投资决策框架。

搞好前期市场预测在投资项目前期准备中格外重要，有利于发现作为建设项目存在条件的现实和潜在需要的市场机会，从而使之转化为满足具体需求载体的产品或项目；有利于减少与避免因重复建设等非真实市场需求而产生的、不能在未来长时间内支撑项目生产与运营条件要求的虚假投资需求。准备阶段主要涉及数据的收集。

首先，要确定投资目标，这是投资决策的前提，即企业想要达到怎样的投资收益，这个过程需要企业根据自身的条件以及资源状况等数据来确定。

其次，要选择投资方向，一方面需要根据企业内部的历史数据，另一方面还要结合市场环境状况等外部因素进行筛选，进而确定投资方向。在市场调查与预测基础上，根据项目及其载体形式，对有关产品的竞争能力、市场规模、位置、性质和特点等要素进行前期市场分析，做出有关"项目产品是否有市场需求"的专业判断。它的官方版本是一种分析技术，其基本内容是做好国内外市场近期需求情况的调查和国内现有产能的估计，并做销售预测、价格、产品的竞争能力、进入国际市场的前景等分析。其中，除应明了市场容量的现状与前景外，还应预测可替代产品及由此可能引起的市场扩大情况，了解该项目现存或潜在的替代产品可能造成的影响；调查目前市场与项目投产时市场的饱和情况长期发展趋势和市场供求情况，以及本项目产品可能达到的市场占有率。

二、制定投资方案阶段的主要工作

制定和评估阶段主要涉及根据可行性制定投资方案，并进行方案评估的相关数据。可行性分析主要涉及与风险相关的概率分布、期望报酬率、标准离差、标准离差率、风险报酬率等数据，确保风险在企业可承受的范围内才说明此投资是可行的。方案评估主要涉及现金流量、各类评价指标，以及资本限额等数据。现金流量可采用非贴现现金流量指标或者贴现现金流量指标数据来衡量。投资回收期、平均报酬率、平均会计报酬率、净现值、内含报酬率、获利指数、贴现投资回收期等各类指标涉及的数据对投资决策的评估起着重要作用。这些数据的来源涉及多个利益相关者，同时来源渠道也比较广泛，多为非结构化数据，且各类数据之间标准不统一，难以兼容。

三、投资实施阶段的主要工作

在监控和调整阶段主要考虑企业实际的现金流量、收益与预期之间的比较，以及企业实际承受能力是否在可控范围内。如果相差较大致企业不可控，就需要及时查找出引起差异的原因，对相关数据进行分析处理并调整投资决策方案。目前，项目基础资料存在以下两个问题：

一是收集困难。公司基础资料主要来源于施工项目部，尤其是纸质资料，平时按照来源地在公司、分公司、项目部分级保管，项目部资料一般在项目结束后归档到公司总部。

二是项目基础资料结构化数据率低。即使是信息化技术应用程度最高的财务部门，也过滤掉了原始凭证中大量非结构化数据信息（如市场情况、环境、事件、时间等），无法将其提取转化为结构化数据。其他部门有关经营活动和财务活动等相关资料的结构化数据率则更低。研究表明，日常工作中产生的非结构化数据约占整体数据量的80%。因此，大数据时代使得企业的整个投资决策流程都基于云会计平台获取各种数据，然后通过大数据相关技术对各类结构化、半结构化、非结构化数据进行分析处理并存储于企业的数据中心中，这种处理模式可以在很大程度上提高企业整个投资决策过程中数据的完整性、及时性和可靠性，满足企业投资决策对数据的高质量要求。

第三节　投资项目管理的强化

一、大数据挖掘与工程项目管理交互分析

工程项目管理是一种以工程项目为对象的系统管理方法，通过对工程项目的全过程动态管理来实现整体目标。鉴于工程项目的系统性、动态性以及时代要求，大数据技术的出现为工程项目管理带来新的发展方向，将大大提升工程项目管理各环节和整体的信息处理效率，为项目决策提供有效的信息参考，实现项目效益增值。大数据时代背景下，传统的工程项目管理已经不能适应科学管理的要求，而数据挖掘这一技术手段为工程项目管理提供了新的提升路径。从大数据背景出发，结合工程项目管理的困境，可构建大数据挖掘的管理层次和制度结构，以及大数据挖掘项目组解决方法。我国工程项目管理呈现出数据多元化、动态化以及信息化等发展趋势。一方面，在传统行业中，工程行业是数据量最大、项目规模最大的行业，参与主体多、覆盖地域范围广、耗费时间长、影响因素多等特征决定了工程项目的信息管理具有多元性。信息数据的多元性体现在工程管理的各个环节。另一方面，工程项目管理采取全周期管理模式，时间周期长，各种信息流在动态的时间流中持续分布。因此，工程项目的信息化管理是大势所趋。

大数据的出现将为工程项目的科技信息管理创造新的发展契机，为工程项目的效率管理、质量管理、风险管理等创造优化路径。大数据挖掘有助于提升工程项目管理效率。由于项目的系统性和复杂性，工程项目管理效率普遍低下，而大数据挖掘技术凭借先进的技术手段提高了数据管理效率。以工程项目管理的绩效评估为例，绩效评估常常出现指标过多、评价成本过高等问题，大数据挖掘为解决这一问题带来了新方法。在工程项目管理中引入大数据挖掘技术，可以从庞大的数据库中找到最符合项目要求的绩效指标即关键绩效指标，这将减少工程项目管理的工作量，提高绩效管理效率。

大数据挖掘为工程项目管理的全面风险管理提供了新思路。在工程行业，庞大复杂的数据中隐藏着各种风险，会给项目乃至企业长期发展带来隐患。大数据管理中，数据仓库不仅能及时收集现有和历史数据，还能对各个孤立存在的数据进行初步处理和转换，形成相互联系的统一数据集，为项目中各数据使用者提供一个透明的信息平台，减少信息流通中虚假信息和交流障碍等因素带来的风险。

二、大数据时代背景下工程项目管理困境

随着需求多元化的发展，生产贴合市场个性化需求的工程产品面临新的挑战。工程设计和评估过程中由于存在固有的刚性和惯性，很难实现与市场需求的高度贴合。在大数据背景下，市场需求不断转化为各类数据，如果不能对这些数据做及时、科学的处理，就可能造成如下困境：一是由于对数据的不完全解读，工程设计和评估与市场不完全贴合，即最后产出的产品不能最佳地满足市场需要；二是由于对数据的误判，工程的设计和评估完全偏离市场需要，即最终产品不能为市场所接受。由此可见，市场需求的多元化使得数据呈爆炸式增长，而工程项目管理极易在众多数据中迷失方向，从而陷入困境。

经济环境的快速变化给工程项目管理带来了诸多不确定性，使得工程项目管理时刻面临风险。技术更新频率加快，社会经济环境突变的可能性也随之增加，这对保障工程项目的进度、成本、质量、安全都带来了巨大挑战。例如，工程规模不断增大，所需资金量也随之增加，这必然产生海量的成本数据和资金数据，传统的工程预决算管理模式根本无法适应大工程项目建设，极容易影响工程进度和成本控制。再如，工程规模的增大必然导致工程项目基础数据的巨量膨胀，传统的施工管理模式不仅容易造成安全隐患，而且无法保证工程整体质量。

三、大数据挖掘对工程项目管理优化路径

（一）构建大数据挖掘的管理层次和制度结构

首先，按照集中控制和分层管理的思路，确立项目公司作为数据收集者、集团公司作为数据决策者的回路模式。以数据为控制载体，项目公司按照集团公司的数据要求及时准确地采集数据，集团公司以总体数据为依据进行进度、成本、质量、安全方面的分析和决策。这里的总体数据不仅包括项目公司采集的内部数据，还需要集团公司采录外部数据，保证数据完整性。

其次，按照数据集中、业务集中、管理集中、控制集中的原则，建立数据处理中心及业务审批、项目施工、公司决策层数据沟通制度。项目部与施工现场人员业务往来形成的各类数据，由项目部整理和识别后录入信息系统中心，数据处理中心对总体数据进行挖掘处理后，向公司决策层提供分析和辅助决策支持，各职能部门可以随时调用项目数据进行管理，项目部根据数据指标及其提示进行施工作业和相关管理。

（二）构建大数据挖掘项目组，解决项目管理中的主要问题

构建大数据挖掘项目组的目的是保证在一定资源约束的前提下，使工程项目以尽可能快的速度、尽可能低的成本达到最好的质量效果。

1. 建立工期进度数据挖掘项目组

整合资金数据、供应商数据、工程计划数据、施工基础数据等，通过数据挖掘建立相应的控制体系，保证工期进度有效推进。

2. 建立工程质量数据挖掘项目组

整合施工基础数据、质量检测数据、物流仓储数据、工期进度数据等，通过数据挖掘建立相应的控制体系，避免物料管理不规范、阶段验收和隐蔽工程验收不规范、计划安排不科学导致的盲目抢工期，以及设计本身缺陷导致的质量失控等问题。

3. 建立成本控制数据挖掘项目组

整合物料数据、成本核算数据、质量控制数据、工程进度数据、资金数据等，通过数据挖掘建立相应的控制体系，避免工期拖延、质量控制不当等问题。

四、应用大数据管理项目的案例

DRP 建筑公司属于施工企业，是美国加州大学旧金山分校医学中心价值 15 亿美元的建筑合同的总包商。该建筑是世界首个完全基于大数据模型建设的医学中心建筑。DPR 使用了 Autodesk 公司的三维技术，设计师能整合空气流动、建筑朝向、楼板空间、环境适应性、建筑性能等多种数据，形成一个虚拟模型，各种数据和信息可以在这个模型中实时互动。建筑师、设计师和施工队伍通过这个模型可以在接近真实的完整的运营环境里，以可视化的方式观察数以百万计的数据标记。

大数据技术在 DRP 建筑公司的应用表明，通过形成建筑物虚拟模型，建筑物从设计到施工的各项数据和信息实时互动。这不仅解决了项目成本费用开支、经营成果核算基础资料不准确的问题，而且基于详细的数据，企业对同类施工产品进行对比分析，使企业可以做到基于事实和数据进行决策。

第四节　集群融资方式的创新

筹资的数量和质量是企业首先要关注两个基本因素，也是最重要的方面。企业在保证资金数量充足的同时，也要保证资金来源的稳定和持续，同时尽可能地降低资金

筹集的成本。到这一环节降低筹资成本和控制筹资风险成为主要任务。根据总的企业发展战略，合理拓展融资渠道、提供最佳的资金进行资源配置、综合计算筹资方式的最佳搭配组合是这一战略的终极目标。

随着互联网经营的深入，企业的财务资源配置都倾向于"轻资产模式"。轻资产模式的主要特征有：大幅度减少固定资产和存货方面的财务投资，以内源融资或OPM（用供应商的资金经营获利）为主，很少依赖银行贷款等间接融资，奉行无股利或低股利分红，时常保持较充裕的现金储备。轻资产模式使企业的财务融资逐步实现"去杠杆化生存"，逐渐摆脱商业银行总是基于"重资产"的财务报表与抵押资产的信贷审核方法。

在互联网经营的时代，由于企业经营透明度不断提高，按照传统财务理论强调适当提高财务杠杆以增加股东价值的财务思维越来越不合时宜。另外，传统财务管理割裂了企业内融资、投资、业务经营等活动，或者说企业融资的目的仅是满足企业投资与业务经营的需要，控制财务结构的风险也只是局限于资本结构本身来思考的。

互联网时代使得企业的融资与业务经营全面整合，业务经营本身就隐含着财务融资。大数据与金融行业的结合产生了互联网金融这一产业，从中小企业角度而言，其匹配资金供需效率要远远高于传统金融机构。以阿里金融为例，阿里客户的信用状况、产品质量、投诉情况等数据都在阿里系统中，阿里金融根据阿里平台的大数据与云计算，可以对客户进行风险评级以及违约概率的计算，为优质的小微客户提供信贷服务。

集群供应网络，是指各种资源供应链为满足相应主体运行而形成的相互交错的集群网络结构。随着供应链内部技术扩散和运营模式被复制，各条供应链相对独立的局面被打破，供应链为吸收资金、技术、信息以确保市场地位，将在特定产业领域、地理上与相互联系的行为主体（主要是金融机构、政府、研究机构、中介机构等）建立一种稳定的、正式或非正式的协作关系。集群供应网络融资就是基于集群供应网络关系，多主体建立集团或联盟，合力解决融资难问题的一种融资创新模式。其主要方式有集合债券、集群担保融资、团体贷款和股权联结等，这些方式的资金主要来源于企业外部。大数据可以有效地为风险评估、风险监控等提供信息支持，同时通过对海量的物流、商流、信息流、资金流数据的挖掘分析，人们能够成功找到大量融资互补匹配单位，通过供应链金融、担保、互保等方式重新进行信用分配，并产生信用增级，降低融资风险。

从本质上讲大数据与集群融资为融资企业提供了信用附加，该过程是将集群内非正式（无合约约束）或正式（有合约约束）资本转化为商业信用，然后进一步转化成银行信用甚至国家信用。

大数据中蕴含的海量软信息，打破了金融行业赖以生存的信息不对称格局，传统金融发展格局很可能被打破。如英国一家叫Wonga的商务网站就利用海量的数据挖掘算法来做信贷。它运用社交媒体和其他网络工具大量挖掘客户碎片信息，然后关联、交叉信用分析，预测违约风险，将外部协同环境有效地转化成为金融资本。

在国内，阿里巴巴将大数据充分利用于小微企业和创业者的金融服务上，依托淘宝、天猫平台汇集的商流、信息流、资金流等一手信息开展征信，而不再依靠传统客户经理搜寻各种第三方资料所做的转述性评审，实现的是一种场景性评审。

阿里巴巴运用互联网化、批量化、海量化的大数据来做金融服务，颠覆了传统金融以资金为核心的经营模式，且在效率、真实性、参考价值方面比传统金融机构更高。大数据主要为征信及贷后监控提供了一种有效的解决途径，使原来信用可得性差的高效益业务（如高科技小微贷）的征信成本及效率发生了重大变化。但是，金融业作为高度成熟且高风险的行业，有限的成本及效率变化似乎还不足以取得上述颠覆性的成绩。

传统一对一的融资受企业内部资本的约束，虽然企业有着大量外部协同资本，但由于外部信息不对称，这部分资本无法被识别而被忽略，导致了如科技型中小企业融资难等问题。通过大数据的"在线"及"动态监测"，企业处于集群供应网络中的大量协同环境资本将可识别，可以被有效地监测并转化成企业金融资本。

阿里巴巴、全球网等金融创新，正在基于一种集群协同环境下的大数据金融资本挖掘与识别的过程，这实际上是构建了一种全新的集群融资创新格局。集群式企业关系是企业资本高效运作的体现，大数据发展下的集群融资创新让群内企业有了更丰富的金融资源保障，并继续激发了产业集群强大的生命力和活力，这是一种独特的金融资本协同创新环境。根据大数据来源与使用过程，大数据发展下的集群融资可以总结为三种基本模式，分别是"自组织型"大数据集群融资模式、"链主约束型"大数据集群融资模式，以及"多核协作型"的大数据集群融资模式。阿里巴巴、Lending Club 代表的是"自组织型"模式；平安银行大力发展的大数据"供应链金融"体现的是"链主约束"模式；而由众多金融机构相互外包的开放式征信"全球网"，正好是"多核协作"模式的代表。

第五章　大数据时代对会计工作及会计专业人才培养的影响

第一节　大数据时代对会计基本认识的影响

一、大数据时代对会计世界认知方式的影响

人类活动纷繁复杂、多种多样，但人类活动过程、活动结果以及活动中存在的各种关系都会留下痕迹，这些痕迹可以通过新技术的应用以数据的形式进行记录，在记录的过程中就产生了相应的结构化或非结构化数据。业界通常用 4 个 V（Volume、Variety、Value、Velocity）来概括大数据区别于传统数据的显著特征，这 4 个显著特征向人们传递了多样、关联、动态、开放、平等的新思维，这种新思维正在渗透我们的生产、生活、教育、思维等诸多领域，逐渐改变了人类认识、理解世界的思维方式。

一些大数据学者把大数据提到世界本质的高度，认为世界万物皆可被数据化，一切关系皆可用数据来表征，如黄欣荣（2014）认为随着大数据时代的来临，数据从作为事物及其关系的表征走向了主体地位，即数据被赋予了世界本体的意义，成为一个独立的客观数据世界；田涛（2012）认为未来生产力的三大要素是人力、资本和数据，大数据已经成为与自然资源、人力资源同等重要的战略资源。在大数据时代，该种新思维认为全体优于部分、杂多优于单一、相关优于因果，使人类的思维方式由还原性思维走向了整体性思维。

此外，通过对经济活动的数据化，并对该数据进行分析，能够实现对某一事物定性分析与定量分析的统一，能够促使对那些曾经难于数据化的人文社会科学领域开展定量研究。从目前的研究来看，无论是规范研究还是实证研究，基本上是通过寻找事物之间的因果关系来解释或揭示某一规律或现象，会计更是如此。会计是通过强调经济活动之间以及会计数据之间的因果关系来保证经济业务以及会计数据的客观性、真

实性与可靠性。由于信息传递的弱化规律的客观存在，通常来说，人们无法对超过一定层级关系的因果关系链条以及本就不明显的因果关系做出准确判断与分析，如由于报表数据与原始凭证之间经过了几次的数据加工，报表数据只能反映企业最终的整体情况，却很难推导或还原出当时的原始凭证的实际情况；同时，因果关系只能做单向的逻辑推导，即"因—果"，而不能是"果—因"，因为"因—果"是确定的、唯一的，而"果—因"则是不确定的，有多种可能性。在会计大数据时代，人们可以利用数据量的优势，通过数据挖掘从海量会计数据的随机变化中寻找蕴藏在变量之间的相关性，在看似没有因果关系或者因果关系很弱的两个事物之间找到它们既定的数据规律，并通过其中的数据规律以及数据之间的相关关系来解释过去、预测未来，并可以做到因果的双向分析，从而补充传统会计中的单一因果分析方法的不足。由此可见，大数据将会改变人们对客观世界，乃至会计世界的认知方式。

二、大数据时代对会计数据的影响

会计是以货币为主要计量单位，以凭证为主要依据，借助专门的技术方法，对一定单位的资金运动进行全面、综合、连续、系统的核算与监督，向有关方面提供会计信息、参与经营管理，旨在提高经济效益的一种经济管理活动。简单来讲，会计是通过对数据，尤其是会计数据的确认、计量、报告与分析，帮助企业的管理者来管理企业，并向外部利益相关者提供会计信息的一种管理活动。

目前的会计数据各种各样，可以归纳为三类：①用来进行定量描述的数据，如日期、时间、数量、重量、金额等；②用来进行定性描述的数据，如质量、颜色、好坏、型号、技术等；③不能单独用来表示一定意义的不完整、非结构化、碎片化的数据。

目前对会计数据的处理还仅仅局限在第一种定量描述的数据的处理，尤其是那些能够以货币来进行计量的经济活动所表现的会计数据，因为这种数据既能比较方便地进行价值的转换与判断，又能很直观地还原出企业的生产经营过程，使利益相关者可以通过会计数据信息了解企业生产经营过程以及生产经营结果。定性描述的数据与定量描述的数据相比，存在一个很大的缺陷，那就是定性数据只能大概推断而不能还原出企业的生产经营活动过程，比如，这个产品质量好，只能推断出企业经营过程良好，至于在哪个生产步骤良好，这个企业的良好和别的企业的良好一样还是不一样，我们就难以知晓。所以，定量数据的过程和结果能够互为因果推断，而定性数据只能达到经营过程是因、经营结果是果的推断。对于第三种不完整、非结构化、碎片化的会计数据以因果关系的推断来看，存在更为严重的问题，因为不完整、非结构化以及碎片化的特征，该类数据会导致因果关系推断的障碍，无法推断出经营结果，经营结果也无法还原经营过程。

从目前会计数据的使用情况来看，定量描述的数据经常使用，定性描述数据较少使用，非结构化、碎片化数据基本没有使用；从企业的整个会计数据的作用来看，定量描述数据的作用固然重要，尤其是金额数据，但是定性描述数据以及非结构化、碎片的数据也很重要，会对会计信息使用者产生重要的影响，甚至会影响会计信息使用者的决策，比如，好的商品质量能扩大企业的知名度，会给企业带来巨大的商誉，进而给企业带来超额利润。由于定性描述数据以及非结构化、碎片化数据的内在缺陷，这些数据的作用目前还无法发挥出来，也阻碍了会计理论与会计实务的发展。

随着互联网、物联网、传感技术等新技术的应用，不仅实现了人、机、物的互联互通，而且建立了人、机、物三者之间智能化、自动化的"交互与协同"关系，这些关系产生了海量的人、机、物三者的独立数据与相互关联数据。目前那些难以用货币来计量的经济活动，其实都可以通过以上新技术来进行记录，记录过程中会相应地产生大量的数据，这些数据不仅有数字等结构化数据，还有规模巨大的如声音、图像等非结构化、碎片数据。

随着大数据时代的到来，定性描述数据以及非结构化、碎片化的数据，尤其是非结构化、碎片化数据的增长速度将远远超过定量描述数据的增长速度，非结构化、碎片化数据以及定性描述数据将会成为会计数据的主导。虽然定性描述数据以及非结构化、碎片数据存在内在的缺陷，但是在大数据时代，却可以使用大数据挖掘技术发挥出该类型数据的会计作用。虽然这些数据不能完整、全面、清晰地推导与反映企业的经营结果和经营过程，但是大量的这些数据放在一起，却能够利用它们之间存在的相关关系推导与反映出企业的经营过程与经营结果。比如，你把一个生产步骤细分为成千上万个步骤或者最大限度的细分步骤，一个细分步骤不能表示什么含义，但是把大量的细分步骤组合到一起同样能够构成一个完整的步骤，那么就能达到定量描述会计数据的相应功能。在传统的会计理论中，使用的会计数据基本上属于定量描述数据，主要有两个原因：一是定性描述的数据不能准确地以货币来计量；二是数据量小的时候，利用数据的相关性关系远不能达到因果关系推导出来的结果那样准确、那样令人信服，原因在于数据量小的时候，利用相关关系推导出来的结果随机性较大。传统会计选择那些定量描述性的数据作为会计数据，实际上是时代的局限性决定的。

随着互联网、云技术、大数据挖掘等新技术的使用，非结构化、碎片化数据急剧增加，非结构化、碎片化数据真正成了大数据，这些数据已成为企业的重要资源，将会影响企业的可持续发展。从统计学角度来看，非结构化、碎片化的会计数据摆脱了小数据必须使用因果关系分析的内在局限性，利用相关关系的数据分析可以达到因果关系的数据分析的同样效果，从而为非结构化、碎片化数据应用于会计提供了可行的理论基础与技术支持。因此，在大数据时代，这些定性描述的数据以及非结构化、碎片化的数据丰富了会计数据的种类，扩大了会计数据的来源渠道。

在大数据时代，会计数据将由三部分构成：第一部分是定量描述性数据，第二部分是定性描述性数据，第三部分为非结构化、碎片化会计数据。目前的会计数据实际上是直线型的数据，大数据时代的会计数据将变得更加立体化，有可能出现三维或者多维形式的会计数据。

第二节 大数据时代对财务会计的影响

一、大数据时代财务会计工作需要达到的标准

财务会计工作需要达到的标准是在已有的基础上进一步地改革和创新，让更多的数据能够被财务会计工作者完整地处理，只有这样，才可以很好地保证整个企业的经济收益。在大数据时代来临的时候，各个企业都需要通过提升财务会计工作效率来保证企业的收益，也就是说，大数据时代就是要求财务会计工作能够与时俱进，而不是停滞不前、利用最传统的方式进行财务会计工作。总而言之，需要进行的创新工作是比较彻底的。

（一）在财务会计工作中应更多地积累各种应用数据材料

大数据时代的到来给财务会计工作带来了极大的便利，也带来了很大的发展空间，只有保证整个企业的财务会计工作能够利用先进的信息技术进行各种数据的分析和处理，才可以有效保证企业的整体收益，让更多的数据材料在大数据信息技术的使用下得到相应的处理。

这种便利正是由于大数据时代将数据信息化，确保财务会计工作的完成效率更加高效。提升企业的财务会计管理工作有助于提升企业的市场竞争力，所以，要确保财务会计工作中积累的大量数据材料能够利用大数据的特性进行高效作业。

（二）在财务会计工作中应对非结构化数据进行价值提取

对于企业数据的处理，财务会计主要是对结构化数据进行系统化的处理，这种处理方式是目前比较流行的。然而，随着时代的进步，计算机技术可以有效提升结构数据的处理效率，可以很好地保证企业对整个财务会计的处理方式进行严格的管理。随着大数据时代的到来，财务会计工作者使用计算机技术对非结构化数据进行管理和处理已经越来越熟练，还能够在规定的时间内有效完成相应数据的处理工作。

（三）在会计工作中应进行不断的创新

由于大数据时代的要求就是不断地更新改革，为了保证财务会计的工作者能够更加完善地完成对数据的处理，就应该将财务会计的工作目标从原始的经济管理型转移到决策管理型，只有这样，企业才能在许多方面占领优势，企业的财务会计管理工作才变得至关重要。随着市场竞争越来越激烈，想要将企业的利益最大化，就需要运用大数据时代所带来的新技术和新方式进行数据的处理，目前，云计算方式不仅可以很好地保证信息容量的增大不会给财务会计工作增加困难，还能够符合使用者的多元化要求，是新时代进步的一大优势。

二、大数据时代对财务会计的具体影响

（一）对会计信息来源的影响

如前述所言，大数据所带来的，不仅有结构性数据，同时还伴有非结构性数据，且非结构性数据可能会更多。传统的会计信息，多来自结构性数据，且结构性数据更可被分析、利用，甚至是直接采纳。而大数据时代所带来的，更多的是非结构性数据，这也对会计信息来源产生了一定的影响。

一是非结构性数据越来越多，并广泛存在于会计信息中。非结构性数据与结构性数据共同存在，这是大数据时代的标志之一。同时大数据技术也可实现将非结构性数据与结构性数据相结合，并加以分析，发现海量数据之间的相关关系，通过定量的方式，来反映、分析、评判企业的经营发展情况。

二是强调海量数据之间的相关关系而非因果关系。在大数据背景下，所强调的是相关关系而并非传统意义上的因果关系。比如相关关系是指会发生什么，而因果关系是指为什么会发生。大数据往往通过相关关系来指出数据之间的关系。

三是传统会计分析强调的是准确性、精准性，而大数据时代强调的则是数据使用效果。传统会计分析认为，会计信息的精准性无比重要，同时也不接受舞弊造假信息或是非系统性错误。但大数据时代则更多地关注会计信息分析带来的效果，而对精准性没有那么高的要求，或者说，绝对的精准并非大数据时代所关注的。

传统会计信息体系中，由于缺乏海量的数据做支撑，因此任何一个获取到的数据信息，都对会计信息产生至关重要的影响，也就需要这些信息保证其真实性、可靠性，才不会导致会计信息的失真。所以，在小数据时代，人们会通过反复地检查与论证、各类测试性程序和分析复核程序，来减少、避免错误的发生，也会采用测试样本判断是否存在系统性偏差。尽管所获取的信息不多，但是论证这些信息所花费的时间成本、人工成本确实不容小觑。

在大数据时代，由于数据的繁多与复杂，人们不再过于担心某一数据出现的偏差会给会计信息质量带来致命的影响，也不需要耗费众多的成本来消除这些数据的不确定性。因此大数据时代所带来的效果，往往比传统会计信息的准确性更重要。

（二）大数据时代对会计资产计量的影响

由于大数据在会计行业中产生越来越多的效应，并逐渐被广泛使用，因此就不得不考虑大数据对资产计量所带来的影响。

1. 初始计量成本

在传统的财务会计中，初始计量成本有历史成本和公允价值计量。公允价值有着不可比拟的优越性，能客观反映企业经济实质，为信息使用者提供更加及时、高度相关的决策信息；能够使收入与成本、费用切合实际，实现有效配比；有利于企业资本保全，同时符合资产负债观。公允价值计量得到的金额可以克服物价上涨等不利因素对会计信息质量的影响。但是公允价值的取得不可避免地存在缺乏可靠性、可操作性等问题，公允价值所强调的"公平交易"在现实中难以保证，所以这一计量属性的使用效果大打折扣。

大数据时代的背景下，数据的积累和发布日益增多，在大量的数据面前，公允价值变得越来越透明，从整体上提高了公允价值的可获得性、可靠性、科学性，在一定程度上克服了主观判断等不利因素的影响。在一些必须使用公允价值作为计量属性的经济业务中，如金融资产、金融负债等的计量，要充分利用大数据时代所带来的极大便利，对资产的公允价值进行客观的、科学的测量，提高会计信息质量，同时有利于促进市场建立一个透明的、可靠的公平交易平台。

2. 计量单位

传统会计中的计量单位通常采用"元"。但是在大数据时代，将来有可能出现以"非元"为单位的计量单位，如时间、数量等。

第三节　大数据时代对管理会计的影响

一、大数据时代管理会计的作用日益凸显

管理会计作为财务会计的一个分支，其主要任务是通过向企业内部管理者提供及时有效的信息，辅助企业经营决策。具体来说，其职能包括预测企业未来的经营、财务状况以及现金流量等；帮助企业进行长短期经营决策；通过规划和预算，加强事前、事中控制；通过责任考核与业绩评价，加强事后控制，提升企业绩效与核心竞争力。大数据时代的到来，给管理会计上述职能的发挥提供了新的契机。

（一）提高企业预测能力，抓住商战先机

手机已经不再是传统意义上的用于打电话、发短信的通信工具，其在网络信息传递方面的作用更加强大。开通官方微博也逐渐成为企业加强管理与沟通的流行趋势。通过微博，企业可以随时发布产品、服务等信息，消费者也可以通过微博、朋友圈等随时随地分享自己对某种产品或服务的评价与态度。这些都使得信息的传递更加即时、快捷。

企业应充分利用这些通信工具，实时获得各种新的信息，进而利用管理会计预测的专门技术与方法，及时了解竞争对手的最新动向，了解和测度市场的变动及趋势，进而快速地对竞争对手的举措做出反应，赢得市场先机。比如，有段时间一部韩剧《来自星星的你》风靡亚洲，剧中的男女主角"都教授"和"千颂伊"也受到韩剧迷们的狂热追捧和模仿。三星公司抓住良机，迅速邀请剧中炙手可热的男女主角为其新产品拍摄一系列广告，在男女主角强大的明星效应和粉丝的追星效应下，该款手机的知名度和销售量迅速攀升，一举成为竞争激烈的手机市场中当之无愧的新王者。

（二）提高企业决策能力，提升企业核心竞争力

一直以来，除直销企业外，企业与客户之间很少有直接联系，这也使得企业难以取得有关客户需求的第一手资料，也难以针对客户的潜在需求及其变动，及时做出有针对性的企业决策。大数据时代，尤其是物联网的出现，令这种局面大为改观。

企业不仅能够更加精准、详细地获取顾客在各类网络活动中的数据，而且能够从以往被忽略的数据中挖掘出新的有价值的信息。比如，消费者对某款产品或商品进行了网上搜索，但最终可能并没有实际购买，以往此类数据可能会因为未形成实际购买

力而被忽略，更不会被收集或分析。然而，大数据时代的企业却会对此类信息高度重视，他们往往会聘用专门的人员或机构，对顾客的网上搜索行为进行分析，如被搜索商品的类型、搜索条件、搜索次数、搜索时间等，并依据这些信息推测消费者的消费偏好、消费动向和潜在消费点，通过特殊的网络设置，在消费者再次访问该网站时自动向其推荐可能感兴趣的本单位产品的信息。不仅如此，管理会计人员还可以依据这些信息，对其进行量化分析和理性逻辑思考，帮助企业明确本单位产品或商品的需求动向与未来发展，指引企业及时调整生产经营策略，提升企业核心竞争力。

二、大数据时代对管理会计的具体影响

管理会计的职能一般可分为三个方面：一是对初始成本的确定及后续成本的计量；二是为现时及未来的决策、规划提供会计数据支撑；三是为控制、评价管理提供准确的数据帮助。在大数据时代的冲击之下，管理会计的职能势必受到一些影响，也会产生一些变化。

（一）对初始成本的确定及后续成本的计量

在管理会计所提供的各类信息中，如何确定初始成本是核心。企业的经营活动，都离不开成本的确认。同时，成本确认，也贯穿于企业预测、编制计划和预算等各个环节中。因此对初始成本确定和后续成本计量，是大数据时代管理会计的重要职能。

传统的成本确认和成本计量，其确认和计量的信息来自企业内部，但在大数据时代，就会使得这些信息发生一些变化，同时这些内部信息对企业的需求来说也是不够的。外部信息可以为企业提供更为完整的决策依据，从宏观上看，外部信息提供了行业背景资料、企业所处行业的位置、竞争对手的信息和竞争定价策略、行业供应链的结构和变化趋势等。

这些外部信息，就是企业内部各系统、各环节人员所不能提供也不能控制的，因此这些非结构化数据就需要大数据的挖掘和利用，将这些结构化数据与非结构化数据加以分析，确定其内部关联性和相关性。基于大数据挖掘的企业能够更为准确地确定成本和成本计量，也为企业的生产、经营、销售、管理等环节降低风险、提高管理水平和管理效率，提供了有效的数据支撑。

（二）为决策和规划提供有利的会计数据支持

企业是自负盈亏的，因此在经营管理过程中，如何能够持续、稳定地增长是企业管理会计的主要职责。现在企业的管理会计，重点是以顾客为中心，通过提供多类别、有针对性的服务，提高企业核心竞争力，通过成本费用、利润、资金运作等方面，制定多种管理方案，而管理会计通过综合评价这些方案的优劣性，来择优选出适合企业发展需要的最佳方案。

诚然，不论是企业的短期经营目标还是长期经营目标，无论是短期战略还是中长期战略，如果没有海量的数据作为支持，就不可能得出全面、准确的决策，尤其是在越来越以数据为主的时代，对大数据的分析和挖掘，显得尤为重要。

企业经营决策的前提，是要有准确的预测，而预测的前提则是有准确的分析。分析就来自数据的支撑。传统的分析，基本上来自企业内部，而企业内部信息已经远远不能满足分析预测，因此预测能力大打折扣。譬如，以推广流量为例。一般情况下，企业会基于历史流量推广情况和推广渠道，得出流量推广的预测。但是由于推广渠道、推广手段的局限性，企业没能把受众群体的年龄层分布、客户使用习惯、人文地理的背景资料等因素加以整理和分析，这就使推广预测的准确性大打折扣。但是在大数据时代，这些因素都是可以整理、存储，并加以分析、挖掘的。

第四节　大数据时代对审计工作的影响

一、大数据时代给审计带来的机遇

（一）将消除审计地点与时间的限制

传统的审计受审计地点与时间的限制很大。首先，是时间方面，在函证时，收到回函的时间具有不确定性；在对企业员工进行询问时，又受企业员工的上班时间所限制，使得审计工作不能灵活自由地进行。其次，在地点方面，分公司与总公司位于不同的位置，以及与公司往来的客户位于很远的地方，都对审计工作造成了很大的限制。

然而，在大数据时代下，审计工作不再受时间与地点的限制。所有数据都可以通过云端记录，审计人员可以随时随地通过权限查看被审计单位的相关数据，以及往来单位的交易记录，同时审计人员也可以扩大审计范围，在期中或者其他时间对被审计单位进行审计，也增加了审计的及时性。大数据时代下的审计，不仅节省了时间，同时也提高了审计的效率与审计质量。

（二）审计抽样方式的改变

在传统的审计模式下，审计抽样在条件和技术方面受很大限制，不可能收集和分析全部数据。审计抽样历史尚不足一百年，本身也存在许多固有的缺陷，它的效果决定于随机性抽样。但是，实现抽样的绝对随机性非常困难，一旦抽样过程中存在任何偏见，分析结果就会相距甚远。

大数据时代下，数据具有全面性的特点，审计人员在审计时可以对数据进行跨行业、跨公司的收集，从而实现审计模式从抽样模式向总体模式的转变。在大数据环境下，总体审计模式是对与审计对象相关的所有数据进行分析，降低了抽样审计的风险。

（三）函证的改变

传统审计下，函证是审计人员获取审计证据的重要途径。虽然第三方独立于审计单位，获取证据相对客观，获取证据较为有利，但仍存在着一定的问题。收到函证的时间可能过长，而且审计人员是否可以收到回函具有不确定性，同时收到回函的可靠性也值得怀疑。

在大数据时代下，与被审计单位相关的往来单位以及银行交易记录均有记载，审计人员可以通过特定的权限，进行审核。由于数据都储存在云端里，审计人员工作只需要网络环境以及计算机，极大提高了审计工作的效率。

二、大数据时代对审计工作的具体影响

大数据是对所有数据撷取、管理、处理并帮助企业能够作为决策所使用的资讯的集合。面对大数据时代的来临，内部审计工作不仅在审计方法、审计手段，而且在审计成果的应用等方面，都将面临一次前所未有的变革与挑战。这就需要内部审计人员与时俱进地调整审计思维方式，不仅要能驾驭审计资料，而且要能分析数据、透视数据、管理数据。在海量的数据库中，撷取自己所需的数据，缩小可用数据密度，提高可用数据价值，辨识出对审计决策有帮助的数据。大数据对审计的影响主要存在以下几个方面。

（一）审计方法

审计方法（Audit method）是指审计人员通过行使审计权利、发挥审计职能、完成审计任务、达到审计目标所采取的方式、手段和技术的总称。审计方法贯穿于整个审计工作过程，而不只存于某一审计阶段或某几个环节。审计工作从制订审计计划开始，直至出具审计意见书、依法做出审计决定和最终建立审计档案，都有运用审计方法的问题。

诚然，审计方法贯穿于审计业务始终，无论是审计资料的收集、过滤筛选，还是审计技术方法、手段的应用。而审计方式则表明了在什么地方审、什么时候审等。当海量的大数据出现的时候，对审计方法和审计方式是一个冲击。

传统的审计方法，诸如函证、盘点、检查、观察等抽样审计技术，在面对大数据时代，已远远不能满足审计的需求。这种有限的数据对于审计问题的判定、审计成果的决策、审计整改措施等方面，已具有局限性。同时，在内部控制上，传统的审计方法已不能

完全覆盖各行业，对于某些特定行业诸如互联网公司、金融小微企业等，只有随着大数据时代的到来，才能使针对这些特定公司的审计方法得以实现。同时，也使得抽样技术得以更完整化、智能化。

常规的审计工作，是采用随机抽取样本量的方法进行的，那么可以采用较小的投入来获得审计结论的得出，从而提高审计效率，但是随机抽取样本量，也会使得审计结论发生错误，其发生错误的可能性大小就意味着审计风险的大小。而大数据时代的产生，使得内部审计人员越来越清晰地认识到：如果一味仅凭主观的意识去抽取样本量，那么极有可能带来审计风险、带来更多的财务报表层面的风险，而且忽略了大量的业务活动，无法发现和揭示出企业内部发生的对财务报表真实性、可靠性有重大影响的舞弊行为，难以对经营决策、管理风险提供准确的评判。但是海量、低密度的数据，又很难允许内部审计人员采用详尽的审计抽样方法，逐笔逐项地对审计证据加以评判。因此在面对这样的大数据背景下，审计抽样方法向着以下几个方面发展。

一是审计抽样越来越智能化。审计抽样的系统，吸收越来越多的各类知识：互联网金融、统计学、供应商或客户背景资料、信用等级等，使得抽样的模型更新速度加快，抽样经验越来越丰富。审计抽样系统越来越智能化地呈现给内部审计人员，为审计人员发现审计问题提供深度支撑，也为审计决策提供客观、可靠的依据。

二是抽样的系统化。通过抽样的系统，对庞大的数据库进行分门别类，提高数据的可实用性和效率，这些是人工抽样方法下所不能达到的效果。也是由于有了抽样系统，才能为审计预测提供详尽、可靠的依据。

三是审计抽样的系统，可具备预测功能。随着大数据被越来越广泛地应用到各行业，审计抽样系统也将会实现：从审计数据入手，通过庞大、精密的计算，对审计数据进行深度挖掘，找出具有某些特征的数据，缩小审计数据的范围，提高审计效率，降低审计成本；利用已设定好的关联交易规则，预测被审计单位经营风险的大小，协助审计人员确定重要性水平及审计重点、要点，提高审计工作的准确性。

审计职能不断变化，已由原来的主要审计财务报表等职能，转变为服务职能。伴随着数据信息化的不断深入，大数据发展的不断应用，企业内部审计人员已能够从杂乱无章、纷繁冗长的数据和资料中，准确挖掘出被审计单位的基本数据特征，预测其发展趋势。

（二）审计方式

传统的审计方式，是采用事后审计。同时事后审计针对的，多为财务报表审计或者经济责任审计。传统的审计方式，多采用阶段性或者周期性审计，如年度财务报表的审计或者离任经济责任审计等。当然，审计所采用的审计方法，也正如上述所言，多采用抽样方法，在有限的审计资料中，人为进行抽样分类，通常所采取的分析性程序也多为常规性的，很难真正地起到监督的作用。企业采用的这种事后审计方式，很难为管理层提供及时、有效的审计信息，其滞后的信息往往给决策带来一定的困扰。

另外，由于以往传统审计以财务为主，忽略了经营管理、内部控制风险等方面，其审计监督、评价的方面很有限。而日益增长的数据、越来越快的企业拓展速度，以及审计重要性的逐步体现，也要求审计人员转变审计方式，从阶段性审计转为连续性审计。

连续性审计减少了审计的滞后性问题，降低了审计的风险和错误，对某些特定的或是对内部控制时效性要求较高的企业，如互联网公司、银行、证券、金融小微企业等，提供了较为密集的审计信息，为审计风险预测、经营决策提供了数据支持。

第五节　大数据时代对会计工作影响的对策

一、企业应对大数据时代的策略

在大数据时代，需要我们将原本杂乱无章、零散的数据，通过合理的分析、运用，整合成对企业会计有用的数据。目前我国北京航空航天大学计算机学院和百度公司共同合作完成了大型数据处理中心的建立与应用，为百度公司及其客户群提供大数据的研究与实践搭建了共享多维度的平台。在大数据到来之际，企业需要从以下几方面着手应对。

（一）建立大数据资产概念，积极响应海量数据需求

在我国，已经有很多行业开始着手建立大数据资产，如电力、财险公司、航空、电信等行业。通过建立大数据资产，分析用户使用行为及用户使用效果，分门别类地制定特定人群的销售政策，加强交叉销售和追加销售；同时，通过大数据资产，可以有效地预测用户的行为习惯和趋势，为用户提供更加人性化、有针对性的产品和销售政策。通过数据的分析，可以准确地判断出企业在行业中的竞争地位，提炼出适合自身发展的有价值的信息，更有针对性地找准市场定位，了解客户的基础信息、个性化需求，以便更好地预测现有用户的发展趋势和未来用户的销售习惯，帮助企业更高效、准确地决策未来市场。所以说，优先认识大数据资产、优先建立大数据资产概念，促使企业主动地管理网络信息资源，是企业应对海量数据的措施之一，也能提高企业的经营效益。

（二）确认大数据资产，可以使会计信息质量得以充分实现

根据市场营销学，我们得知，无论客户在哪个行业中，只要下了订单，就会产生客户基础信息，其包括但不限于客户的年龄、所处地域、个人喜好、消费喜好及其他个性化的数据。而这些客户的基础资料一旦提交给企业，企业的信息资料库中便生成一份客户的基础表格，将会永久保存客户的信息。

在传统小数据时代，技术人员和职能部门人员，无法对这些客户信息的内在关联性进行挖掘；但在大数据时代，面对这些繁多冗长的客户资料，通过大数据资产就可以对其进行分析和处理，为企业提供更为广泛的客户群体资料，为将来的市场定位提供优质的数据支撑。

这些大数据并非孤立存在的，而是存在于企业的会计信息中。这些信息，不仅可以如实、精准地反映企业现阶段的财务状况，还可以帮助企业通过分析挖掘这些客户的行为习惯等，这样就使得这些大数据资产得以充分发挥其作用，并为会计信息质量提供保证。

二、大数据时代管理会计加速发展的策略

面对大数据时代带来的机遇与挑战，企业应该积极采取多项措施，有效加以应对。

（一）树立将大数据应用于管理会计的意识

要及时抓住大数据的机遇、有效应对其挑战。

首先，提高对大数据时代管理会计作用的认识，有关部门或科研院所可以总结与大数据有关的管理会计实践的先进经验，编辑出版有关大数据的会计刊物、专著、资料等，把大数据相关知识融入管理会计学习，推动和加强管理会计专业教育，使大数据对管理会计的影响与作用为广大的会计从业人员和会计学习者认识与了解。

其次，企业的高层管理者应充分认识大数据对管理会计的巨大推动力，主动学习大数据相关知识，进而带动企业的中基层管理者与员工自觉将大数据应用于管理会计实务工作。

最后，企业应该对员工的大数据知识进行培训，定期举行相关知识的竞赛或交流活动。例如，定期举行案例分析活动，让员工亲身体验将大数据应用于管理会计前后公司各方面的变化，分析大数据的优势以及对公司加强管理、提升绩效的重要作用。

（二）构建基于云计算的会计信息系统

大数据时代的信息存储工具必须具有足够大的容量，要能够容纳 TB 级别的数据，

对数据进行迅速分析，也要能够支持低延迟数据访问和决策。随着互联网、传统计算机技术与网络技术融合而产生的云计算为解决此难题提供了帮助。云计算通常通过互联网提供动态、易扩展、虚拟化的资源，具有"资源共享、快速交付、按需服务"等显著特征。

在云计算模式下，企业能够实现对 PB 级别数据的存储，满足 ZB 级别海量的结构化、半结构化乃至非结构化信息的分析需求，企业的数据也会被保存在互联网的数据中心，而不占用企业自身的存储空间，其所需要的应用程序也在互联网的大规模服务器集群中高速运行。这不仅能大大提高企业存储、分析信息的效率，而且能够实现对数据的深度挖掘，使其价值充分显现。在一定程度上，构建基于云计算的会计信息系统，是目前解决大数据存储与分析问题最直接、最有效的方法。

第六节　大数据时代会计专业人才培养课程体系的构建

21 世纪以来，信息技术的爆炸式发展给传统的会计行业带来了巨大的冲击，会计机器人、云会计、财务共享、"互联网＋"、区块链等新名词令人眼花缭乱。可以肯定的是，这些新技术的发展促使会计行业无法逆转地进入了一个数字化、智能化发展的新阶段。面对这前所未有的变革，很多高校都在思考会计行业将如何发展、如何培养未来的会计专业人才。由于对各种新技术认识的不同，目前大家对这些问题尚未形成统一的观点，有人认为会计专业即将消亡，也有人认为应该对财会专业的学生加强计算机编程方面的训练。本节在分析现代信息技术给会计行业带来深刻变化的基础上，探索未来财会专业人才应具备的基本素质，对培养这种基本素质的核心课程体系进行了研究。

一、大数据时代会计职业的转型定位与素质要求

（一）信息技术的发展给会计行业带来的冲击

信息技术的发展提高了会计数据的处理效率，将财会人员从繁重的简单重复劳动中解放出来，从事更有价值创造性的工作。特别是以下三项技术，给会计行业带来了巨大的冲击。

1. 会计机器人

会计机器人就是人工智能在会计领域的应用。与其他信息系统相比，会计工作的

数据来源广泛、数据量大，但有大量的重复、周期性明显；并且数据处理流程复杂，有严格的程序规定。会计机器人的出现可以减少对这些简单重复、有规律可循工作的人工投入，大大提高了工作效率。由此可见，会计机器人主要应用在会计基础数据的收集、识别、处理、加工等能够程序化的工作上，能大大降低会计信息生产成本。基础数据处理的效率提高和成本降低，促使会计数据的深度利用成为可能，企业账户层面和交易层面会计数据以及相关业务数据相互融合，实现业财融合、财务共享等管理模式的创新。

2. 区块链

区块链本质上是一个去中心化的数据库，它是按照时间顺序将数据区块以顺序相连的方式组合成的一种链式数据结构，并以密码学方式保证的不可篡改和不可伪造的分布式账本。由于工作的特殊性，会计对数据的真实性、可靠性要求高，处理过程中对数据的安全性、保密性要求高，对区块链技术来说大有用武之地。

未来区块链技术可能会促使会计记账方式、记账流程、报表披露等方面产生根本性变革，引起审计鉴证、交易认证、内部控制等业务的变化。

3. 云会计

云会计其实就是利用云技术在互联网上构建虚拟会计信息系统，完成会计工作的一种新模式。传统的会计工作需要购买会计软件，并安装在电脑设备上，而云会计的出现可以突破这种现实局限。在云会计环境下，会计信息共享在"云端"，通过手机、平板和电脑等终端，会计人员可以随时随地对会计业务进行处理，大大提高了工作效率；企业管理层也可以及时了解企业的会计信息。目前对云会计比较担忧的是其安全性，大量的数据存储在云端，一旦云存储中心遭到破坏或攻击，后果不堪设想。随着云服务平台运行稳定性增强，云会计将大大降低企业的管理成本。

信息技术的迅猛发展把人类社会带向了大数据时代，数据成为最重要的资源，谁拥有更全面的数据，谁就占据了制高点。如何通过强大的机器算法获取有价值的信息，是大数据时代的难题。对不同数据进行专业性的分析，可能是未来职业发展的重点，如医生通过分析病人的体检数据，挖掘疾病的成因和规律，让诊断和治疗变得更加准确，但没有经过医生职业训练的人，即使看到同样的数据也很难做出正确的诊断。

（二）大数据时代会计职业的转型定位

对会计行业来说，企业建立起内部数据共享中心，各职能部门之间的信息孤岛被打破、每天有大量的财务会计方面的数据产生，以及其他各部门的非结构化、碎片化的数据，再结合宏观政策、经济环境、行业发展、消费潮流等企业外部数据，成为大数据会计工作的基础数据来源。

这些数据具备的特点如下：（1）来源广泛，包括企业内部各部门、税务机关、银行、工商管理部门、财政部门等；（2）结构复杂，既有结构化的数据，也包括半结构化、非结构化的数据；（3）形式多样，文本文件、图形图像、音频视频等都可能成为数据来源；（4）数据量大，单位数据的价值含量低。如何在大量数据中挖掘出有价值的信息，将成为最具创造性的工作。

在大数据时代，企业管理的复杂性要求会计信息系统向更加精确、智能化方向发展：一方面会计控制工作要前置，在预算控制、业务审批时就会进行会计控制；另一方面会计管理工作将从提供反馈信息为主，发展为提供预测信息为主，为企业管理提供及时可靠的决策信息。而这些可能是未来会计工作的主要内容。

在这种情况下，大数据时代的财会人员，除了少数从事基础的财务数据收集、整理工作以外，大部分人员的工作将是对财务会计数据进行数据挖掘与分析。他们的分析对象除了公司内部的基础财务会计数据外，还有同行业数据、宏观经济数据等企业外部的大量数据，而分析的目的在于给企业经营管理提供会计信息，为企业创造价值。

分析的主要内容包括两个层面：一是战略层面包括企业外部环境评估、长中短期策略制定、市场趋势预测、内部资源配置等；二是经营层面包括投融资计划、成本控制、营运资金管理、生产采购流程决策、库存管理、市场开发决策、新产品研发决策等内容。

（三）大数据时代对会计人员的素质要求

对财务会计数据的分析能力将成为财会人员的核心竞争力。这虽然需要借助大数据分析工具，但不是计算机人工智能能够随便替代的，需要经过严格的专业培训和多年经验积累，因而具有显著的专业特征。要培养这种分析能力，需要从以下三个方面进行努力。

第一，数据思维能力，即要培养用数据解决问题的思维习惯。对数据价值的把握绝非一件易事，既需要一定的专业训练，也需要长期的经验积累，才能具有对数据的敏感性，善于从数据中发现规律。

第二，数据处理与分析能力。需要掌握一定的信息技术知识和技能，包括如何收集数据、管理数据、处理数据，还包括数据建模、分析结果的可视化呈现等基本技能。

第三，数据应用能力，即需要培养用数据解决企业经营过程中具体问题的能力。这需要在实践中不断积累经验，充分发挥财会人员的创造性和认知性，提高发现问题、分析问题和解决问题的能力。

二、大数据财会专业人才培养目标与课程体系构建

（一）大数据会计专业人才培养目标

大学教育的目的是为学生未来的职业发展奠定基础。经过培养和学习的大数据会计专业人才应该具有较高的财务数据分析能力，具备扎实的数据思维能力，掌握了数据处理和分析技术，并能将其应用于实际问题的解决方案中。他们善于运用大数据和

人工智能技术进行系统设计、分析、决策和评价，具备财会专业的基本职业判断能力，能通过敏锐的洞察力对信息进行恰当分析，及时分析和解决财务工作实际问题，能够在大中型企事业单位从事财务管理与综合分析工作，在证券公司、会计师事务所等专业中介机构从事与财务、会计、审计、行业分析等相关的专业工作。

（二）大数据会计专业人才培养的课程体系

人才培养的课程体系就是教学内容按一定程序组织起来的系统，是人才培养活动的载体。一个完整的课程体系包括通识教育课、学科基础课、专业必修课、专业选修课及实践课等内容。与传统的会计专业课程体系相比，大数据会计专业人才培养的课程体系只有突破陈规，全面创新，才能培养出社会亟须的大数据会计人才。我们设计了一套课程体系，如图5-1所示。

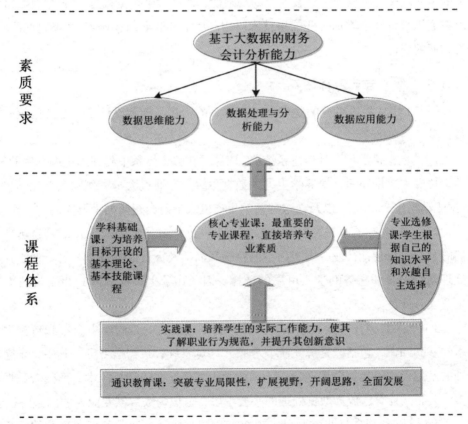

图5-1　素质要求与课程体系结构图

（1）专业核心课位于结构图的中心位置，既对整个课程体系起到提纲挈领的作用，又直接对接专业素质要求。对大数据会计专业来说，应开设《数据科学与会计信息系统》《Python语言在财经领域的应用》《大数据技术及其应用》《财务共享与业财融合》《大数据管理会计》《大数据财务分析与可视化报告》和《大数据与财务决策》7门核心课程。

（2）学科基础课是为培养目标而开设的基本理论、基本技能课程。对大数据会计专业来说，应增加《高等数学》、《统计学》、《现代信息管理技术》等课程，培养学生的大数据能力基础。

（3）专业选修课是学生根据自己的知识水平、兴趣爱好，以及未来职业规划自主选择，加深了解的课程，既包括更复杂的信息技术课程，如深度学习、自然语言处理等，也包括行业应用的垂直课程，如《大数据审计》等。

（4）专业实践课程是为了培养学生的实际工作能力，让他们了解职业行为规范，并提升其创新能力。其中毕业设计是最重要的实践环节，应将学生置身于实际业务场景，让他们用数据去解决实际业务问题。

（5）通识教育课位于结构图的最底层，但不是最不重要的课程。通识教育课以学生的全面发展为出发点，突破专业的局限性，帮助学生扩宽视野、开阔思路。例如，可以在通识教育课中增加一些信息技术应用环境下的职业道德培养，如数据保密、安全等方面的课程。

（三）核心专业课程体系

在图 5-1 中，最为重要的是专业课程体系的构建。笔者设计了一套 7 门核心课程体系，具体内容如下：

（1）《数据科学与会计信息系统》。该课程在整个体系中起到了提纲挈领的作用，向学生普及大数据知识，培养学生的大数据思维。它通过大量案例和实践让学生体会"数据驱动型生产模式"，以及在这种新的生产模式下财会行业的重要作用和工作方式。

（2）《Python 语言在财经领域的应用》。Python 作为一门编程语言，越来越受人们的欢迎。在会计行业，由于语法的精确和简洁及大量的第三方工具，使它几乎成为处理错综复杂的事务的唯一可靠的选择。因此让学生熟练掌握 Python 语言对其职业生涯大有裨益。

（3）《大数据技术及其应用》。该课程的主要目的是向学生介绍和传授大数据技术的基础知识，包括云计算系统、分布式计算系统、机器学习等。其中，未来数据处理的基础设施可能都会挂在云端，因此学生需要掌握云计算技术；而随着数据越来越多，分布式计算已成为数据处理的必要手段，也成为大数据专业人才的必备技能。

（4）《财务共享与业财融合》。在大数据时代，会计业务都在企业的共享平台上完成，实现了高度业财融合。会计核算流程被掩盖在自动化的背后，但绝不是说这个过程变得不重要了。因此，这门课主要让学生掌握会计核算的内容与程序，以及与业务流程的融合，让学生掌握会计数据的产生过程和深刻内涵。当然，随着信息化程度的提高，会计核算流程肯定会进一步简化，课程内容也要相应地进行调整。

（5）《大数据管理会计》。大数据技术的发展为管理会计的功能发挥提供了全面、充足的数据支持，也为管理会计的发展奠定了良好的基础。因此这门课的内容要根据大数据思维重新进行调整，如对成本性态的分析，可以让学生收集生产车间的大量数据，然后自己建模分析，确定企业的固定成本、变动成本。

（6）《大数据财务分析与可视化报告》。该课程向学生介绍如何利用大数据技术更加科学、准确地分析企业财务情况，预测企业财务风险，编制可视化的分析报告。这是大数据财会专业人员必须掌握的基本技能，学生应该熟练掌握。

（7）《大数据与财务决策》。本课程向学生介绍如何利用大数据技术为企业财务决策提供支持，具体的财务决策内容包括投融资决策、股利分配决策、企业并购决策、资金管理决策、信用政策决策等。

在这7门课中，第一门是为了培养学生的数据思维能力，第二门和第三门是为了培养学生的数据处理与分析能力，而最后四门则是为了培养学生的数据应用能力。它们构成一个完整的体系，构建起大数据财会专业人才培养的核心课程。

三、大数据会计专业人才培养课程体系的配套措施

为了让本节提出的课程体系能够得以实现，为培养大数据会计专业学生发挥积极的作用，亟待解决的问题是打造合格的师资队伍，编写合格的教材，并结合现代先进的教学手段，探索更适应的教学模式。

（一）师资力量

目前参与大数据会计专业教学的教师，几乎都是传统的会计、计算机等专业的教师。他们中的大部分都没有大数据的从业经验，也无法要求他们能够马上胜任全新的大数据会计专业的教学工作。因此，迅速打造一支合格的师资队伍是当务之急，最可靠的方法是选择一些教学经验丰富，又具有一定计算机基础的教师对其进行培训，加强他们的大数据思维能力，使他们掌握一定的大数据技术和方法，参与一些大数据分析项目，从而具有大数据会计专业的教学能力。

（二）教材编写

对于这个全新的课程体系，最大的挑战在于教材内容的重新编写。传统的会计专业教材，大多数是针对某个企业而编写的。例如，目前大部分财务分析教材都是对某个企业的财务报表进行分析，最多再加一些行业比较、著名案例等，这很难适应大数据分析的要求。在大数据时代，财务分析的数据来源更为全面，对数据的挖掘更加深刻，很可能会产生创新的分析方法，这些都需要及时总结，并编写到教材中去。

（三）教学手段

一方面，在大数据时代信息技术充分发展，教学工作应该跟上其前进的步伐，不断改进教学手段；另一方面，对于大数据会计专业人才的培养肯定要更多地利用数据技术和手段，这与传统会计专业的人才培养可能有很大不同。当然，具体教学手段的运用还需要广大教师在实践中不断总结经验，进一步完善教学模式。

21世纪是大数据的时代。在大数据时代，数据就是新资源，这一点已经成为全社会的共识。各个行业通过与大数据技术的结合，拓展新的内涵和外延，取得了重大发展。传统的财会专业在大数据时代的冲击下，也发生了深刻的变化。如何培养适应大数据时代合格的会计专业人才，是我们需要现在考虑的问题。当然，这还需要进一步培养合格的师资队伍，深化课程内容，改进教学方式，完善培养模式，才能培养出适应大数据时代的新型会计专业人才。

第七节　大数据时代会计专业人才培养路径

近年来，互联网在我国迅速崛起，并与传统行业深度融合，对社会各行各业的成长产生了广泛而深入的影响。会计工作作为管理活动的重要组成部分，不可避免地受到了重大而深刻的影响。在大数据环境下，互联网承载的思想和技术，冲撞着传统会计业务，用人单位对专业人才提出了更高的职业要求，会计人才培养面临着新的挑战和机遇。而高校作为培养创新实用型会计人才的摇篮，探索如何适应大数据环境，并充分恰当地运用互联网技术，深入推进教育改革，培养新时代下合格的会计专业人才是一项紧迫且具有重要现实意义的课题。基于此，本节就大数据时代会计专业人才培养现状进行分析，充分挖掘存在的问题，进一步提出优化人才培养模式的对策路径。

一、大数据对会计专业人才培养提出的挑战

互联网经济的繁荣迅速改变着社会公众的日常活动方式。云计算、物联网等信息科技爆发，电子商务平台化、电子发票、电子银行迅速普及，会计信息确认、核算、管理、安全已然成为重要的命题。"互联网＋"改变了企业的运作模式，会计人才培养面临着新的挑战。

（一）会计基本职能地位发生改变

核算和监督是会计的基本职能，传统会计人才培养十分注重核算技能的教育。而

在依托互联网技术、云平台的大数据时代，各类会计业务的核算流程得到了十分显著的简化。目前电子发票、凭证、账簿等现代信息技术正逐步取代纯手工填制的纸质会计文档，解除了传统的频繁、重复劳动对会计人员的束缚；此外，算盘、计算器等会计信息处理工具的地位被计算机所取代，不同部门及员工可以通过计算机进行远程操作，实现数据、信息共享，提高工作效率（周蕊、吴杰，2015）。这两方面的变化，促使社会对会计人员有了更高的职业能力要求。企业对基层核算财务人员的需求量将大幅度降低，绝大部分企业都提出了"数据收集、分析与决策能力"方面的要求。单一的会计核算人才已不再是时代的宠儿，会计从业人员的工作重心要向信息深入分析上转移。在会计专业人才培养过程中，高校不仅应注重使学生精通财务会计核算，而且应加强学生对管理会计知识的学习，推进培养模式由传统的静态财务会计向新型的动态管理会计转变，更好地发挥会计的预测、控制、决策等其他职能，更好地对接行业职业标准。

（二）会计组织形式越加开放

伴随着通信技术和软件系统的普遍应用，其高效集成的特性使得会计数据和信息的传输速度显著提高，简单重复标准化的财务工作得以集中处理。会计由独立的核算模式转向集中的财务共享模式是顺应时代发展不可逆转的趋势。各会计主体的会计信息质量及核算效率将得益于财务共享模式的统一核算而显著提高，不会再像手工会计那样受到空间的严重制约。

此外，传统会计工作随着互联网信息技术的发展日渐摆脱了地域的束缚，线下业务逐步向线上模式转变，并成为会计服务机构的主流。代理记账网络化、在线财务管理咨询、云会计与云审计等开放服务模式引领着会计工作方式的潮流；填制记账凭证、登记账簿以及编制财务报表、纳税申报与税款缴纳等日常业务都可以借助互联网远程操作处理。"互联网＋"催生了新型会计服务体系的产生，同时也促使会计工作突破时空地域的限制，不但能够为使用者提供基础财务信息，还能够依托新兴的网络技术，为分析者的相关决策及时提供更全面、动态的会计信息。

（三）会计知识传播渠道更加多元

传统的会计教学模式中，教师是主角，学生则被动地接受知识的讲授。这一汲取知识的过程由于会计专业课程较强的理论性而显得十分枯燥无趣，因此课堂教学气氛通常不活泼，很难达到期望的学习效果。

大数据的迅速普及，使会计学习方式变得更加多元化。多数校园都已经被网络信息化技术覆盖，远程教育、教学资源库等各种技术手段被充分而灵活地运用。移动APP随着智能手机的普及发展如鱼得水，慕课、微课、QQ等互联网络工具丰富了学生的学习方式。在课堂教学过程中，高校教育工作者除利用计算机外，还可以引入"慕课""翻转课堂"等新型教学方法，充分运用微信、微博等手段，调动学生获取知识的积极性，通过互联网平台改变传统枯燥的教学模式，提高学生学习的协同性。大数据时代对高校在会计专业人才培养过程中，能否充分恰当利用多元化的学习方式，迅速适应时代环境提出了挑战。

二、大数据时代会计专业人才培养模式存在的问题

大数据时代各行各业在互联网技术的影响下发生着变革，企业需要具有更强综合素质的会计专业人才。目前高校在培养专业人才方面还存在着一些需要改进的地方。

（一）专业人才培养目标有待创新

人才培养目标规格必须能够适应学校转型与产业发展，满足不断变化的行业人才需求。而当前高校因缺乏互联网思维，培养目标的更新跟不上互联网发展的步伐，存在着与企业需求脱节的问题，人才培养体系的架构不尽合理。在培养专业人才时高校大多比较注重核算等基本技能的教育，如要求学生熟悉手工账务处理和会计信息化处理的区别和联系、掌握日常经济业务的账务处理、掌握会计报表的编制方法等。随着大数据时代的到来，电子商务、网络等高科技使世界各国联系更加频繁紧密，企业经营活动依托于网络，会计信息实现了"人、财、物、信息"的四合一，单纯的会计核算或者基础的会计电算化培养已不能适应大数据时代的发展，企业亟须具有良好数据分析能力、辅助决策能力的高素质应用型人才。

（二）课程体系设置有待完善

目前高校开设"移动互联网"类专业的情况并不多见，在会计专业培养计划中融入互联网等相关课程的更是罕见。多数高校学生在会计领域的学习定格在电算化阶段，专业课程设置仅满足于会操作相关会计软件。而"互联网+"与教育的融合，要求学生不仅熟知会计方面的理论与实务知识，还需要精通计算机技术。新时代企业青睐的会计人才必须能够借助网络技术和专业理论知识，在电脑上处理各类会计业务，完成相关会计工作，为企业创造出社会价值和经济效益。因此，大数据时代必须培养复合型会计专业人才，兼具会计知识和网络信息知识。此外，课程体系的设置不应仅局限于课堂教学，多数高校狭隘的课程体系设置并没有考虑课外培养，学校应拓展课外培养计划，如鼓励学生参加"挑战杯"赛、学科竞赛、大学生创新创业项目实践、学科学术报告等，使这些活动以学分的方式纳入课程体系。

（三）会计专业实践教学有待增强

理论知识的传授对多数文科类专业而言是必不可少的环节，然而会计这门学科相对于其他文科类学科而言实践性较强，其对学生的动手操作能力有着较高的要求，但现阶段高校在培养会计专业人才方面，重理论轻实践的情况十分严重。这种情况会使学生一开始能较为准确地认知会计理论性，但又不能具体地构建完整的知识体系；而在后期学生对于更为复杂的会计学习会感到异常吃力，甚至走向了厌学弃学的地步（梅建安，2016）。很多院校也为会计专业学生开办了模拟实训室，但在日常教学中，实训室没有被充分利用起来，使用频次甚至屈指可数，这让专业实训无法达到预期效果。另外，多数高校也鼓励会计毕业生去企业实习，并分配了一定课时，但实际操作时不能严格执行，会计实习换来了一张简易的实习鉴定表，注重表面形式，没有实质性的作用，并不能培养出符合企业发展需求的合格专业人才。

（四）会计专业教师队伍素质有待提高

高校教师队伍综合素质对人才培养质量有着举足轻重的作用。很多高校会计教师都是毕业后直接走上教学岗位，缺少企业实务操作的经验，专业实践能力明显不足。部分院校也会为教师提供与企业进行交流学习的机会，但由于受时间和空间的约束，教师无法长期进行大型培训，仅仅是不定时地进入小企业学习，教师积累实践经验的效果大打折扣。在此情况下，高校会计教育难免"闭门造车"或者"现学现卖"。随着互联网经济的崛起，同时具备专业知识和信息技术知识的会计教师队伍，成为会计专业人才培养的必要资源。此外，高校对教师的考核重心多停留在科研方面，而对教师实践教学能力的考量则不以为意，致使绝大多数教师重科研轻教学，忽略了对学生学习兴趣的引导与激发。

三、大数据时代会计专业人才培养路径探索

针对这些问题，高校应迅速着手探索大数据时代下新型的会计专业人才培养优化路径。

（一）强化互联意识，创新会计专业人才培养目标

"云技术"的运用将使传统会计核算处理方法变得便捷，记账、报账、核账、审账等都能在网上实时完成，这对会计人员也提出了更高的要求。学校要适应大数据环境，为满足企业需求培养"产销对路"的专业人才，而其首要任务就在于确定合理的人才培养目标。因此，学校应当广泛开展社会调研，根据第一手资料分析当地会计人才的市场供需情况，进行客观的自我定位。深入了解不同用人单位对聘用者在职业资

格、职位技能以及职业操守等方面的要求，并与其他同等层次或高层次的院校的培养模式进行比照，积极借鉴可取之处，同时邀请专家成立讨论组，为互联网下高校会计人才培养目标的合理确立保驾护航。在原有的人才培养计划的基础上，吸收国内外相关专业人才培养模式的精华，改革传统的人才培养目标，及时更新人才培养方案。为适应大数据时代发展需求，学校应更加注重强化学生大数据意识，对课程设置及时改进，提升学生在信息整合、数据分析等方面的能力，培养出为用人单位所青睐的人才。此外，也不能放松对学生职业道德的教育，"立德树人，素质领先"，学校要培养学生的社会责任感和人文科学素养。

（二）实施数字管理，构建科学合理的课程体系

人才培养模式的优化离不开课程体系的科学化，专业人才培养目标确立后，高校应合理地调整专业现有课程体系。开设课程应该以新时代会计发展领域以及会计结构变化为依据，课程体系的构架应结合互联网做出相应调整与转变，以期锻炼并丰富学生的互联网思维。在课程设置中，要高度关注大一、大二学生基础课程中有关数据分析部分的课时分配，可以在计算机应用方面的课程中新增检索课程，提升学生数据搜集能力。此外，还应该增设网络安全、大数据技术、XBRL（可扩展商业报告语言EXtensible Business Reporting Language）等相关基础理论知识课程，为学生能熟练自如地运用信息技术处理会计信息奠定基础，使学生成为具备较高信息技术素养的复合型会计人才。在专业课程设置方面，重视风险管理、成本会计、管理会计等课程的学习，提升学生会计信息分析及辅助决策能力。课程体系可以从纵向视角建立三个层次：会计学基础课程—数据分析基础课程—决策能力提升课程，其中与计算机知识密切度较高的课程可安排相关专业教师任教。课程体系的完善需要合适的教材作为载体。在教材改革方面，学校应从全局视角就会计学科教材建设进行设计，做到各门课程有机衔接，避免相同或相似课程内容的重复开设。不仅如此，学院也可以将本校特色与当前会计市场实际情况结合起来，编写更贴切、合适的个性化教材。

（三）推进校企合作，设置实践交流新平台

专业化人才的培养与实践训练教育密不可分。会计专业教学要紧密结合实际开展，学校应加强与企业的沟通交流，通过校企联姻提高校外实践教学质量。各高校要积极主动联系新工艺、新技术的代表性企业，建立校外实训基地，为学生掌握专业岗位实务技能提供一个真实的工作场景，增强学生实践能力训练，提升毕业生的就业竞争力。除了与一些实体企业联姻外，高校还可以与一些网校企业合作，借助"云平台技术"进行在线学习，及时对学生的学习行为进行总结分析，进一步改善学习效果，不断促进完善人才培养方案。不仅如此，还应积极通过校企合作来开发会计立体化教材。教

材要在传统纸质书本的基础上，依托网络信息技术平台，整合各类形式丰富的教学资源。在校企合作过程中，院校要充分了解用人单位各类会计岗位有关核心能力要求，聘请实务经验丰富的会计领域专家、企业财务经理等来指导教材的编写，通过相互交流合作共同开发出有利于提高教学质量的会计实用型教材。

（四）转变思维方式，促进师资队伍新升级

专业人才培养质量的高低，很大程度上受制于高校教师队伍的综合素质。大数据时代，兼具计算机网络技术、电子商务等知识的师资力量在会计学人才的培养过程中是不可或缺的，但现阶段精通会计知识同时具备网络技术知识的复合型教师缺口还很大。

首先，高校应在互联网知识方面加强教师培训，促进教师互联网思维的形成。在全新思维的引导下，进一步全面推进教学理论的创新变革，在传统课堂教学中融入互联网的新元素，并以社会的需求为导向，开展学生感兴趣的教学活动。

其次，高校必须定期组织教师去企业进修学习，通过"访问工程师"制度的开展落实，使教师在参与企业实践活动过程中切身感受大数据对会计实务的巨大影响。教师积累了丰富的实践经验后在传道授业过程中才能有理有据，使教学内容变得更加形象。

最后，高校还可以从外部聘请注册会计师或实践经验丰富的优秀财务经理人来为学生授课，使理论和实际能够充分地结合起来。

当今互联网的极速发展深刻影响着社会经济各领域，促进了各行业的管理模式、经营方式的革新。在大数据时代这一新的背景下，高校应努力探索出一条顺应时代潮流的人才培养路径。"互联网＋会计＋管理"是当前会计专业的显著特色，也是会计行业在未来的发展方向，高校要顺应时代的发展、企业的需求，注重人才培养模式的优化，针对在培养专业人才中存在的问题，努力探索改善路径，如创新人才培养目标、重构课程体系与教学内容、推行校企联姻、加强教师队伍培训等，对会计人才开展全面培养，构建出具有应用型特色的专业人才培养模式，以期为社会输送全能专业会计人才。

第六章　大数据时代企业财务管理挑战与变革

第一节　大数据时代企业财务管理变革的原因

随着大数据、云计算、互联网等信息技术的兴起与发展，社交媒体、虚拟服务等在经济、生活、社会等各个方面的渗透不断加深。伴随而来的是，数据正在以前所未有的速度递增，全球快速迈入大数据时代。舍恩伯格在《大数据时代》一书中指出："数据已经成为一种商业资本，一项重要的经济投入，可以创造新的经济利益。事实上，一旦思维转变过来，数据就能够被巧妙地用来激发新产品和新型服务。"

一、企业财务管理理论面临的大数据挑战

关于公司财务，中英文都有多种表述，如公司理财（Corporate Finance）、公司财务管理（Corporate Financial Management）等。这里将"公司财务"的概念定位于"企业财务管理"，理由是这门学科应该以非金融企业为主体，关注企业如何利用财务理论和金融工具实现财务资源的组织与配置，并对企业价值产生一系列的影响，包括财务决策、计划、控制、分析等。当然，无论是 Corporate Finance，还是 Corporate Financial Management，从学科内容的角度理解，两者基本是一致的，主要包括资本预算、融资与资本结构、股利政策以及并购等。公司财务管理理论的核心概念或工具，如净现值、资本资产定价模型、资产组合、资本结构、期权定价模型等，已成为财务管理理论向纵深发展的标志性成果。目前，以实证模型主导的财务理论已取得了科学突破，并形成了一系列的相关延伸理论，如一般均衡理论、博弈理论、资产组合最优化模型和衍生品定价模型等。但当主流财务学被习惯性地披上数学和物理学的外衣时，这两个学科本身所具有的严谨性，可能会给人们尤其是企业家、监管者、政策制定者留下一种错误的印象：财务学模型得出的结论精确无误。

我们相信，大数据、云计算、互联网经济环境都在挑战着建立在诸多完美假设基础上的现行财务管理理论与原则。这些挑战包括股东价值的计量与提升路径是什么、财务风险如何计量与防范、公司财务理论应该如何服务于公司财务管理实践、财务理论是否需要重新构建。笔者主要从理论服务于财务管理实践的立场，指出当代企业必须正视现有公司财务理论与命题存在的局限性，否则将会有碍于财务管理实践创新与其作用的发挥。

二、中国企业基于大数据实施财务管理系统创新

近年来，我国一批企业已开始实施基于大数据的财务管理系统创新。比如，以中石油为代表的一批大型企业就在推动"大司库"项目。所谓"大司库"，就是通过现金池统一、结算集中、多元化投资、多渠道融资、全面风险管理、信息系统集成等手段，统筹管理金融资源和金融业务，有效控制金融风险，提升企业价值。中石油的大司库信息系统通过与内外部系统，包括 ERP、会计核算系统、预算系统、投资计划系统、合同管理系统以及网上报销系统等数据的集成对接，实现信息共享。同时，内部各子系统、各模块间的无缝衔接，使大司库系统成为一个有机、统一的整体，并可以直接服务于集团大司库管理。就资金管理系统而言，大司库对总部各部门和各分公司、子公司进行从上到下、从横向到纵向的整合，将原有的 400 多个资金管理流程简化为100 多个，实现以司库管理业务为线条，业务经营、现金管控与财务核算端对端的衔接。

另一案例是万达集团的"财务游戏要领"。万达集团内部建立了严格的成本预警制度，当某项目成本支出超过计划书范围时，该成本预警系统就会发出提示与分析。除此之外，万达集团还规定每个季度初需在其成本系统内编制一次现金流量表，其中，仅项目目标成本控制表中涉及的费用项目就超过 250 项。万达集团项目支出计划的编制涉及大量成本科目，各级成本科目共计约 500 行、36 列、1.8 万单元格，各级科目成本总数在编制完成后会被分解到各月的列中。编制过程中涉及如此众多的数据，主要是由于万达集团单个项目具有较大的开发体量，以及万达集团本身业态众多。不仅如此，万达集团在项目进行时还持续跟进项目进度及付款比例，并且规定必须将实际情况与项目计划进行对比，并将此纳入管理者绩效考核当中。目前，万达集团在正式承接项目之前，不仅能够提前测算项目涉及的土地成本、规划设计费用、建设费用、招商租金等，而且可以利用精准模型将费用误差控制在 10000 元以内。

这些管理创新案例给我们带来很多启示，至少表现在两个方面：一是应认识到财务管理实践的创新驱动着财务管理理论的发展，否则，财务管理理论不仅不能引领管理实践，而且容易形成理论与实践"两张皮"；二是理论界经常提及的企业财务管理、资金管理、管理会计、战略财务、内部控制、全面风险管理、会计管理、预算管理、

成本控制等，其概念内涵与定义边界越来越模糊，在大数据时代的背景下，过于强调这些与财务管理相关的概念边界无益于管理实践。

大数据会给企业的经营和管理带来改变并对其产生影响，这必然导致当今企业经营理念、商业模式、管理方式、战略决策发生较大的变化和创新。

第二节　大数据时代对企业财务管理的积极影响

一、大数据对财务管理提出的要求

大数据时代的到来决定了企业的发展步伐必须紧跟时代的发展和进步，与时俱进、及时创新。作为时代发展的必然产物，财务管理工作的开展必须与时代同步，必须在一定的时代背景下进行完善。因此，大数据时代的到来对财务管理工作提出了新的要求。

（一）财务管理工作应收集并存储更多的具有多种结构的数据资料

信息时代的发展带来的大数据所蕴含的价值是无法估量的，其中所包含的各种有用信息也是无法估算的。大数据技术为全面反映企业的经济业务所需数据资料提供了便利条件。企业通过有效地收集各种大数据，帮助企业有效地提高了企业的市场占有率，成为企业抢占竞争优势的一种必然趋势。企业的财务管理部门作为直接与各种数据、资料、信息接触的部门，如果能更好地利用这种大数据时代所创造的大量的数据资料，就能为企业的信息使用者提供第一手的信息资料，便于企业进行各种决策。因此，这就要求企业的财务人员必须能够熟悉信息技术，能够快捷地、准确地从众多数据资料、繁杂的数据形式中探寻到有价值的数据，用以全面反映企业的经济业务的发展状况，消灭信息不对称产生的问题。例如，对于企业的成本控制与内部控制，随着市场经济的不断发展与完善，在微利时代成本的高低将成为企业获利的关键性因素。在大数据时代下，专业的成本分析与控制人员，不仅要具备丰富的、扎实的财务专业知识，还必须对企业的各项生产工艺流程、生产环节、企业的内控流程等进行了解与高度关注，对各种指标及时进行把控（如生产效率、产品报废率、各种产品成本的差异、各种费用的使用情况等数据指标）。在成本控制系统的帮助下，充分挖掘相关成本数据，并对成本数据进行合理的分配、归集、构成分析等，为企业成本的有效控制奠定基础，为企业的决策提供帮助。

（二）财务管理工作应更加关注非结构化数据带来的价值

目前，各企事业单位的财务管理中主要是针对具有结构化的数据进行各种处理，现代计算机技术的发展、信息技术的发展、网络技术的普及等都为财务管理人员进行结构化的数据处理提供了便利，在这方面已经基本趋于成熟。财务人员对于结构化的数据计算、汇总、统计等工作已经非常娴熟，即使是在遇到较大的数据量时，也能在相应的商业软件的协助下完成工作。但是，随着信息时代的不断发展，很多半结构化、非结构化的数据和组件成为数据界的主流，这种本质上的取代和飞跃不仅仅体现在数据量的变化上，更充分体现在数据所产生的价值中。因此，财务管理工作要想真正从海量的数据资料中找到具有丰富价值的数据，就必须充分分析这些数据的价值，努力从中挖掘非结构数据，数据价值挖掘得越多，越能为企业的经营发展带来竞争的优势。

（三）应不断满足财务信息使用者的个性化需要

财务管理工作是一项为企业的经营者提供决策信息的系统化工程，随着社会主义市场经济的不断深入和发展，各企业面临的市场竞争日益激烈，企业的各利益相关者对经营决策的科学性、正确性、适用性等方面的内容越来越关注，这也就引发了企业财务管理工作目标的变化，并逐渐完成了由经济管理的责任向决策责任的转变。随着大数据时代的到来，云计算的应用、数据信息容量的增加、信息使用者的需求逐渐变得更加多元化、复杂化、个性化，而这些要求对财务管理工作而言是难以预测的。随着大数据时代的发展，企业的决策者更加关注财务信息的个性化发展趋势，这对传统的财务管理工作是一次重大的挑战。财务管理工作在大数据时代的改进中应努力遵循这一基本原则，采取积极的措施来应对这种不确定性。

（四）有效提升了财务信息的准确度

在传统的财务管理工作中，企业财务报告的编制主要是建立在基本的确认、计量、记录的基础上的，由于技术手段的缺乏与不完善，企业的财务数据、相关的业务数据作为企业管理中的重要资源，并未将其价值充分发挥出来，也并未引起足够的重视。特别是有的企业在进行决策时由于受技术条件的限制，对于决策需求的数据信息并未及时地、充分地得到收集、整理、分析、评价，导致数据之间的整理存在难度，数据的使用效率偏低，影响了企业财务信息的真实性、准确性、精确性、可用性。例如，很多财务管理的数据在为企业生成财务报表后就失去了它的作用和价值而处于休眠状态。但是，大数据时代的到来，促进了技术的发展，企业可以高效地处理、整合各种海量的数据，从中挖掘更有价值、更能促进企业发展的数据，从而提升企业财务管理数据的准确性，使其向着科学化、标准化、规范化的方向迈进。

（五）全面促进财务人员的角色转化

大数据时代的到来，使得企业的财务管理人员摆脱了传统的角色性，不再是进行简单的记账、复核、报表分析等工作，而是向着进行高层次的财务管理工作的方向转变。传统的财务管理人员通过对报表数据的分析，为企业的管理者、经营者、决策者提供简单的数据依据。市场经济的发展、竞争的加剧，建立在财务报表基础上的简单的数据分析不足以满足信息需求者的需要。在大数据时代，企业的财务人员可以从不同的角度、不同的层面探寻企业发展所需的信息，彻底打破传统的 Excel 数据分析中所不能实现的数据分析难题，通过这些数据的本质看到企业在发展中的问题、现状，及时地对企业的经营状况、经营成果进行客观的评价，从中揭示企业的不足，为转变经营者的思路提供明确的方向。

二、大数据对财务管理产生的积极影响

（一）提高账务处理效率，实现财务信息化

在传统的财务管理工作中，原始业务单据的采集、整编、手工录入、核对的过程、重复烦琐导致企业财务信息时效性差、财务工作成本过高等问题。基于大数据思想产生的"财务云"概念使这些问题得到了有效的解决。"财务云"是将企业财务信息与云计算、移动互联网等计算机技术加以融合，实现财务共享服务、财务管理、资金管理三位一体的协同应用，显著提高企业财务数据处理的高效性与准确性，并将简单的财务数据进行加工，使其成为具有一定价值的财务信息，为企业的决策提供强大的数据支持。

（二）有助于实现成本控制与全面预算管理

一方面，手工核算由于自身的局限性，较多采用简便却不准确的计算方法进行成本核算，而大数据高效的计算速度使存货计价中的移动加权平均法、辅助生产成本分配中的代数分配法等较为贴近实际情况的核算方法得以广泛应用，提高了成本核算的准确度。另一方面，企业财务管理可通过对各种财务信息的采集，利用云计算平台处理得到各类详细的成本信息，构建成本控制框架，达到对原材料采购、运输、存储、生产及销售成本的全面控制，便于企业寻找正确渠道降低成本，提高企业成本经济效益。例如，在存储环节，利用 DBMS（OLTP）、File、HDFS 等数据中心对物料信息、库存数量、货位信息以及货区信息进行实时监测处理，以降低库存资金占有率，避免停工待料的情况发生，达到对成本控制的目的。

精确的成本信息能够有效支持企业的全面预算管理。成本控制基于合理预算，预

算报告编制又基于成本信息，两者之间紧密联系。在大数据时代，成本控制与预算管理不再是相互制约，而是共同促进，使企业在竞争中合理配置资源，不断发展壮大。

（三）有效规避企业财务风险

如今，各行各业正广泛应用大数据的"预测"能力，如体育赛事结果、经济金融发展、市场物价变动甚至个人健康状况都可以被准确预测。在企业经营管理中，由于各种难以预料或控制的因素，经常会带来流动性风险、筹资风险、投资风险以及信用风险等，导致企业蒙受损失，由此可见，大数据对于财务风险的预测能力在企业财务管理中尤为重要。例如，企业在计划对交易性金融资产、可供出售金融资产等投资时，确定其公允价值是关键，在大数据时代，企业能够从经济活动相关的工商、税务、银行和交易所等各个机构获取相关数据，借助大数据处理技术合理预测现金流量、终值、折现率，降低投资风险。大数据技术下的信息处理系统，通过对资产负债率、应收账款周转率、资本金利润率等财务指标的监控，分析反映财务状况的实时数据，帮助企业做出关于投融资、信用销售等一系列决策，达到事前风险预测、事中风险控制、事后风险评价的目的。

三、大数据时代财务管理的新思路

（一）以顺应时代发展作为财务管理工作的总纲领

财务管理工作实务是在不断变迁的外部环境中发展起来的，并伴随着环境的变化而产生变革。因此，财务管理工作必须密切结合时代背景、生活背景、社会背景，让财务管理的发展顺应时代发展的潮流。在大数据时代，人们获取数据信息的途径越来越简单、越来越快捷。因此，财务管理工作的开展必须以适应时代潮流作为总纲领。

（二）树立以人为本的工作重点

人力资源在知识经济时代成为企业竞争力提升的主要源泉，并在企业价值的创造与转移中起着至关重要的作用。传统的人力资源管理模式看似稳定，实际上隐患重重，很容易在员工中造成相互推诿、扯皮的现象。随着大数据时代的到来，信息的传递呈现碎片化的现象，只有充分发挥人的主观能动性、创造性才能提高海量数据的生产力。因此，以人为本将对大数据时代财务管理工作产生影响。

（三）信息技术的支持将大大提升财务管理能力

现代信息技术的发展带动了物联网、互联网、企业内部网络的迅猛发展，也促进了大数据的发展。如果离开了信息技术的支持，针对大数据的收集、处理、输出、分析等将受到重重阻碍。因此，信息技术已经成为现代企业在竞争中获胜的重要手段，成为击败竞争对手的重要武器。例如，物联网就以其广泛的通信网络作为基础，实现了物联网与信息需求的结合。随着大数据时代的到来，先进的信息技术为了满足企业经营管理者的需要而得到不断发展。企业的财务管理者在大数据背景下，降低了经营成本，提高了资金使用效率，为企业的发展带来了丰厚的利润。

总之，随着大数据时代的到来，企业选择数据、处理数据、分析数据、整合数据的能力将不断增强。面对新形势，企业的财务工作必须及时创新，才能确保企业的健康、稳定、可持续发展。

第三节　大数据时代企业财务管理的风险挑战

一、公司价值内涵与驱动因素的变化

企业财务管理的根本目标是实现企业价值最大化。但在财务管理理论和实践中，很多财务学者几乎将"公司价值"的概念等同于"公司股价"来理解，或者说公司市值（股价）是公司价值最直观的表达。由于对概念的混淆，"市价"成为财务决策与评价理论和实践的主要标准甚至唯一标准。现有财务原理认为，对于企业所有者、债权人、管理者等，企业的内涵价值多是由企业利润、现金流、净资产等决定，所以把市盈率（PE）、市净率（PB）、市销率（PS）或者现金流折现法（DCF）等作为公司估值的基本方法，强调未来的盈利、自由现金流和股利分红等能力是公司价值的本源。

然而，就当今中外资本市场的股价表现，越来越游离于现行财务理论的价值主张。在大数据时代，投资者对公司价值的认知与判断，已经不再局限于企业现在或未来的利润、现金流、财务分红、营业收入等财务信息，更多的是基于企业的商业模式、核心竞争能力和企业持续创新能力，这些能力的强弱并非由股东财务投入或企业拥有的财务资源规模所决定。这些资源可以是点击率、用户群、信息平台等，甚至可以是数据本身。"根据预测，大数据挖掘和应用可以创造出超万亿美元的价值，数据将成为企业的利润之源"，拥有数据的规模、活性，以及收集、运用数据的能力，将决定企业的核心竞争力。

对当今企业成功与否的评判，也不再仅仅依靠财务指标，而主要是根据企业在市场中获取客户的能力。但是传统财务理论很少关注企业盈利模式问题，似乎这与商业模式无关。即使有相关财务理论提及"商业模式"这个概念，也都只是轻描淡写，因此这是财务理论导向上的缺陷。尽管在现实中，企业价值在很大程度上需要通过金融市场来反映，但是从根本上看，企业价值最大化的目标，还是要通过在商品市场进行商业经营的过程中赢得有利可图的客户并形成独到的商业模式来实现。

其实，DCF估值技术主要适合债券、优先股和其他固定收益的证券估值或者定期、定额分配股利的股票估值，不适合对具有明显增长机会和无形资产数额较大的公司进行估值，也不适合研发投入较多的高科技公司和新经济企业。

根据最近两年资本市场的股价表现，创新、"触网"（互联网）是大数据环境对企业商业模式的基本要求。企业只有"触网"，才能充分利用大数据进行精细化的数据挖掘，实时把握差异化的客户需求，根据用户不同的兴趣和需求推出不同的产品或服务，持续改进用户体验。这种商业模式不以财务资本投入为关键驱动因素，而是依靠技术创新、系统建设、品牌运作、服务提升、流程再造等无形资本的能力。

二、财务决策信息去边界化

前面提及的中石油的"大司库"系统和万达集团的"财务游戏要领"，尽管从名称上看财务管理色彩还是比较浓厚的，但是从管理的内容上分析，它们已经大大超越财务资金管理、成本控制的范围，或者说这些财务管理的制度设计已经把财务管理、成本控制、预算体系、业务经营、项目管理等融为一体，并且在大数据的环境下将所有管理内容数据化、模块化。从财务决策与分析的信息类别来看，除了财务会计信息外，更多的是依赖行业发展信息，资本市场与货币市场信息，客户与供应商的信息，企业内部的战略规划、业务经营、成本质量技术研发、人力资本等信息和业务单位的各种信息。

在大数据、互联网时代，企业获得决策信息的成本更低、速度更快、针对性更强，企业内部尤其是大型集团企业内部的各级子公司和分公司、各个部门和业务单元因长期独立运作而形成的"信息孤岛"被打破，实现了财务与业务信息的一体化。

在大数据背景下，若数据在企业内部不能互联互通、整合，就将影响企业对大数据的统一管理与价值挖掘过程。实现数据集中是利用大数据的第一步，因此，实现企业财务与业务一体化，打破传统财务信息边界，是传统财务管理变革的必然方向。

三、投资决策标准变革

现行财务理论认为，一个投资决策是否可行，其标准在于是否能提高财务资本回报率或股东财务收益，当然货币时间价值是必须考虑的因素，所以财务学较为成熟的投资项目评估方法（如净现值NPV、内部收益率IRR等）应用特别广泛，基本原理均是基于对投资项目预计现金流折现的判断。而在大数据时代，这些评估技术的弊端日益显现：一是表现在对预计现金流的估计上，如果对预计现金流的估计不准确，就可能会直接导致错误的投资项目决策；二是这些评估方法已经不适合对现金流较少或者未来现金流不明显、不明确的投资项目进行评价，或者说这些评价技术只适用于传统的重资产经营模式。

缺乏对企业战略的深度考虑和盈利模式的基本考虑是财务决策较为突出的问题。关于投资决策标准的变革，阿里巴巴的蔡崇信曾表示，"阿里在收购时有着清晰的战略目标和严格的纪律。投资时遵循三个标准：第一个标准是增加用户数量；第二个标准是提升用户体验，比如阿里与海尔合作，特别是和物流公司的合资，提升在白色家电领域的购物体验；第三个标准是扩张阿里的产品和服务种类，因为公司的长期目标是获得用户的更多消费份额。怎么样给用户提供更多服务和产品是阿里长期的目标。"

按照这种主张，不能再认为评估投资项目的可行与否是完全基于其未来盈利能力或现金流水平等，因为这并不是对当今投资项目的成功与否、有效性大小的驱动因素的深度、全方位挖掘。当然，这种挖掘在非大数据、互联网时代特别困难。而在大数据时代，企业可以得到海量、多样、准确的信息，比如客户与供应商的身份信息、相关交易数据、外界环境变化、行业前景等，这些信息是企业进行投资判断的重要依据。对相关的数据进行关联分析可以为投资决策提供依据，但对看似不相关的数据进行关联性分析，或许正是发现新的投资机会的便捷途径之一，沃尔玛啤酒与婴儿纸尿布的关联销售便是例子。

对大数据的利用可以解决投资项目评估方法的两个弊端。首先，大数据本身具备数据的规模性、多样性、高速性和真实性等特征，这将对现金流较多的投资项目估计的准确性提供保障。其次，对于现金流较少的战略性投资项目，大数据的利用不仅可以从传统财务角度进行考察，而且能从企业获得的资源（顾客、产业链等）与前景（市场份额、行业地位等）等方面全面评估。除此之外，在对投资结果的验证与反馈方面，大数据技术的运用可以对项目投资中和投资后形成的新数据进行实时、准确、全面地收集并评价，进而将项目实施后的实时数据与投资前评估项目的预期进行对比，并将前后差异形成项目动态反馈。这种动态反馈在监控投资项目进行的同时，也可以帮助企业累积评估经验，提高企业未来项目投资的成功率。

四、公司治理创新

随着信息的频繁流动，传统企业想通过强大的体制控制力，或者利用信息不对称进行较为封闭的公司治理与财务管理的模式，越来越行不通了。

现实中，"触网"的企业基本上都以"合伙人制度"取代了公司治理中的雇佣制度。在互联网经营时代，公司成功的因素："最重要的是团队，其次才是产品，有好的团队才有可能做出好产品""合伙人的重要性超过了商业模式和行业选择"。黎万强在《参与感》一书中强调："员工要有创业心态，对所做的事情要极度地喜欢，员工有创业心态就会自我燃烧，就会有更高的主动性，这就不需要设定一堆管理制度或者关键业绩指标（KPI）考核什么的。""小米没有 KPI，不意味着我们公司没有目标。小米对于这个目标如何分解呢？我们不是把 KPI 压给员工，我们是合伙人在负责 KPI 的。我们确定 KPI，其实更多的是判断一个公司增长的阶梯，我到底到了哪个阶梯，因为我们需要把这个信息测算清楚，以后好分配调度资源。相比结果，小米更关注过程。员工只要把过程做好了，结果是自然的。"

Jensen（1993）提出公司治理的四种基本路径，包括内部控制机制、外部控制机制、法律与政治以及产品市场竞争。如今公司财务、金融市场之所以能够实现健康发展与有效运作，主要依赖于内部治理、外部监管等制度，以及企业重视"对经营者与员工的监督"。与此同时，企业却忽视了企业创新、产品竞争、公司文化的形成，忽视了信任和激励的作用。"从合伙人到核心员工，都要给予足够的利益保障、授权与尊重。"（黎万强，2014）

在大数据和互联网时代，知识和创新助力企业发展。"人力资本"和"信息"取代财务资本，成为企业的生命之源和价值之根。企业员工广泛参与决策制度也必然影响企业决策组织结构与决策文化。由于动态的外部环境、分散的知识分布等特点，分散式决策是大数据环境下决策的主要形式。企业应尽力减少内部管理层级，鼓励打破层级的交流，增强组织共享、服务协调、鼓励自主学习和尝试创新的文化，关注内部信息流、知识和技能胜于关心管理架构或决策体系。除此之外，随着企业对大数据价值分析与挖掘的逐步深入，财务决策机制应从业务驱动型向数据驱动型转变。企业员工运用一线大数据分析结果，形成基于数据决策的学习型企业文化与制度。

五、企业财务风险管理理论重构

对风险的识别与防控，无疑是企业财务管理的核心与灵魂。财务理论中有关风险的核心观点与内容应该包括以下内容：

1. 财务理论中所指的"风险"主要来源于数理分析中的"风险性和不确定性"事件。虽然有时候财务理论也强调"风险性"和"不确定性"之间的差异，但是在"主观概率的"引导下，几乎把"风险性"与"不确定性"等同起来看待。

2. 财务理论大多关注如何"减低"企业流动性风险（偿付能力）等具体的风险。

3. 在风险防范的对策方面，财务理论所提供的解决方法，一是对资本结构进行适当水平的动态调整；二是结合证券投资理念中的投资组合思想。巴菲特认为，学术界对风险的定义有本质错误，风险应指"损失或损害的可能性"（the possibility of loss

or injury）而不是贝塔值衡量的价格波动性；用贝塔值衡量风险精确但不正确，贝塔值无法衡量企业之间内在经营风险的巨大差异。显然，这样的财务管理理论在风险与风险管理理念、内容和技术方面均存在缺陷，仅从数理角度去表达、计算以及探索风险防范的理论范式本身就存在较大的风险。因此，在大数据时代，财务风险管理理论需要在多方面进行重构。

第一，财务风险概念重构。财务风险是一个多视角、多元化、多层次的综合性概念。一个现实的、理性的财务风险研究理论应该是在对风险要素、风险成因、风险现象等不同财务风险层次的理解和研究的基础上形成的。

第二，风险防控对策重构，要特别关注各类风险的组合和匹配。如Ghemawat（1993）指出，当经济处于低迷期，企业需要在投资导致财务危机的风险与不投资带来竞争地位的损失之间进行权衡。当经济处于萧条期，如果企业过度强调投资带来的财务风险，那将以承受不投资导致竞争地位下降的风险为代价。因此，企业需要根据对经济环境的判断，平衡投资财务风险和投资竞争风险。相比流动性风险，企业对低盈利能力项目的过度投资和错失高盈利项目机会更可怕。

第三，风险评估系统重构。企业应降低对防范风险的金融工具的依赖。大数据背景下的财务管理理论应以实用为原则，围绕如何建立更加有效的评估企业经营风险状况的预警系统进行深入探讨，良好的风险预测能力是防范风险的利器。对企业经营风险的控制，需要企业开发基于大数据、能够进行多维度情景预测的模型。预测模型可以用于测试新产品、新兴市场、企业并购的投资风险。预测模型将预测分析学和统计建模、数据挖掘等技术结合，利用它们来评估潜在威胁与风险，达到控制项目风险的目的。如万达集团基于大数据的预测模型，既是预算管控的最佳工具，也是风险评估与预防的有效平台。

六、融资方式的调整

随着互联网经营的深入，企业的财务资源配置都倾向于"轻资产模式"。轻资产模式的主要特征有：大幅度减少固定资产和存货方面的财务投资，以内源融资或OPM（用别人即供应商的钱经营获利）为主，很少依赖银行贷款等间接融资，奉行无股利或低股利分红，时常保持较充裕的现金储备。

轻资产模式使企业的财务融资逐步实现"去杠杆化生存"，越来越摆脱商业银行总是基于"重资产"的财务报表与抵押资产的信贷审核方法。在互联网经营的时代，由于企业经营透明度的不断提高，按照传统财务理论强调适当提高财务杠杆以增加股东价值的财务思维越来越不合时宜。

另外，传统财务管理割裂了企业内融资、投资、业务经营等活动，或者说企业融资的目的仅是满足企业投资与业务经营的需要，控制财务结构的风险也是局限于资本结构本身来思考的。互联网时代使得企业的融资与业务经营全面整合，业务经营本身就隐含着财务融资。

大数据与金融行业的结合产生了互联网金融这一产业，从中小企业角度而言，其匹配资金供需效率要远远高于传统金融机构。以阿里金融为例，阿里客户的信用状况、产品质量、投诉情况等数据都在阿里系统中，阿里金融根据阿里平台的大数据与云计算，可以对客户进行风险评级及违约概率的计算，为优质的小微客户提供信贷服务。

第四节　大数据时代企业财务管理的变革路径

一、大数据背景下企业财务管理的变革

大数据有着巨大的数据量，它对数据信息的存储量也在不断地增加。在这样的大数据背景下，企业财务管理工作必然会受到深刻的影响。笔者在此将详细分析基于大数据时代背景下企业财务管理发生了哪些变革，具体阐述如下：

（一）企业情报挖掘系统

随着全球经济一体化趋势的日益加快，企业面临的内外部环境发生了较大的变化。它需要企业通过快速响应与大胆创新来获得内外部的渠道情报，构筑一个更具竞争力的战略决策体系。在大数据时代背景下，企业获得情报的主要外部途径有互联网渠道、竞争情报、客户数据、政策阅读、外部环境及一些标杆性企业等。那么，从内部渠道来讲，企业可以通过对自身信息系统与门户网站等分析来挖掘出一些信息数据。当然，这些企业内部的数据信息要在内部的私有云上运行，可以大大提高这些数据信息的安全性与可靠性。这需要企业构建一个以计算关键技术为核心的大数据处理平台，为企业提供一个更为有效的数据管理工具。

（二）大数据智慧预测系统

企业在大数据时代背景下，要从海量的数据信息中获得有效的信息，就要有一个大数据预测分析系统，能够让企业从原先那种繁杂的数据监测与识别工作中解脱出来，赢取更多的时间来进行决策与分析。事实上，这样的智慧预测系统有助于企业提高自身对海量信息的洞察力，并开发出很多新的产品，提高企业的运营效率与效果。它可以针对不同的客户提供自定义功能，让企业获得更高价值的客户，最大限度地降低企业的经营风险，提高企业的经营效益。

（三）大数据舆情监测系统

这个系统可以细分为舆情管理和舆情分析处理两个子系统。其中，舆情管理子系统可以对企业的各种信息进行全面且不间断的监测与跟踪，尤其是能够追踪到一些热点事件，它可以对网络上的各种媒体形式，比如说微博、论坛等互联网网站进行监测与跟踪。舆情分析处理子系统则是针对一些特殊的事件与专题，对其相关信息进行分类加工，尤其是要对一些负面信息进行甄别，提高企业的主动应对能力。这样的监测系统可以帮助企业提高对海量信息的选择与应用能力。

（四）大数据用户评价互动系统

这种评价系统就是充分利用智慧语义感知技术来给大数据用户提供一个一站式的用户评价功能，在收到用户反馈信息的同时及时给出一定的回复，从而实现与用户之间的良性互动。在这个评价互动系统中，主要包含用户评价实时聆听、用户评价自动分析、用户评价挖掘以及用户评价的机器互动四个方面，让大数据用户为企业的财务管理工作提供一个更为全面、自动且实时的互动系统，有利于提高企业财务管理中的信息质量。

二、大数据背景下企业财务管理变革的基本路径

大数据作为一种全新的科技产物，它为企业财务管理工作开启了一种全新的思维方式，开辟了更为广阔的发展空间。它使企业财务管理不再局限于传统的模式与理念，而是向更为广泛的领域延伸。比如，可以让企业财务管理工作渗透到销售、研发、人力资源等多个领域中。它也让企业的财务管理工作的定位与任务发生了一定的改变，跟企业相关的一切数据收集、处理与分析都可以作为企业财务管理的主要内容。因此，我们说大数据时代下的企业财务管理把一些传统财务管理中不包含的内容纳入进来，可以称为大财务。它对企业财务管理工作产生了革命性的影响，引导企业财务管理走上变革之路。具体的变革路径阐述如下：

（一）企业管理会计的面貌将实现重塑

大数据下的企业财务管理工作将以大数据作为基础，在企业内部开展全面预算管理、资金集中管理与内部控制等，让企业财务管理工作能够高效且顺畅地进行下去。这就让企业的管理会计工作能够超越传统的财务会计的局限性，可以为企业提供决策与管理的可靠依据，提高企业的价值。

（二）企业的财务管理工作更具前瞻性与智慧性

大数据下的企业财务管理工作由于有了大数据的有效支撑，可以让企业在进行决策的时候充分挖掘出海量数据信息中有用的部分，可以引导企业做出更为准确的财务管理，减少企业面临的潜在风险，并对企业的未来发展做出较为准确的预测。大数据时代背景下，企业还可以充分利用大数据技术，让财务管理人员对企业的财务管理工作进行量化分析，对不同流程与不同方案中的各种收入与风险等提供最优化的企业财务管理方案，让其更具洞察力与智慧性。

（三）企业更易实现财务创新

大数据时代背景下，企业的财务管理工作可以大大减少企业中一些信息不够对称的问题，显著提高企业的经济效益，增强股东对企业管理层的约束与监督。这是因为大数据可以让企业的信息数据更为均等地分布出来，可以接受网络监督与其他企业的监督，并通过智慧性的大数据信息来驱动企业创新，挖掘出企业最大化的价值增长机会，并让企业的决策更具战略性与决定性。这样的大财务将使企业的管理工作更加精确与智能化，提高企业的市场竞争力。

三、大数据背景下企业财务管理创新的路径

大数据时代背景下，企业经营管理过程中接触的数据量越来越大、数据类型越来越复杂，传统的财务管理已经不能满足新经济形势的需求。因此，财务管理需要做出适应性的转型，"大数据"这一热门词汇的风靡，使社会各领域都开始关注它，这也为企业的财务管理工作开辟了一种崭新的思维模式，延伸了传统的财务管理领域。在大数据时代背景下，为了实现企业财务管理的成功转型，推动企业健康持续发展、提升企业价值，具体的财务管理创新路径阐述如下：

（一）培育大数据管理意识

随着信息的大爆炸、大数据的横空出世，大数据的影响逐渐渗透社会的各个领域，大数据已经来临，未来也不可能消失，企业需要做的就是抓住大数据带来的商业机遇，增强竞争实力，抢占先机获取更多的市场份额。而目前大多数企业对大数据的重视不够，不能意识到企业环境的大变化，不能从大数据中发现优势，并在未来的竞争中胜出。财务管理肩负着企业管理的重要责任，大数据时代使得未来的财务管理是基于大数据，因此，可以通过培育管理层的大数据管理意识，达到引导、带领企业员工的作用，使企业上下都树立起大数据意识。

（二）创新企业财务管理组织结构

组织结构是支撑产品生产、技术引进、经济活动和其他企业活动的运筹体系，是企业的"骨骼"系统。过去企业的财务管理组织结构大多采用职能部门化，通常设有财务部、会计部、资金部等部门。随着大数据时代的来临，企业财务管理组织结构要做出适应性的变革，主要有以下三个方面：一是基于原有财务管理组织结构，在财务管理组织内部需增设专门的部门，管理所有的财务数据、非财务数据等大量的商业数据，管理财务大数据中心开发平台；二是考虑到传统财务人员自身能力的局限性，在财务管理专门部门中配备适当比例的数据分析人员，他们通过运用统计学分析、商业智能化、数据分析处理等技术，从海量的数据中挖掘出潜在的、有价值的、有意义的信息，为企业管理者做出正确的决策提供数据支持；三是大数据的横空出世，使财务管理摒弃了以往孤立工作的理念，更多地进行跨部门的合作，财务部门与企业其他业务部门的联系更加密切，财务数据的数量更大、类型更多样性、来源更加广泛，大数据背景下的企业财务管理需要企业全员的广泛参与。

（三）建立财务管理信息化制度

大数据时代带来信息化、网络化的飞速发展，为适应信息化的新经济形势，提出了建立财务管理信息化制度的想法，这不仅需要开放的网络信息环境、统一的财务制度，还需要搭建财务大数据中心平台和配备专业人员。

具体来说，一是网络信息环境。企业内部情况和外部环境变化是网络信息环境考虑的基本因素，另外还包括考虑国家政策、行业特点、人力资源、物力资源等多种因素。二是统一的财务制度。采取统一的财务制度，可以对资金的流动进行有效的管控，提高资金运营管理的效率，确保资金的安全性和完整性，同时可以在很大程度上防止财权的分散和弱化。三是财务数据中心平台。企业通过应用大数据技术，积极构建财务大数据中心平台，管理财务数据和非财务数据等，运用数据仓库、数据挖掘等关键技术，可以从大量的数据中分析并提取出有价值的信息，为企业管理层提供实时、准确、完整的信息，有利于企业更有效、更准确地进行财务管理工作，防范企业所要面临的潜在风险，对企业未来的发展做出更具前瞻性、智慧性的预测。四是配备专业人员。重视人力资源，加强培养企业员工的信息化素质，同时企业需要配备大数据专业技术人才。

（四）构建财务管理智能系统

大数据包含的信息价值巨大，但密度值很低，所以大数据的焦点是从海量数据中挖掘潜在有价值的信息。而商业智能正是通过运用数据仓库、数据分析、数据挖掘等先进的科学技术，将海量的数据快速及时地转化成知识，为企业的决策和战略发展提供信息支持。因此，商业智能是大数据的核心应用。当今，大数据时代带来了信息大爆炸，企业要想在激烈的市场竞争中脱颖而出，决策速度和准确度的重要性毋庸置疑，而财务管理是企业管理的核心，直接反映着企业的经营状况。因此，在财务管理方面运用商业智能，通过新技术方法，将财务大数据快速及时地转化为可为决策提供支持的有价值的信息，构建财务管理智能系统变得非常重要，这成功地将企业财务管理与商业智能相结合。下面将从四个方面阐述财务管理智能系统的具体应用。

1. 财务分析

针对企业过去的及现在的财务大数据，财务分析系统能够采用数据挖掘分类技术和预测技术等，对其进行更有深度的加工、整理、分析及评价，全面、准确地了解企业的筹资活动、投资活动、经营活动的偿债能力、营运能力、盈利能力及发展能力状况，为企业的投资者、债权者、经营管理者和其他关心企业的组织及个人认识企业的过去表现，评估企业的现在状况，预测出企业的未来形势，做出正确的决策和估价提供了及时准确的信息依据。

2. 财务预测

财务预测的内容包括资金的预测、成本和费用的预测、营业收入的预测、销售额的预测、利润的预测等，为财务人员掌控未来的不确定性提供参考帮助。在大数据时代背景下，财务预算系统的建设能够实时监控财务预算的执行和完成情况，从而适应经济市场环境的变化，不断调整和完善财务预算方案，提高企业的随机应变能力。财务预算系统采用商业智能中的回归、神经网络等技术，其功能不断完善，能更迅速、更准确地预测企业未来的财务状况和经营成果。

3. 财务决策支持

财务决策是选取与确定财务方案、财务政策，其目的是确定最让人满意的财务方案。财务决策内容主要有筹资决策、投资决策、股利分配决策等，这些内容都可以通过财务决策支持系统来完成，并运用前沿商业智能技术，从海量的财务大数据中提取相关数据，进行数据联机分析处理，为管理层决策提供支持。

（五）提升数据管理水平

企业的数据是其拥有的十分重要的资源，以往数据的价值可能被忽视，企业领导和员工没有认识到"大数据"将是未来企业竞争的制胜法宝，如有些重要的数据不能够及时、充分地被汇集起来，影响企业的决策；数据缺乏统一的分类标准，使得数据整合工作面临很大的困难；过去的大量数据失去后续的利用价值等。而大数据时代的到来，使我们意识到数据的重要性，同时也给财务管理创新带来了新的方向，即应加强数据的收集、存储、分析、应用，提升数据管理水平。

一是数据收集。大数据时代，财务管理活动将更多地依靠数据、用数据说话，拥有庞大的数据资源是财务管理的基础。过去财务管理活动中，常会出现掌握的现有数据难以满足决策的需要，影响决策的效率的情况。因此，应加强数据的收集，为财务管理活动提供更广泛的数据资源。一方面，政府要积极引导企业的会计信息化工作，给企业提供技术方面的支持，帮助企业更好地加强数据的收集和利用；另一方面，企业自身应把数据规划工作做好，建立适合企业实际情况的数据收集框架体系，在此基础上开展数据收集活动。

二是数据存储。大数据时代，数据迅速膨胀，形成庞大的数据洪流，企业在数据收集阶段所获取的数据量非常庞大，企业目前的数据存储软件和硬件技术难以满足新需求，这会在很大程度上降低数据分析和应用的效率及质量。因此，需要建立良好的数据库。一方面，涵盖大数据技术的先进存储服务器做硬件保障；另一方面，企业要做好数据库结构规划设计，针对数据要素制定统一的分类标准。

三是数据分析。大数据的重要意义在于其潜藏的价值信息，而数据挖掘、数据分析能够有效、及时地使我们深入数据内部，精炼数据，挖掘价值。现代财务管理活动在数据收集、数据存储阶段已经汇集了大量的数据，接下来运用大数据分析及挖掘技术，从巨大规模的数据中，有效地找出有价值的信息，能够帮助需求者更好地适应变化，做出的决策更加高效、更加明智。

四是数据应用。目前，企业对大数据的需求越来越迫切，未来企业竞争的关键是数据资源。财务数据和相关的业务数据不仅是企业经营活动的记录符号，还是企业价值创造的助推剂。企业财务管理中应充分发挥大数据的优势，利用大数据分析及挖掘产生的有价值信息，辅助经营管理决策，间接地推动企业业绩的增长。

（六）建设大数据财务人才队伍

在大数据技术的助力下，财务管理者可以有效地提升财务管理的水平，降低资金成本，给企业带来更多利润。由此，大数据给财务人员提供了更多创造人生价值的机会。同时，大数据技术的不断成熟，改变了企业的经营管理模式，这对财务管理人员的能力和素质提出了更高、更全面的要求，财务人员开始由财务专才向业务全才转型。

大数据时代背景下的财务人员不仅需要掌握会计学、财务管理等专业领域的理论知识，还需要对统计学、计算机科学、设计学等方面的知识进行学习和掌握，提高综合能力素质，为提高大数据技术在财务管理中的应用水平提供广泛的专业知识支持。但是当前很多企业都缺乏相应的人才储备，而现有财务队伍能力素质普遍较低，难以实现对财务大数据的分析和挖掘，不利于企业做出及时准确的决策。所以，在大数据时代，随着信息和网络技术的快速发展，企业应加强培养员工的信息化素质，加强培训财务人员熟悉多层次的信息技术系统及掌握相对应的业务知识，全面提高企业财务人员的综合能力，着力建设大数据财务人才队伍，使企业能够真正运用大数据技术集中、分析、整理、传递财务资源，帮助企业管理层做出最优的财务决策。

第七章 大数据时代企业财务风险预警与管理

第一节 大数据引发的财务数据风险

一、大数据与财务信息

由于大数据的技术支持，企业决策能够获得更多的有用信息，并对这些信息进行有效分析，对财务流程、投资方案所带来的成本、收入和风险进行研究，选择能够使企业价值最大化的最优方案和流程，帮助企业减少常规失误，进一步优化企业内部控制体系，最大限度地规避各种风险。大数据时代将为企业筹资、投资、营运、利润分配等各项业务提供更精准、更全面的风险源数据，借助智能化内部控制和风险管理系统，财务人员能更好地完成对数据的提炼、分析与总结。

大数据时代智能化信息系统还可自动计量风险资产，对公司各类资产进行盈利能力分析、偿债能力分析、敏感性分析、流动性分析等，并形成分析报告，给财务人员提供帮助。但是，大数据时代的到来，也引发了企业财务信息数据的风险。

二、收集宏观数据的风险

（一）数据管理的风险

风险管理的职能在于建立适合公司的风险管理体系，包括风险点识别、风险估测、风险评估、风险监控技术及风险管理结果检测，从而将风险控制在可影响的范围内，保证企业的健康可持续性发展。面对日益发展的宏观经济环境，风险管理在企业财务管理中占据越来越重要的地位。企业面临的风险日益提高，企业环境的不确定性将是一种常态。经济周期、资源的竞争、内外部环境的变化都会对企业形成不确定、不可避免的外部环境。

大数据时代，数据产生的增值效益日益突出，因此对数据管理提出了更高的要求。企业财务数据管理风险主要表现为因数据管理不到位造成的各种不良后果，具体也表现在财务系统因病毒、网络攻击、火灾及自然灾害等情况造成的无法正常使用上；也表现在因管理不善造成的财务数据丢失、数据遭篡改，造成数据不能正常使用上。这就要求企业在财务数据管理方面：一是要加强制度建设，建立异地备份等管理机制，特别是要考虑当前企业运转条件下信息系统一体化的数据安全问题；二是要加强信息安全管理，通过可靠的杀毒系统、系统防火墙建立可靠的信息安全屏障；三是要明确数据管理人员的职责，建立数据管理牵制机制。

（二）数据质量风险

大数据时代企业所要处理的数据比较多，但数据的质量往往参差不齐，如有些数据不一致或不准确、数据陈旧以及人为造成的错误等，这些通常被称为"脏数据"。由于数据挖掘是数据驱动，因而数据质量显得十分重要。"脏数据"往往导致分析结果的不正确，影响决策的准确性。由于大部分的数据库是动态的，许多数据是不完整的、冗余的、稀疏的甚至是错误的，这将会给数据的知识发现带来困难。由于人为因素的存在，如数据的加工处理及主观选取数据等会影响数据分析模式抽取的准确性。大量冗余数据也会影响到分析的准确性和效率。

因此，在大数据时代，不能不计成本盲目地收集各种海量的数据，否则将成为一种严重的负担。数据的体量只是大数据的一个特征，而数据的价值、传递速度和持续性才是关键。总之，在大数据时代，通过对数据质量的控制和管理，可以提高数据分析的准确性。数据应用成为整个数据管理的核心环节，数据应用者比数据所有者和拥有者更加清楚数据的价值所在。由于数据的爆发性增长，在大数据时代宏观数据的质量直接关系甚至决定了数据应用的效率和效果。企业采用宏观数据质量风险主要表现在由于数据不准确造成错误的分析结果，误导管理层；因宏观数据不完整造成决策支持效果不佳。这就要求企业在数据采集、处理和应用的过程中必须确保数据的质量。而在衡量数据的质量时，要充分考虑数据的准确性、完整性、一致性、可信性、可解释性等一系列的衡量标准。

三、收集内部数据的风险

（一）成本数据的完整性

风险管理与企业内部控制的内容紧密联系，风险管理的风险处理点是内部控制的着力点，高效的内部控制会使企业对外部环境有更好的适应性，极大地降低了企业的风险发生率。成本的高低是企业获得市场的一个很关键的因素。大数据时代背景下，专业的成本控制与分析人员不仅要具备一定的财务专业知识，还需要深入企业了解企业的工艺流程、生产过程、整个内控流程，关注生产效率、报废率、各种成本的差异、各种费用的合理使用情况，通过大数据技术，及时采集到与企业成本相关的数据，并应用于成本控制系统，进行分配与归集、分析成本构成，达到对公司进行有效控制的目的，为公司的决策提供依据。

因此，企业应用大数据技术进行风险管理时，将会提供更为全面、准确的业务数据，借助财务云的智能化处理系统，准确地对风险进行分析与总结；大数据技术下的信息化处理系统，可自动评估企业风险，对各资产情况进行智能分析，得出风险分析报告，帮助企业更高效地进行风险管理；同时，实现事前的风险预测、事中的风险控制及事后的风险管理。大数据处理系统可以在很大程度上提高企业风险管理的前瞻性。基于大数据技术的处理系统，企业能够获得更多有效的实时性的信息，可以帮助企业对投融资、收入、支出及风险控制等进行研究，从而对企业的运营决策进行指导，减少企业的无效流程及成本，优化企业的管理体制，进行有效的内部控制，尽可能规避企业的经营风险。

（二）财务数据应用风险

传统数据管理的重心侧重于数据收集，而在大数据时代，数据应用成为整个数据管理的核心环节，数据应用者比数据所有者和拥有者更加清楚数据的价值所在。企业数据应用风险主要表现在对高质量数据的不当应用上，如使用了错误的财务分析模型，甚至是人为滥用造成偏离数据应用目标的情况；在应用财务数据过程中因管理不到位或人为因素造成企业商业机密泄露。这就要求企业高度重视大数据的应用管理，首先是要明确数据应用管理的目标，并建立高效的数据应用管理机制，确保数据应用效果；其次是要通过明确数据应用者的管理职责，加强数据应用过程中的核心信息管理，确保企业核心商业机密的安全性。

（三）财务数据过期风险

传统数据管理强调存在性，即只要能获取数据并能满足企业的要求即可。而在大数据时代，企业对数据时效性的要求空前提高。企业财务数据过期风险主要表现在对数据的时效性管理不到位、财务数据反馈不及时造成决策不及时、贻误商业机会等情况。这就要求企业要从战略导向出发，高度重视数据应用的时效性管理。一方面，在财务数据获取环节要充分考虑时间的及时性和可靠性；另一方面，要在数据应用环节注意对数据的甄选，确保财务数据必须更多地立足当前，面向未来。只有这样，才能帮助企业在瞬息万变的市场环境中充分发挥作用。

四、企业会计信息的风险

（一）共享平台建设略显滞后

为了推动会计信息化的蓬勃发展，我国早在 2004 年就制定并发布了《信息技术会计核算软件数据接口》（GB/T 19581—2004）国家标准。2010 年 6 月又发布了更新版的《财经信息技术会计核算软件数据接口》（GB/T 24589—2010）系列国家标准。随着国际上以 XBRL（可扩展商业报告语言）为基础的会计数据标准的产生，我国于 2010 年 10 月发布了《可扩展商业报告语言（XBRL）技术规范》（GB/T 25500—2010）系列国家标准和《企业会计准则通用分类标准》。由此可见，我国在会计数据标准的制定和应用方面始终走在国际的前沿，尤其是 GB/T 24589—2010 系列标准，不仅包括会计科目、会计账簿、记账凭证、会计报表，还涵盖应收应付、固定资产等内容，填补了国内标准化方面的空白，在国际上也处于领先地位。

大数据环境下，云会计的推广和应用为企业带来许多益处。企业用户与云会计服务商签订使用协议，并按期支付费用以后，就可以获得海量的存储空间，将各种会计信息存放到云端，同时软件的开发和维护也全部由云会计服务商负责，企业用户的运行成本及维护成本大幅下降。云会计可以让企业将工作重心转移到经营管理上，而将会计信息化的基础建设和软件服务工作外包给互联网企业，这种模式带来的优势和效率显而易见，将推动企业管理模式的转变和思维模式的转变。与此同时，要在企业中推广云会计的应用，还存在急需突破的困境，这些困境不但制约云会计服务商的发展壮大，而且无法消除企业采纳云会计的种种疑虑。

现代会计信息化的发展依赖于资源共享平台的建设，如云会计的发展主要依赖于云计算平台的技术发展。对云计算供应商来说，在可扩展性较强的云计算模式下，他们在通过专业化和规模经济降低提供软件服务成本的同时，需要依靠大数量的用户提高自己的经济效益。

但面对客户的需求，要提供一套与中小企业用户相符的会计信息化系统，就需要进行大量的前期准备工作，主要是对用户的需求进行综合分析。不同于传统的按需定制软件，云计算供应商要求能够满足不同用户、不同地域和不同业务规则的需求，所以对服务的适应性、扩展性以及灵活性要求非常高，在技术上也提出更高的要求。因此，云计算平台建设的资金起点和技术水平较高，研发周期较长且风险较大。

（二）数据标准缺失困境

目前尚没有明确的指导性和约束性文件，云会计服务商只是凭着商业逻辑开发相关的软件并提供硬件基础服务，用户也只是根据自身需要选择相应的服务，至于是否符合未来云会计数据的要求，则无暇顾及。各厂商在开发产品和提供服务的过程中各自为政，给将来不同服务之间的互联互通带来严重障碍。例如，用户将数据托管给某个云会计服务商，一旦该服务商破产，用户能否将数据迁移至另一个云会计服务商？如果用户将数据同时托管给多个云会计服务商，能否便捷地执行跨云的数据访问和数据交换？目前在数据的处理标准方面还没有具体的突破，尤其是在数据汇集以后，如何整理、如何分析、如何访问，是三个密切联系又急需解决的问题。

在大数据环境下，数据该如何共享、如何保持一致性，也必须有标准来支撑。另外，数据的质量标准是保证数据在各个环节保持一致的基础，这方面的缺失使数据的应用范围受到极大约束。数据标准的缺失，导致云会计的应用及服务标准也难以制定，如何对不同云会计服务商提供的服务进行统一的计量计费？如何定义和评价服务质量？如何对服务进行统一的部署？这些问题也使云会计的普及举步维艰。

（三）安全问题困境

云会计的安全不仅涉及当事企业，也与许多第三方企业的利益息息相关，这个问题解决得好，可以极大地促进云会计的发展，否则将使涉事企业面临经济、信用等多方面的巨大损失。一是存储方面的安全问题，云会计的存储技术运用虚拟化及分布式方法，用户并不知道数据的存储位置，云会计服务商的权限可能比用户还要高，因此云会计的数据在云中存储时，如果存储技术不完善，那么会计信息将面临严重的安全隐患。二是传输方面的安全问题，传统的会计数据在内部传输时，加密方法一般比较简单，但传输到云会计服务商的云端时，可能被不法用户截取或篡改，甚至删除，导致重大的损失。

目前，我国网络会计信息化应用软件所采用的比较简单，安全系数较低，其密码很容易被互联网中的监听设备或木马程序等病毒截获。此外，在身份认证管理方面，由于个别数据库管理员（DBA）或会计操作人员缺乏对系统用户口令安全性的认知，为了操作方便往往采用电话号码、生日号码等作为操作密码，这些数字口令极易被网络黑客破译，给系统留下了安全隐患。

在云会计中，企业的各种财务数据通过网络进行传递，数据的载体发生了变化，数据流动的确认手段也出现了多种方式，这时加强数据加密工作是云会计安全运行的关键。

事实上，在我国网络会计系统中数据的加密技术仍然不是非常成熟。大多数软件开发商在开发软件时数据密钥模块的设置过于简单。加密则主要是对软件本身的加密，以防止盗版的出现，很少采取数据安全加密技术。虽然在进入系统时加上用户口令及用户权限设置等检测手段，但这也并不是真正意义上的数据加密。

网络传输的会计数据和信息加密需要使用一定的加密算法，以密文的形式进行传输，否则信息的可靠性和有效性很难获得保障。在数据没有加密的情况下，数据在互联网中传输容易出现安全性问题，企业竞争对手或网络黑客可以利用间谍软件或专业病毒，突破财务软件关卡进入企业内部财务数据库，非法截获企业的核心财务数据，可能对传输过程中的数据进行恶意篡改。企业最为机密的核心财务数据遭黑客盗窃、篡改，或是被意外泄露给非相关人员，这对企业无疑是致命的。

第二节　大数据在企业风险管理中的应用

一、企业集团依托信息系统开展风险管理的主要模式

（一）企业集团统一实施 ERP 信息系统

当大型企业集团进入相对平稳的发展阶段，为了规范业务流程和防范风险，通常会采用实施 ERP 信息系统的方式固化业务流程、强化计划执行并辅助公司决策，实现对企业资源高效利用的目标，而这种模式也为许多专业的 ERP 软件公司提供了市场机会。目前，我国的大型企业集团主要采用 SAP、Oracle 等国际主流的 ERP 软件和配套服务，同时也在一些专业领域采用浪潮、用友等国内相对成熟的管理软件。

通过采用成熟的 ERP 软件和配套服务，企业集团一方面节约了自行开发信息系统的时间和精力；另一方面也在实施 ERP 项目的过程中，引进了同类行业成熟的管理理念和流程。统一实施 ERP 系统的另一个好处是，通过实施标准化的流程进而形成了标准统一的"结构化数据"，未来就可以直接运用基于标准化数据的大数据分析平台进行分析，为经营决策提供高效支持。

在大数据技术广泛应用的当下，国内外 ERP 软件服务也在与时俱进。例如，SAP公司近期就推出了基于 ERP 软件的大数据分析平台——SAP HANA，其实质就是先把企业的"大数据"全部统一到 SAP 的"标准框架"下，再进行高效的分析处理。在大型企业集团的实践中，由集团总部统一实施 ERP 信息系统也是基于这个理念，通过把企业的全部生产经营活动转化成唯一的"数据语言"，实现企业集团数据标准的整齐划一。

（二）基于企业集团的各类原始数据搭建大数据分析平台

在企业集团对公司架构的"顶层设计"相对完善的前提下，推进实施统一的系统是一种较为简单的模式，但在实际情况中，推行"大一统"信息系统面临着诸多挑战。

第一，企业集团的成员单位在业务模式和管理架构方面存在差异，许多个性化的管理需求难以通过一个信息系统得到完全满足；第二，一些企业集团通过兼并重组其他企业实现了快速发展，但在兼并后的业务整合既有可能影响原有管理架构和业务流程，也给 ERP 信息系统的整合带来了挑战；第三，企业集团的"顶层设计"是一项系统性工程，而在"顶层设计"尚不完备的情况下，是先满足业务发展的需求在集团一定范围内实施 ERP，还是"顶层设计"方案完成后再自上而下推进实施，许多企业集团都面临实际的两难选择。

不过，随着大数据分析技术的快速兴起，通过搭建大数据分析平台的企业风险管理模式，将可能成为解决上述难题的一条捷径。当企业集团处在多个 ERP 系统并行、信息管理系统林立的情况下，实际就面临着数据结构不一、结构化数据和非结构化数据并存的庞杂局面。大数据分析正是将这些来自历史的、模拟的、多元的、正在产生的庞杂数据，转化为有价值的洞见，成为企业或组织决策辅助的选项。

二、企业风险管理中应用大数据分析技术

（一）金融行业风险管理应用大数据

通过应用大数据分析技术，金融企业的竞争已在网络信息平台上全面展开。说到底就是"数据为王"：谁掌握了数据，谁就拥有风险定价能力，谁就可以获得高额的风险收益，最终赢得竞争优势。近一段时期，蓬勃兴起的大数据技术正在与金融行业，特别是"互联网金融"领域快速融合，这一趋势已经给我国金融业的改革带来前所未有的机遇和挑战。

目前，中国金融业正在快步进入"大数据时代"。国内金融机构的数据量已经达到 100TB 以上级别，并且非结构化数据量正在快速增长。因此，金融机构在大数据应用方面具有天然优势：一方面，金融企业在业务开展过程中积累了包括客户身份、资产负债情况、资金收付交易等大量的高价值数据，这些数据在运用专业技术进行挖掘和分析之后，将产生巨大的商业价值；另一方面，金融行业的高薪酬不仅可以吸引到具有大数据分析技能的高端人才，也有能力采用大数据的最新技术。

具体来说，金融机构通过大数据进行风险管理的应用主要有以下两个方面：

第一，对于结构化数据，金融机构可运用成熟的风险管理模型进行精确的风险量化。例如，VaR 值模型目前已经成为商业银行、保险公司、投资基金等金融机构开展风险管理的重要量化工具之一。金融机构通过为交易员和交易单位设置限额，可以使每个交易人员确切地了解自身从事的金融交易可承受的风险大小，以防止过度投机行为的出现。

第二，对于非结构化数据，金融机构根据自身业务需要和用户特点定制和选用适合的风险模型，使风险管理更精细化。例如，在互联网借贷平台"拍拍贷"中，确保其开展业务的核心工作就是风险管理，而进行风控的基础就是大数据。基于客户多维度的信用数据，风控模型将会预测从现在开始后3个月内借款人的信用状态，据此开展借贷业务。

（二）企业集团开展风险管理应用大数据

相比金融行业，以能源、机械制造、航运为主业的企业集团所产生的大数据的庞杂程度则相对较低，有利于直接采用成熟的大数据分析技术开展风险管理。一方面，因为工业企业所采用的信息系统一般都是大型软件厂商的标准ERP系统，产生的数据也多为结构化数据，便于直接用于分析决策；另一方面，传统行业在利用数据进行辅助决策的过程中，通常还是基于"因果关系"对可能影响企业生产经营的重要指标数据进行关注，而许多被认为"不重要"的数据并没有被采集到企业的信息系统之中，这就会使大数据的价值实现打了折扣。

要在企业集团推进全面风险管理，不仅需要通过企业的ERP信息系统采集被认为"重要"的各类结构化数据，还需要对网页数据、电子邮件和办公处理文档等半结构化数据，以及文件、图像、声音、影片等非结构化数据进行及时有效的分析，才能够充分客观地掌握企业集团的全貌，让企业和组织结合分析结果做出更好的业务决策，从而真正实现全面风险管理的目标。

具体而言，大型企业集团运用大数据开展风险管理将会有以下几方面的好处：

第一，可以有效防范金融市场风险。例如，随着我国利率市场化的加速推进，企业集团面临的利率风险日渐显著。2013年6月出现的"钱荒"给许多企业集团的资金管理造成了不小的影响，而借助金融大数据并辅以模型分析，企业集团可以进一步提高利率风险的管理水平，提前防范金融市场风险。

第二，可以有效降低信用风险。虽然国有企业面临的信用风险总体水平较低，但是在信用风险模型建立和风险预警系统的建设方面，我国的企业集团目前仍有较大的改进空间。集团总部可以调整单纯依靠下级企业和客户提供财务报表来获取信息的方式，转而对资产价格、账务流水、相关业务活动等流动性数据进行动态和全程的监控分析，改进企业的信用风险管理。

第三，能够降低企业管理和运行成本，降低操作风险。通过大数据的分析应用，企业集团可以准确地定位内部管理缺陷点的管理模式，降低管理运营成本。以有效识别业务操作中的关键风险节点，提高整个业务流程的运行效率。除了制定有针对性的改进措施，实行符合自身特征外，通过对数据的收集和分析，企业还可借此改进工作流程，以降低操作风险。

三、企业集团运用大数据进行风险管理的实施路径

运用大数据进行风险管理，实质上就是企业集团在应对各领域数据的快速增长时，基于对各类数据的有效存储，进一步分析数据、提取信息、萃取知识，并且应用在风险管理和决策辅助上。一般而言，运用大数据技术和大数据分析平台进行风险管理和价值挖掘要经过以下几个步骤。

（一）实施数据集中，构建大数据基础

要让企业的大数据发挥价值，集团总部首先要能够完全掌握全集团已有的和正在产生的各类原始数据。因为，只有先确保数据的完整性和真实性，才能通过足够"大"的数据掌握集团的实际运行情况，而这必然意味着集团总部要求成员单位向总部进行"数据集中"。相应地，集团总部也需要"自上而下"地搭建数据集中的软硬件设施、数据标准和组织机构。

具体而言，企业集团必须完成前期的一系列基础性工作：①建立用于集中存放数据的数据库或"企业云"；②明确需要成员单位"自下而上"归集的数据类型和数据标准；③建立专门的管理机构，负责数据库的日常维护和信息安全。

（二）搭建分析平台，优化大数据结构

在实现了"大数据"集中后，还必须解决不同结构的数据不相容问题，才可能充分利用企业集团的全部数据资源。基于前文提出的两种风险管理模式，企业集团可以根据实际情况选择其中一种，对集团的大数据进行标准化或优化。

具体而言，对结构化数据占绝大多数的企业集团，可以通过建立 ERP 之间的"数据接口"，将标准不一的结构化数据转换到统一标准的分析平台上进行分析；对未统一实施 EKP 系统或实施范围小、非结构数据居多的企业集团，也可以通过建立大数据分析平台（如 Hadoop），构建数据模型，运用数据分析技术直接对原始数据进行分析。

（三）打造专业团队，开展大数据分析

企业集团要让数据发挥价值，开展数据分析工作是核心。要确保这项核心工作落地，不仅需要建立专门的数据分析团队，还要聘用统计学家和数据分析家组织数据分析和价值挖掘。因为相比行业专家和技术专家，数据分析家不仅不受旧观念的影响，而且能够聆听数据发出的声音，更好地分辨数据中的"信号"和"噪声"。

具体而言，要打造大数据团队，一方面需要聘请从事统计建模、文本挖掘和情感分析的专业人员，另一方面要吸收财务部门中善于研究、分析和解读数据的"潜力股"

人才。更重要的是，要培育重视数据分析的企业文化，大数据团队的价值才能在企业中得以实现。

（四）实现分析结果的便捷化和可视化，辅助管理者进行决策

若要运用大数据的分析结构辅助决策，就要让企业管理者能够轻松了解、使用和查询数据，因此大数据平台面向最终用户的界面，还需要提供简单易上手的"使用接口"。这类"使用接口"不仅要具备数据搜索功能，还要能够通过图表等可视化的方式快速呈现分析结果，只有这样才可以帮助企业管理者清晰地了解企业运营的情况，高效地辅助管理者进行数据化决策。

第三节　财务风险预警和管理的新途径

一、大数据在企业财务风险预警和管理中的重要作用

对当前我国很多企业财务风险预警工作来说，大多在逐步地涉猎大数据的使用，所谓的大数据就是指采用各种方法和手段来大范围地调查各种相关信息，然后合理地应用这些信息来促使其相应的调查结果更为准确可靠，尽可能地避免一些随机误差问题的产生。具体到企业财务风险预警工作来看，其对于大数据的使用同样具备较强的应用价值，具体分析来看，其应用的重要性主要体现在以下几个方面：

1. 大数据在企业财务风险预警中的应用，能够较好地完善和弥补以往所用方式中的一些缺点和不足。对以往我国各个企业常用的财务风险预警方式来说，主要就是依赖于专业的企业财务人员来进行相应的控制和管理。虽然说这些企业财务管理人员在具体的财务管理方面确实具备较强的能力，经验也足够丰富，但是在具体的风险预警效果上却存在着较为明显的问题。这些问题的出现一方面是因为企业财务管理人员的数量比较少，而对具体的风险来说又是比较复杂的，因此便会出现一些错误；另一方面则是企业财务管理人员可能存在一些徇私舞弊或者是违规操作等问题，对相应的风险预警效果产生较大的影响和干扰。

2. 大数据自身的优势也是其应用的必要体现。对大数据在企业财务风险预警中的应用来说，其自身的一些优势也是极为重要的，尤其是在信息的丰富性上更是其他任何一种方式所不具备的，其所包含的信息量是比较大的，能够促使其相应的结果更接近于真实结果，也就能够更好地提升其应用的效果。

二、基于大数据的企业财务风险预警和管理

在企业财务风险预警工作中，恰当地应用大数据模式确实具备较为理想的效果，具体分析来看，在企业财务风险预警和管理中这种大数据的使用主要应该围绕以下两个步骤来展开：

（一）大数据的获取

要想切实提升企业财务风险预警工作中大数据的应用价值，首先应该针对相应的大数据获取进行严格的控制和把关，尤其是对于大数据获取的方式进行恰当的选取。一般来说，大数据模式的采用都要求其具备较为丰富的数据信息量，因此，为了较好地获取这种丰富的信息数量，就应该重点针对其相对应的方式进行恰当选取。在当前的大数据获取中，一般都是采用依托于互联网的形式进行的，尤其是随着我国网民数量的不断增加，其可供获取的数据信息资源也越来越多，在具体的网络应用中，便可以在网络系统上构建一个完善的信息搜集平台，然后吸引大量的网络用户参与到这一信息收集过程中来，只要是能够和该调查信息相关的内容都应该进行恰当的收集和获取，通过这种方式就能够较大程度地获取大量的信息资源。此外，这种依托于网络的大数据获取模式，还具备较好的真实性，因为其调查过程中并不是实名制的，就给了很多具体相关人员说实话的机会，促使相对应的企业财务风险预警工作更为准确。

（二）大数据的分析和应用

在大量的数据信息资源被搜集获取之后，还应该针对这些大数据进行必要的分析和处理，经过了处理之后的数据才能够更好地反映出一些指标信息，这一点对企业财务风险预警工作来说更是极为关键。具体来说，这种大数据的分析和处理主要涉及以下几个方面：

1.针对数据信息中的重复信息和无关信息进行清除，进而也就能够缩小信息数量，这一点相对大数据来说是极为重要的，因为一般来说调查到的数据信息资源是比较多的，这种数量较大的数据信息资源必然会给相应的分析工作带来较大的挑战，因此，先剔除这些信息就显得极为必要。

2.研究变量，对具体的企业财务风险预警工作来说，最为关键的就是应该针对相应的指标和变量进行研究，这些指标和变量才是整个企业财务风险预警工作的核心所在，具体来说，这种变量的研究主要就是确定相应的预警指标，然后针对模型算法进行恰当的选取。

三、大数据时代对财务风险理论的影响

过去财务核心能力包括财务决策、组织、控制和协调，如果这些能力能够超过竞争对手的话，企业就会在竞争中具有绝对的优势。但是随着时间的推移，目前企业环境的多变性和不稳定性加剧了企业之间的竞争，企业除了具备上述的能力外，还需要拥有很强的识别能力以及对风险的预知能力。因此，现在的财务风险防范胜于防治，做好财务风险的预警和控制，就成了当今企业的重要处理对象。

财务风险管理者对大数据分析方法的研究应聚焦于基于大数据的商务分析，以实现商务管理中的实时性决策方法和持续学习能力。传统的数据挖掘和商务智能研究主要侧重于对历史数据的分析，面对大数据的大机遇，企业需要实时地对数据进行分析处理，帮助企业获得实时商业洞察。例如，在大数据时代，企业对 KPI 可以进行实时性的监控和预警，及时发现问题，做出最快的调整，同时构建新型财务预警机制，及时规避市场风险。

企业所面对的数据范围越来越宽、数据之间的因果关系链更完整，财务管理者可以在数据分析过程中更全面地了解到公司的运行现状及可能存在的问题，及时评价公司的财务状况和经营成果，预测当前的经营模式是否可持续、潜藏哪些危机，为集团决策提供解决问题的方向和线索。与此同时，财务管理者还要对数据的合理性、可靠性和科学性进行质量筛选，及时发现数据质量方面存在的问题，避免因采集数据质量不佳导致做出错误的选择。

（一）传统的财务风险及预警

公司所面临的风险主要涉及商业风险和财务风险，以及不利结果导致的损失。商业风险是由于预期商业环境可能恶化（或好转）而使公司利润或财务状况不确定的风险；财务风险是指公司未来的财务状况不确定而产生的利润或财富方面的风险，主要包括外汇风险、利率风险、信贷风险、负债风险、现金流风险等。一个有过量交易的公司可能是一个现金流风险较高的公司。对库存、应收款和设备的过分投资导致现金花光（现金流变成负的）或贸易应付款增加。因此，过量交易是一种与现金流风险和信贷风险有关的风险。对风险的识别与防控，无疑是企业财务管理的核心与灵魂。财务理论中有关风险的核心观点与内容应该包括如下内容：

1.财务理论中所指的"风险"，主要来源于数理分析中的"风险性和不确定性"事件。虽然有时候财务理论也强调"风险性"和"不确定性"之间的差异，但是在"主观概率的"引导下，几乎把"风险性"与"不确定性"等同起来看待。

2.财务理论大多关注如何"降低"企业流动性风险（偿付能力）等具体的风险。

3.在风险防范的对策方面，财务理论所提供的解决方法，一是对资本结构进行适当水平的动态调整，二是结合证券投资理念中的投资组合思想。

巴菲特认为，学术界对风险的定义存有本质错误，风险应指"损失或损害的可能性"，而不是贝塔值衡量的价格波动性，用贝塔值衡量风险精确但不正确，贝塔值无法衡量企业之间内在经营风险的巨大差异。显然，这样的财务管理理论在风险与风险管理理念、内容和技术方面均存在缺陷，仅从数理角度去表达、计算及探索风险防范。

（二）企业财务风险管理理论重构

在大数据时代，财务风险管理理论需要在多方面进行重构。

第一，财务风险概念重构。财务风险是一个多视角、多元化、多层次的综合性概念。一个现实的、理性的财务风险研究理论应该是在对风险要素、风险成因、风险现象等不同财务风险层次的理解和研究的基础上形成的。

第二，风险防控对策重构，要特别关注各类风险的组合和匹配。如Ghemawat（1993）指出，当经济处于低迷期，企业需要在投资导致财务危机的风险与不投资带来竞争地位的损失之间进行权衡。当经济处于萧条期，如果企业过度强调投资带来的财务风险，那将以承受不投资导致竞争地位下降的风险为代价。因此，企业需要根据对经济环境的判断，平衡投资财务风险和投资竞争风险。

第三，风险评估系统重构。企业应降低对防范风险金融工具的依赖。大数据背景下的财务管理理论应以实用为原则，围绕如何建立更加有效的评估企业经营风险状况的预警系统进行深入探讨，良好的风险预测能力是防范风险的利器。

对企业经营风险的控制，需要企业开发基于大数据、能够进行多维度情景预测的模型。预测模型可以用于测试新产品、新兴市场、企业并购的投资风险。预测模型将预测分析学和统计建模、数据挖掘等技术结合，利用它们来评估潜在威胁与风险，以达到控制项目风险的目的。

（三）在信贷风险分析中的应用前景

以2008年的美国金融危机为例，这次危机始于房地产抵押贷款，雷曼兄弟、房利美、房地美、美林和贝尔斯登等财团相继破产或并购，倘若事前已经建立大数据风险模型，及时对金融行业的系统性风险及其宏观压力进行测试，这场波及全球的金融危机或许能够避免，至少可以避免房贷风险溢出而放大多米诺骨牌效应。

综上所述，作为集团公司要建立风险防控机制，通过大数据风险预测模型分析诊断，及时规避市场风险，最大限度地减少经济损失。信贷风险是长期困扰商业银行的难题，无论信贷手册如何详尽、监管措施如何到位、信贷员如何尽职仍难以规避坏账的困扰，大的违约事件仍层出不穷。准确和有价值的大数据信息为银行的信贷审批与决策提供了新的视角和工具管理，信贷风险的难点在于提前获得企业出事的预警。

以前，银行重视的是信用分析，从财务报表到管理层表现，依据历史数据，从历史推测未来。自从社交媒体问世后，包括微信、微博在内的社交网站以及搜索引擎、物联网和电子商务等平台为信贷分析提供了一个新维度，将人们之间的人脉关系、情绪特征、兴趣爱好、购物习惯等生活模式以及经历一网打尽，为银行提供非常有价值的参考信息。银行凭借这些更加准确和具有厚度的数据完成对客户的信用分析，并根据变化情况相应调整客户评级，做出风险预判。这样一来，信贷决策的依据不再是滞后的历史数据和束缚手脚的条条框框，而参考的是变化中的数据。信贷管理从被动变为主动，从消极变为积极，信用分析方面从僵化的财务报表发展到对人的行为分析，大数据为信贷审批与管理开创了全新的模式。

第四节　大数据帮助企业建立风险管理体系

一、大数据下的企业风险管理

风险是指企业在各项财务活动中，由于各种难以预料或无法控制的因素，使自身实际收益与预计收益发生偏离的一种可能性。鉴于财务的谨慎性原则，提到风险人们一般最先想到的是损失与失败。风险管理是现代企业财务管理的重要内容，企业风险的复杂性日益提高，不确定性将成为企业必须面对的一种常态。经济波动、资源紧张以及政治和社会变动都对企业构成不确定、不稳定的经营环境，而研发失败、营销不力、人事变动等内部风险亦不可避免。风险管理和内部控制紧密相连，智能化风险管理系统对企业各项业务进行监控、指标检测及预警、压力测试，并可针对各类风险事件进行处理，实现事前、事中的风险控制及事后的管理监测。

同时，大数据还增强了企业风险管理的洞察力和前瞻性。内部控制是指企业为了确保战略目标的实现，提高经营管理效率，保证信息质量真实可靠，保护资产安全完整，促进法律、法规有效遵循，而由企业董事会、管理层和全体员工共同实施的权责明确、制衡有力、动态改进的管理过程。内部控制是一个不断发展、变化、完善的过程，它由各个阶层的人员共同实施，在形式上表现为一整套相互监督、相互制约、彼此联结的控制方法、措施和程序，这些控制方法、措施和程序有助于及时识别和处理风险，促进企业实现战略发展目标，提高经营管理水平、信息报告质量、资产管理水平和法律遵循能力。内部控制的真正实现还需管理层人员真抓实干，防止串通舞弊。

大数据时代，企业面临纷繁复杂的数据流，数据的有效运用成了企业的一种竞争实力。数据集成是通过各种手段和工具将已有的数据集合起来，按照一定的逻辑关系对这些数据进行统一的规划和组织，如建立各种数据仓库或虚拟数据库，实现数据资源的有效共享。随着分布式系统和网络环境的日益普及，大量的异构数据源被分散在各个网络节点中，而它们往往是相互独立的。为了使这些孤立的数据能够更好地联系起来，迫切地需要建立一个公共的集成环境，提供一个统一的、透明的访问界面。

数据集成所要解决的问题是把位于不同的异构信息源上的数据合并起来，以便提供这些数据的统一查询、检索和利用。数据集成屏蔽了各种异构数据间的差异，通过集成系统进行统一操作。企业要根据数据驱动的决策方式进行决策，这将大大提高企业决策的科学性和合理性，有利于提高企业的决策和洞察的正确性，进一步为企业的发展带来更多的机会。内部环境是企业实施内部控制的基础，包括企业治理结构、机构设置及权责分配、内部审计、人力资源政策、企业文化等内容。

二、大数据在企业建立风险管理体系中的作用

（一）运用大数据推动企业内控环境的优化

1.通过大数据推动内控环境的有机协调

企业董事会、监事会、审计部、人力资源部等组织分立、职责区分、相互制衡，有助于内控目标的实现，但也容易产生纵向、横向的壁垒与相互协作上的障碍。而在内外部数据可得与技术可行的情况下，大数据有助于推动内控环境各环节、各层次之间的信息共享与相互透明化，推动内控环境内部的有机协调，提升内部控制的效果。

2.通过大数据来准确衡量内控环境的有效性

如对企业文化的评估，是内部环境的重要环节，但企业文化又属隐性的。如果能够通过对社交网络、移动平台等大数据的整合，将员工的情绪、情感、偏好等主观因素数据化、可视化，那么企业文化这种主观性的东西也就变得可以测量。

3.通过大数据来增加内控环境的弹性

如在机构设置方面，一家企业创建怎样的组织结构模式才合适，没有一个标准答案。而在基于大数据分析的企业中，企业的人工智能中枢或者计算中心有望从企业的战略目标出发，根据企业内外部竞争环境的变化，对组织机构做出因时而动的调整。

（二）运用大数据提高风险评估的准确度

风险评估是企业内部控制的关键工作，及时识别、系统分析经营活动中相关的风险，合理确定风险应对策略，对于确保企业发展战略的实现有着重要的意义。来自企业内部管理、业务运营、外部环境等方面的大数据，对于提高风险评估的准确度，会有明显的帮助。一些银行已经用大数据更加准确地度量客户的信用状况，为授信与放

贷服务提供支持；又如一些保险公司也在尝试将大数据用于精算，以得出更加准确的保险费率。以此为启发，企业可将大数据广泛运用到内部风险与外部风险评估的各个环节。如在内部风险评估上，可利用大数据对董事、监事以及其他高管管理人员的偏好能力等主观性因素进行更加到位的把握，避免管理失当的风险，也可将大数据用于对研发风险的准确评估。在外部风险识别上，大数据对于识别政策走向、产业动向、客户行为等风险因素也会有很好的帮助。例如，招商银行是中国的六大商业银行之一，而 Teradata 是一家处于全球领先地位的企业级数据仓库解决方案提供商，在中国有数百家合作伙伴。Teradata 公司针对招商银行庞大客户群的海量客户数据，为其提供了智能数据分析技术服务，用于升级数据仓库管理系统。除此之外，Teradata 还监控并记录客户在 ATM 机上的操作，通过这种方法了解并分析客户的行为，能够有效预防借助 ATM 机实施的违法行为。

（三）运用大数据增强控制活动

1. 大数据为控制活动的智能化提供了可能

内部控制活动包括不相容职务分离控制、授权审批控制、会计系统控制、财产保护控制、预算控制、运营分析控制和绩效考评控制等。基于各种管理软件和现代信息技术的自动化企业管理，在企业管理中早有应用。在大数据时代，海量、种类繁多、实时性强的数据进一步为智能化企业管理提供了可能。谷歌、微软、百度等都在以大数据为基础，开发其人工智能。机器人并非是万能的，但在智能化的企业内控模式下，控制活动的人为失误将得到明显的降低，内控的成效也会得到很好的提升。随着大数据在集团战略地位的日益提高，阿里巴巴集团旗下的淘宝平台开始推出多种商业大数据业务。基于阿里信用贷款采集到的海量用户数据，阿里金融数据团队设计了用户评价体系模型，该模型整合了成交数额、用户信用记录等结构化数据和用户评论等非结构化数据，加上从外部搜集的银行信贷、用电量等数据，根据该评价体系，阿里金融可得出放贷与否和具体的放贷额度的精准决策，其贷款不良率仅为 0.78%。阿里巴巴通过掌握的企业交易数据，借助大数据技术自动分析判定是否发放给企业贷款，全程不会出现人工干预。

2. 大数据提高了控制活动的灵活性

财务战略管理制定实施中，必须对所有的因素和管理对象进行全面的考虑，细致到企业采购、合同签订、物资验收、资源保管、资金使用、报销、报废等多方面，只有全面的考虑才能使企业财务战略管理职能得到最大限度的发挥，才能将风险降到最低。风险是企业日常运营及生产的最大隐患，重大的财务风险直接影响着企业的生存。全面的考虑能够强化财务战略管理的风险控制功能，使企业处于良性运作中。控制活动的目的是降低风险，最终为企业发展服务，因此，关于内控活动的各项制度、大数据与企业内部控制机制与措施需要避免管理教条主义的陷阱。在控制活动全方位数据化的条件下，企业可根据对控制措施、控制技术、控制效果等各类别大数据的适时分析、实验，及时发现问题并进行完善，提高管理成效。沃尔玛、家乐福、麦当劳等知名企业的一些主要门店均安装了搜集运营数据的装置，用于跟踪客户互动、店内客流和预订情况，研究人员可以对菜单变化、餐厅设计以及顾客意见等对物流和销售额的影响进行建模。这些企业可以将数据与交易记录结合，并利用大数据工具展开分析，从而在销售哪些商品、如何摆放货品，以及何时调整售价方面给出意见，此类方法已经帮助企业减少了17%的存货，同时增加了高利润自有品牌商品的比例。

3.大数据分析本身即可作为一种重要的控制活动

大数据可以提高企业运营与管理各方面的数据透明度，使控制主体能够提高对企业各种风险与问题的识别能力，进而提高内控成效。目前，商业银行已开始逐步利用数据挖掘等相关技术进行客户价值挖掘、风险评估等方面的尝试应用。尤其是在零售电子商务业务方面，由于存在着海量数据以及客户网络行为表现信息，因此可以利用相关技术进行深度分析。通过分析所有电子商务客户的网银应用记录及交易平台的具体表现，可以将客户分为消费交易型、资金需求型及投资进取型客户，并能够根据不同分组客户的具体表现特征，为以后的精准化产品研发、定向营销，以及动态风险监控关键指标等工作提供依据。虽然商业银行在零售业务领域存储了大量数据，但由于以往存储介质多样化、存储特征不规范等原因，数据缺失较为严重，整合存在较大难度，造成部分具有较高价值的变量无法利用。同时，大数据时代的数据包含方方面面的属性信息，可以理解为"信息即数据"。因此，商业银行除了要积累各种传统意义上的经营交易数据外，还要重视其他类型的非结构化数据积累，如网点交易记录、电子渠道交易记录、网页浏览记录、外部数据等，都应得到有效的采集、积累和应用，打造商业银行大数据技术应用的核心竞争力。

（四）大数据变革了信息传递与沟通方式

信息与沟通是企业进行内部控制的生命线，如关于企业战略与目标的信息、关于风险评估与判断的信息、关于控制活动中的反馈信息等。没有这些信息的传递与沟通，预测、控制与监督的内控循环就没办法形成。企业运营中的信息与沟通，经历了从纸面报告、报表、图片等资料到计算机时代信息化平台的变迁。这一过程中企业信息的数量、传递与分析技术，得到了重大的提升。当前的大数据时代，企业在信息与沟通上又迎来了一个革命性的变化。

企业把云计算应用于会计信息系统，可助推企业信息化建设，减少企业整体投入，降低企业会计信息化的门槛和风险。用户将各种数据通过网络保存在远端的云存储平台上，利用计算资源能更方便快捷地进行财务应用部署，动态地调整企业会计软件资源，满足企业远程报账、报告、审计和纳税功能的需要。

云计算在具体使用中还要解决会计数据隐私保护及信息安全性问题，克服用户传统观念和使用习惯，打破网络带宽传输速度的瓶颈，避免频繁的数据存取和海量的数据交换造成的数据延时和网络拥塞。为更好地配套支持企业会计准则的执行，满足信息使用者尝试分析的需求，会计司推进了可扩展商业报告语言（XBRL）的分类标准建设，使计算机能够自动识别、处理会计信息。

随着《企业内部控制基本规范》的发布，企业在实施信息化过程中，要考虑如何将各种控制过程嵌入业务流和信息流中。为了确保和审查内部控制制度的有效执行，必须加强信息化内控的审计点设置，开展对会计信息系统及其内控制度的审计，将企业管理系统和业务执行系统融为一体，对业务处理和信息处理进行集成，使会计信息系统由部门级系统升格为企业级系统，最终达到安全、可靠、有效的应用。会计信息化除了需要建立健全的信息控制系统，保证信息系统的控制及有效执行外，还要通过审计活动审查与评价信息系统的内部控制建设及其执行情况，通过审计活动来发现信息系统本身及其控制环节的不足，及时改进与完善。

对企业来说，来自 OA、ERP、物联网等内部信息化平台的大数据，来自传统互联网、移动互联网、外部物联网等的大数据，将使企业置身于一个不断膨胀的数据海洋。对企业来说，大数据的革命可以为企业带来智能化的内部控制，也可以让管理者准确把握每一位员工的情感。大数据使企业内控进入一个全新的境界。对很多金融服务机构来说，爆炸式增长的客户数据是一个亟待开发的资源。数据中所蕴藏的无限信息若以先进的分析技术加以利用，将转化为极具价值的洞察力，能够帮助金融企业执行实时风险管理，成为金融企业的强大保护盾，保证金融企业的正常运营。

与此同时，大数据也推动着商业智能的发展，使之进入消费智能时代。金融企业风险管理能力的重要性日渐彰显。抵押公司、零售银行、投资银行、保险公司、对冲基金和其他机构对风险管理系统和实践的改进已迫在眉睫。要提高风险管理实践，行业监管机构和金融企业管理人员需要了解最为微小的交易中涵盖的实时综合风险信息；投资银行需要知道每次衍生产品交易对总体风险的影响；而零售银行需要对信用卡、贷款、抵押等产品的客户级风险进行综合评估。这些微小信息会引发较大的数据量。金融企业可以利用大数据分析平台，实现以下分析，进行风险管理。

1. 自下而上的风险分析，分析 ACH 交易、信贷支付交易，以获取反映压力、违约或积极的发展机会。

2. 业务联系和欺诈分析，为业务交易引入信用卡和借记卡数据，以辨别欺诈交易。

3. 跨账户参考分析，分析 ACH 交易的文本材料（工资存款、资产购买），以发现更多营销机会。

4.事件式营销,将改变生活的事件(换工作、改变婚姻状况、置房等)视为营销机会。

5.交易对手网络风险分析,了解证券和交易对手间的风险概况和联系。

(五)大数据为企业内部监督提供了有力支撑

大数据时代,人们仅仅关注数据规模,而忽视了数据之间的联系。在复式记账法下,每一笔凭证都有借贷双方,这就使会计科目、会计账户、会计报表之间有着密切的勾稽关系。会计电算化的出现避免了手工记账借贷双方不平的风险,但在会计科目的使用规范、会计报表数据的质量校验等方面难有作为。对中小企业来说,对会计报表的数据错误进行事后更正比较容易,但对于存在大量财务报表合并的集团企业,会计核算不规范将给财务人员带来较大的困扰。在大数据时代,企业的核算规范和报表之间的勾稽关系将作为财务数据的校验规则纳入财务系统,对企业会计核算规范的执行和报表数据质量进行实时控制,就能实现企业月结报表合并的顺利执行,真正实现敏捷财务。

当前国外 SAP 公司的企业财务报表合并系统 BCS,已经能够对企业财务报表的勾稽关系进行强制检查,对于不能通过检查的报表,合并将无法继续。下属单位财务人员需要不断地去调整自己的凭证,以满足上报标准,完成月结,经过这样不断地磨合调整,集团整体的核算规范才能得到落实。但这样的方法仍然是一种事后控制,需要耗费大量的人力、精力,且公司人事变动对月结速度影响极大,如果将风险控制在做账环节则更有益于财务管理的提升。在上文提到的原始凭证"数据化"实现之后,我们可以通过对企业原始凭证种类的梳理,按照不同的业务内容对"数据化"原始凭证进行标记,财务系统会对原始凭证进行识别后,限制此类原始凭证可以使用的会计科目,进一步降低风险。

对企业内部控制环境、风险评估、控制活动、信息与沟通等组成要素进行监督,建立企业内控有效性或效果的评价机制,对于完善内部控制有着重要意义。在这种内控的监督过程中,大数据至少可以提供两方面的帮助。其一,大数据有助于适时的内控监督。大数据的显著特点之一是其数据流、非结构化数据的适时性,在大数据技术下,企业可以适时采集来自内部信息化平台、互联网、物联网等渠道的大量数据信息,以此为基础,对内部控制效果的适时评价就成为可能,定期报告式监督的时效缺陷就可以得到弥补。其二,大数据还有助于全面的内控监督。大数据另一个显著特点是总体数据的可得性与可分析性,传统审计中所进行的抽样评估的缺陷,在大数据下可以避免。基于这种技术的内部控制评价,将更为客观、全面。

(六)大数据增加了企业对财务风险的预警能力

财务预警是以企业的财务会计信息为基础,通过设置并观察一些敏感性财务指标的变化，而对企业可能面临的财务危机实现预测或实时监控的财务系统。它不是企业财务管理中的一个孤立系统，而是风险控制的一种形式，与整个企业的命运息息相关，其基本功能包括监测功能、诊断功能、控制功能和预防功能。

目前，财务危机风险预警是一个世界性的问题和难题。从 20 世纪 30 年代开始，比较有影响的财务预警方法已经有十几种，但这些方法在经济危机中能够真正预测企业财务风险的却很少。究其原因，是大多数模型中财务指标是主要的预测依据。但财务指标往往只是财务发生危机的一种表现形式，还有滞后反应性、不完全性和主观性。更为严重的是基于财务指标的预警模型建立过程中，学者往往都假设财务数据是真实可靠的，但这种假设忽略了财务预警活动的社会学规律，为财务预警模型与现实应用的脱节埋下了伏笔。许多学者建立了结合非财务指标的模型，但所加入的能够起到作用的非财务指标都是依靠试错方法引入的，即都是在危机发生之后，才能够使指标得以确认以及引入模型，下一次经济危机的类型不同，之前建立的财务预警模型便会无法预测甚至可能发生误导。因此，靠试错引入的非财务指标具有一定的片面性，忽视了这些指标的相互作用和相互关系，无法顾及这些指标是否对所有企业具有普遍适用性。

大数据信息比以往通过公司公告、调查、谈话等方式获得的信息更为客观和全面，而且这些信息中可以囊括企业在社会网络中的嵌入性影响。在社会环境中，企业存在的基础在于相关者的认可，这些相关者包括顾客、投资者、供应链伙伴、政府等。考虑到企业的经营行为，或者企业关联方的动作都会使企业的相关者产生反应，进而影响到网络上的相关信息。因此，我们可以把所有网民看作企业分布在网络上的"传感器"，这些"传感器"有的反映企业的内部运作状态，有的反映企业所处的整体市场环境，有的反映企业相关方的运行状态等。大数据企业财务预警系统不排斥财务报告上的传统指标，相反，传统的财务指标应该属于大数据的一部分。

互联网上网民对企业的相关行为，包含线下的人们和企业的接触而产生对企业的反应，这些反应由于人们在社会网络中角色的不同，涵盖了诸如顾客对产品的满意度、投资方的态度、政策导向等各种可能的情况。起到企业"传感器"作用的网民，在线下和企业有着各种各样的角色关系。这些角色和企业的相互作用会产生不同的反应，刺激这些角色对企业产生不同的情绪。群体的情绪通过映射到互联网，才使这些信息能够被保存下来并被获取，这些不同的情绪经过网络上交互过程中的聚集、排斥和融合作用，最后会产生集体智慧，这些群体智慧能反映企业的某种状态。

在实证研究过程中，相关学者利用聚焦网络爬虫，收集了从 2019 年 1 月 1 日到 2022 年 12 月 31 日的关于 60 家企业的所有相关全网网络数据，包括新闻、博客、论坛等信息，经过在线过滤删除，最终获得有效信息共 7 000 万余条。来自网络的上市公司相关大数据主要是非结构化的文本信息，而且包含大量重复信息。为了验证大数据反映的相关情绪能够有效提高财务风险预警模型的性能，首先要把这些信息进行数值化处理，过滤掉大量无效数据，并且进行基于财经领域词典的文本情绪倾向计算。同时对相关上市公司的有效信息进行频次统计，验证大数据有效信息频次对财务风险预警模型的影响。通过与财务指标的结合，对研究假设进行实际数据验证，发现引入大数据指标的财务预警模型，相对财务指标预警模型，在短期内对预测效果有一定提高。从长期来看，对预测效果有明显提高。大数据指标在误警率和漏警率上比财务指标表现明显要好，验证了在复杂社会环境中，依靠大数据技术加强信息搜寻是提高财务预警有效性的重要路径这一观点。

三、商业银行运用大数据评判电子商务风险的案例

互联网、移动通信技术的逐步应用，给人们的生活、生产方式带来了强烈的冲击。电子商务、移动互联网、物联网等信息技术和商业模式的兴起，使社会数据量呈现爆炸式增长。采用大数据技术，可以有效解决信息不对称等问题，合理提高交易效率，降低交易成本，从金融交易形式和金融体系结构两个层面改造金融业，对风险管控、精细化管理、服务创新等方面具有重要意义。与 21 世纪初互联网刚刚起步时仅将网上银行作为渠道经营不同，当前的互联网金融具有尊重客户体验、强调交互式营销、主张平台开放等新特点，且在运作模式上更强调互联网技术与金融核心业务的深度整合，风险管理技术与客户价值挖掘技术等进一步融合。而且，随着大数据分析思维的引入及技术的逐步推广，通过个人客户网络行为产生的各种活动数据，可以较好地把握客户的行为习惯以及风险偏好等特征。因此，为了在大数据浪潮中把握趋势，可采用相关技术深入挖掘相关数据，通过对客户消费行为模式以及事件关联性的分析，更加精确地掌握客户群体的行为模式，并据此进行零售电子商务风险评分模型设计，与客户之间的关系实现开放、交互和无缝接触，满足商业银行风险管理工作的精细化要求和标准，并为打造核心竞争力提供决策依据。

（一）电子商务风险评分模型的开发过程

电子商务风险评分模型的具体开发过程如下：

1. 进行相关业务数据分析和评估

此阶段是对内部电子商务企业数据和环境进行深入研究和分析，并对业务数据进行汇总检查，了解数据是否符合项目要求，并评估数据质量。

2. 基于相关建模方法进行模型设计

此阶段主要定义电子商务客户申请评分卡的目标和开发参数，如电子商务客户定

义标准、排除标准，好 / 坏 / 不确定客户的定义，建模的观察窗口、表现窗口、抽样计划等。

3. 建模数据准备

此阶段根据详细的数据分析结果以及开发所需的数据，为模型开发进行数据提取和准备，主要进行业务数据及关键变量的推导、合并，生成建模样本中的每个账户的预测变量、汇总变量以及好 / 坏 / 不确定 / 排除标志。

4. 进行指标的细分分析

此阶段主要用来识别最优的群体细分，确定相关的建模备选变量，并在此基础上开发一系列的评分模型，使整体评分模型体系的预测能力达到最大化。

5. 模型的确定和文档撰写

模型的确定和文档撰写，包括最终模型的开发和最终标准的模型文档。在确定了建模的基础方案及各指标参数后，将采用统计学汇总及业务讨论等方法，对进入模型的每个变量产生一份特征变量分析报告，以评价各变量的表现情况。在此基础上，总结归纳变量的表现，并采用一定的方法，将账户的风险与评分结果建立起函数关系，构建体系性的评分卡模型。

6. 进行模型的验证

此阶段分为建模样本内验证和样本外验证。样本外验证又分为建模时点验证和最新时点验证两部分。验证的工作主要是进行评分卡工具在模型的区分能力、排序能力和稳定性方面的建议工作。

（二）构建特征变量库并进行模型框架设计

此阶段的主要工作如下：

第一，创建申请及企业信息数据集（备选变量库）。根据相关业务特征及风险管理的实践，大致可以从个人特征类变量、网络行为类变量、交易行为类变量、合同类变量、征信类变量等方面，进行相关备选变量的构建和组合。

第二，利用决策树模型，进行客户群组细分。通过上述备选特征变量，利用决策树模型，最终将客户划分为投资进取型、个人消费交易型和小微企业资金需求型客户。其中，投资进取型主要为理财类、贵金属外汇等产品交易类客户，其更多的是利用电子商务平台和网络银行渠道进行投资活动，而对信贷资金的需求较小。个人消费交易型主要为信用卡消费、网上商城消费的个人消费者和汽车贷款、消费分期等个人消费类贷款网上申请客户。小微企业资金需求型主要为 B2B 类和 B2C 类的小微企业客户。

第三，进行各客户群组特征变量的分析和筛选。通过对各客户群组特征变量的分析可以看出，不同的客户群体，其高度相关的特征变量具有较大的差异性。例如，对于投资进取型客户，其登录网银账号后的点击栏目与个人消费型客户具有明显的差异，且信用卡利用频率和额度使用率也存在较大差异。因此，可以通过此类方法，找出最具有客户特征的变量组。

第四，进行模型框架设计。通过对上述客户群体特征的归纳和总结，同时考虑相关数据的充分性和完整性，目前可针对个人消费交易型及 B2B 类和 B2C 类的小微企业客户等风险评分模型进行构建。

（三）实证研究结果

以 B2C 类个人消费交易型客户风险评分卡模型为例，以某商业银行电子商务业务发展规模较大的分行，基于 2019 年至 2022 年 12 月末的业务数据构建电子商务零售客户评分卡模型。同时，为合理扩大相关业务数据分析范围，涵盖与电子商务相关的信用卡业务、小微企业业务、个人消费贷款等线下产品的相关数据。实证结果表明，采用大数据挖掘构建的零售电子商务风险评分卡模型，不仅可以提高业务办理的效率，还可以全面衡量电子商务客户的相关风险。经过对单笔债项的测试，采用电子商务风险评分卡可以在几秒钟内进行风险识别和评判。

第八章 大数据时代会计教学改革、措施和未来展望

第一节 大数据时代会计教学改革

一、大数据时代会计教学改革的价值

大数据时代赋予了会计教学新的发展理念，因此需要会计专业的教学工作做出新的转变，以与大数据时代会计教学的发展理念相吻合。大数据时代背景下，会计、教育、营销、管理等知识领域均发生了一定程度的转变，需要人们以一种全新的方式重新适应。就会计教学而言，其需要将自身的知识内容与大数据的应用处理方式相结合，从而为社会培养出专业会计人才，推动社会发展。这是会计教学的根本目的。会计教学的目的虽然不会发生改变，但是教学方式需要不断进行调整，并进行一定的教学改革。具体而言，大数据时代会计教学改革的价值主要体现在以下几个方面：

第一，转变了会计教学的理念。正所谓"心之所向，素履以往"，无论是大数据时代背景下会计教学方法的转变，还是会计教学模式的转变，均需要以一定的教学理念为指导，否则就难以产生后续的教学改革。大数据时代是转变会计教学理念的助推器。在以往的会计教学中，教师以知识的传输为主，即教师将知识完整、准确地传输给学生，至于学生对该部分知识的理解则不在教师考虑范围内。这并不是说会计教师不负责任，而只是说这种教学理念存在不合理之处。其实，这种填鸭式的教学理念在教学中的应用并不少见。如今，很多教师仍然把自己当作教学主体，一味地讲述知识，而忽视了学生对知识的理解，或者说忽略了学生才是教学的主体。今天，大数据时代的到来改变了这一教学理念。可以说，在大数据时代背景下，会计教师不再把自己当作课堂教学的主体，而成了学生的引导者；不再把自己当作课堂教学的权威，而成了会计知识的探索者。这种教学理念的转变对会计教学的开展具有重大意义。其实，与

教师的教学理念同时发生转变的，还有学生的学习理念。在以往的教学中，学生始终处于被动接收的学习地位，不自觉地就把自己放在了课堂知识的倾听者和被动接收者的位置。在这种学习理念下，受到影响的不仅是学生的学习效果，还包括学生的学习思维。正所谓"书到用时方恨少，事非经过不知难"，会计专业的学生如果没有经过一番思考，那么很难对所学会计知识有较深的理解，更不可能掌握会计知识的思维方法。因此，在大数据时代背景下，会计教学必须进行适当的改革，而这场变革的根本就在于会计教学理念的创新。

第二，契合了国家教育改革的要求。从我国的整体教育情况来看，主要还是应试教育问题，也就是说大多数学生学习文化知识更多的是为了应对考试。当然，造成这种结果的原因是多方面的。从学校和教师的角度来看，为了提高学校的升学率及班级的升学率，学校和教师都将教学的重点放在应对学生考试上。大数据时代背景下的会计教学理念与传统的教学理念不同。在大数据时代背景下，学校和教师更加注重学生的学习效果，更加注重知识的实践与运用，这种教学理念以及模式才更契合国家教育改革的要求。

具体而言，在大数据时代背景下，以学生为中心的教学理念逐渐形成，这使得学校和会计教师意识到教学的根本目的不仅是让学生取得好的考试分数，更是让学生理解与掌握会计知识，能将会计知识灵活运用于社会实践中。同时，学生在新的教学理念影响下，自身的学习理念也开始向着"为我所用"的方向转变。所以，大数据时代对会计专业教学改革所产生的价值并不仅仅在于学校和教师教学理念的转变，还在于会计学生学习理念的转变，只有学校、教师、学生的理念统一，才能真正做到契合国家教育改革的要求，也才能更好地促进我国教育发展。

第三，丰富了会计教学的形式。大数据时代，以往"以教师为主，以学生为辅"的教学理念不仅已经得到一定程度的转变，而且教学形式越来越丰富。具体而言，教师现在的教学方式已经完全脱离了以往平铺直叙的教学方式，而是向着生活化教学、问题引导式教学、小组合作式教学、身份互换式教学等转化。

（1）生活化教学。所谓生活化教学，指的是教师在会计教学中，将教学内容与学生的生活结合，以此组织和开展教学活动。这样，既能够拉近学生与会计知识间的距离，还能够降低学习难度，提高学生的学习效率。具体而言，教师可以提前观察并挖掘教学内容与学生日常生活之间的联系点，然后以此为契机进行教学。因为自身有过相同的生活经历，所以学生在理解该方面的会计知识时便能够得心应手。当然，并不是所有的会计知识都能够与学生的实际生活有关联，这时教师可以通过引导学生展开联想的方式进行教学。比如，教师可以引导学生将自己想象成某企业的首席会计师，再有针对性地开展教学活动。当学生融入这一角色后，便不再以学生的身份看待问题，而是以首席会计师的身份对如何保证和提高会计管理水平进行思考。这对加深学生对所学知识的理解至关重要。

（2）问题引导式教学。所谓问题引导式教学，指的是教师在会计知识教学中不通过直接讲解知识的方式开展教学，而是通过提问的方式进行教学。这是一种与传统教学方式相反的教学模式，教师需要提前将教学内容转化为具体的教学问题，然后在课堂上进行提问。问题引导式教学的作用主要体现在两个方面：一是能够促进学生思考，锻炼和提升学生的自主思维能力；二是能加深学生对所学知识的理解。需要注意的是，问题引导式教学的开展并不是将知识转化成问题那么简单，而是需要教师进行专门设计，如如何才能更好地引导学生思考、如何才能加深学生对问题的理解、如何提问才能使教学思路更加清晰等，这些都是教师需要提前准备的工作。在具体的提问过程中，教师要给予学生一定的时间思考，因为教学内容都是一些新的知识点，学生学习起来有一定的难度，需要时间思考。此外，教师在提出具体问题之后，最好不要告诉学生答案，而是先倾听学生的解答思路，再对学生的答案进行汇总，从学生的回答中挖掘潜在的问题，再有针对性地教学，这有利于提高学生的学习效率。

（3）小组合作式教学。所谓小组合作式教学，指的是教师在开展会计知识教学时，引导学生进行小组合作学习，这样不仅能够有效锻炼和提升学生的自主探究能力，还能够有效拉近学生之间的距离，增强学生的合作学习能力。教师在开展小组合作教学时，要为小组合作讨论指定具体的方向。也就是说，教师需要为学生设定探讨的问题或者方向，然后引导学生进行集体探究，这是开展小组合作式教学的前提。一般而言，教师在进行探究问题设计时，要适当增加问题的难度，这样才能够激发学生的探究兴趣，使学生的探究更有效果和价值。当然，教师也可以引导学生探究一些具有开放性的问题，这也是锻炼和发散学生思维的有效方式。教师在进行小组合作教学时，还要注意学生的分组方式，即保证学生小组成员之间的差异性，而不能进行随意分组，否则不利于学生之间展开深入而有效的沟通。具体而言，教师可以按照"组间同质，组内异质"的原则进行分组，既保证小组内成员之间的差异性，又保证小组间成员的差异性，这样才能更有效地探讨和交流。在学生小组进行知识探究的过程中，教师要进行巡场监督，以了解学生的探究思路，也可以参与学生小组的探究，为学生的探究提供思路。在学生小组探究结束后，教师再邀请各小组代表进行结论阐述，然后针对所有学生小组的探究结果进行统计和归类，再以学生小组的探究结果为蓝本开展教学，使教学更有针对性，效果更好。

（4）身份互换式教学。所谓身份互换式教学，指的是教师在开展会计教学时，可以转换自身与学生的身份，这样既有助于加深学生对所学知识的理解，又能够全面展现学生在知识理解中产生的问题。当然，身份互换式教学还有助于锻炼和提升学生的语言表达能力、临场反应能力等心理素质，对于学生综合能力的提升具有很大的帮助。具体而言，教师可以在开展教学工作之前，先引导学生进行知识预习，并明确告知学生明天的教学工作将由学生自主展开。此时，教师可以为学生指定预习内容的重点，为学生预习以及教学准备工作的开展提供指导。在次日的课堂教学中，教师要安排学生上台讲课，而自己坐在学生的位置倾听。

需要注意的是，在学生讲课的过程中，无论其内容讲述得是否正确，教师都不宜打断学生，因为这很有可能会打断学生的讲课思路，甚至造成学生不敢讲的局面。在学生站在讲台上讲课的过程中，教师要对学生讲的知识点以及讲学能力进行点评，并在学生讲学结束之后将自己的指导意见告知学生。此外，教师不能将整体课堂教学过程都交给一名学生，而要分散开，同时锻炼和培养不同学生的讲课能力，这样才能保证全体学生学习能力的全面提高。

除了以上四种教学方式外，在大数据时代影响下产生的教学方式还有很多，如游戏式教学、情境式教学等，此处不再一一赘述。

第四，降低了会计教学的难度。会计学是一门知识难度较高的学科，其所涉及的内容以及知识范围相对较广，所以学生在进行会计知识学习时，学习难度也相对较大。或许在外界看来，会计工作所负责的主要内容就是记账，但是实际并非如此。会计工作不仅要负责记账，还要负责报账、缴税、制作凭证、对账、核算工资、社保、公积金、计提损益、审计等多项内容，所以会计工作并不轻松。对此，教师在开展会计教学时，要注意降低学生的学习难度，将抽象的会计知识进行较为直观的展现，以提高学生的学习效率。

在以往的教学过程中，教师仅注重会计相关理论知识的有效传授，这样虽然也能够促进学生对会计知识的学习和理解，但是学生对会计知识的学习仅停留在理论层面，到了具体的实践应用时却摸不着头脑，有一种不知如何下手的困窘。这显然不是会计教学想要的最终效果。在大数据时代，教师可以将社会中的诸多会计实际案例应用于会计教学中，从而帮助学生认识会计知识的具体应用方式，并且能够通过实际教学案例引导学生认识在会计知识实际应用中可能存在的一些问题。除了教导学生正确运用会计知识外，教师还可以利用大数据的方式将学生容易出错的会计知识进行汇总，从中分析出学生犯错的原因，进而开展更有针对性的教学，降低学生的学习难度，提高学生的学习效率。此外，学生对会计知识的学习也不再局限于课堂，而是延伸到课外，因为学生可以通过教学大数据的方式寻找自己不了解或者学习不够深入的会计知识，通过自主学习完成相关课程知识的学习。教师也可以利用网络大数据的方式开展会计教学，而不必拘泥于自己讲学这种单一方式；还可以通过大数据的方式搜集一些好的教学素材和好的教学方式，然后为我所用，以降低学生的会计学习难度，保证和提升学生的学习效果。

第五，提高了会计教学效率。知识教学重点关注两方面内容，一是学生对知识的掌握程度，二是学生对知识的掌握效率。教师在开展会计知识教学时，既要保证学生对所学会计知识的效果，又要保证学生对所学知识的效率。在以往的教学过程中，教师主要采取知识讲解外加黑板板书的方式，虽然这种教学模式也能够起到很好的作用，但是教学效率不高。在大数据时代，会计教师的教学设备及教学方式均发生了较大的转变，比如，以往的板书教学转变成当今的多媒体教学，以往的课堂教学转变成当今的微课教学，这些教学模式的变换对提高会计课堂教学效率具有重要作用。首先，会计教师在开展会计课堂教学之前，可以将教学知识制作成多媒体课件，这样能够减少课堂板书的时间，提高课堂教学效率。其次，通过多媒体课件教学能够将一些课本之外的知识融入其中，这对拓宽学生的知识范围，加深学生对会计知识的理解具有重要作用，自然也就能够提高会计课堂教学效率。最后，教师在开展会计教学时，还可以引入图片或者动画，这相比于教师的直白口述更有说服力，所以自然也就能够很好地提升课堂教学效率。除了通过开展多媒体教学的方式提高课堂教学效率，教师还可以通过翻转课堂的方式提高会计教学效率。所谓翻转课堂，指的是将学生的课堂学习与课下的活动进行翻转，即学生在课下完成课堂知识的学习，而将课堂作为学生与教师之间展开交流与探讨的互动场所。

简言之，翻转课堂就是将学生的课下学习作为其开展知识学习的主战场。翻转课堂教学模式主要借助大数据，教师将课堂知识制作成微课发送给学生，学生根据教师制作的短视频开展相关会计知识的学习，这样能够将学生的课下时间进行充分的利用。而到了课堂教学时间，教师根据学生的学习反馈，对学生存在的知识疑难点进行讲解，帮助学生疏通学习思路，提高会计教学效率。其实，通过翻转课堂的方式开展会计教学之所以能够有效提高课堂教学效率，不仅仅得益于对学生课下时间的有效利用，还在于其充分调动了学生的学习自主性。学生在课下进行知识学习时没有教师的引导，这个过程属于学生自主学习知识的过程。尽管学生可以通过微课的方式进行相关理论知识的学习，但是其毕竟不能进行双向互动，对于在学习过程中所产生的疑问也没有办法进行提问。在课下进行知识学习，学生的思维自主性便会得到很好的发挥。在学生经过一番自主的探索之后，其所剩余的疑问也就会减少，学习的效果自然得到提升。到了次日的课堂上，教师再针对学生共有的学习问题进行沟通与解答，帮助学生扫除知识盲点。因为学生所剩的知识问题已经很少，所以教师能够在短时间内帮助学生扫清知识障碍，提高课堂教学效率。在帮助学生扫清知识障碍的过程中，教师不要直面学生提出的问题，而是先将其转化，比如，转移给其他学生，或者通过启发学生进行共同讨论的方式开展相关知识教学，如此既能够了解学生对所学知识的掌握程度，又能够帮助学生加强对所学知识的应用。在课堂剩余时间，教师要继续拓宽学生的知识范围，这也是提高会计课堂教学效率的重要方式。总而言之，在大数据时代，会计教师通过多媒体课堂教学以及翻转课堂教学等方式，提高了学生对所学会计知识的掌握程度，保证了会计教学的质量和效果，提高了会计教学效率。

第六，提升了学生对会计知识的实践应用能力。学习知识就是为了应用于社会以及生活实践，否则再多的研究成果也将失去其原有的价值与意义。会计教学也是如此，如果学生仅能够掌握会计理论知识，而不懂得会计知识的具体应用方法，那么其对会计知识的获取也就只能束之高阁，而不能助力社会以及企业发展。所以，如何教导学生将所学会计知识应用于实践，提高学生对会计知识的实践应用能力，是会计教师应当重点思考的问题。在以往的会计教学中，教师总是将课本作为开展教学工作的基础，然后将其中的各项理论知识进行反复解说，以期学生能够对会计知识进行全面学习。但是，这种教学方式教出来的学生只能够对会计理论知识有所了解，并不懂得具体会计知识的应用方法。当然，教师也是通过理论加实例的方式开展会计教学的，但是理论之后的一个或者几个例子并不能真正帮助学生深入理解和运用该部分理论知识，这使学生不知道如何运用所学会计知识。在大数据时代，教师可以通过网络等诸多形式收集各个相关理论知识点的教学案例，从各个方面对同一理论知识点进行多方位的解读，加深学生对所学会计知识的理解，提高其对知识的实践应用能力。教师还可以通过大数据的方式分析学生对所学会计知识点的理解与应用程度，为后续教学工作的有效开展提供指导，这对提高会计教学效果以及提升学生对知识的实践应用能力也有很大的帮助。教师及学生还可以通过"网络爬虫"的方式获取网络上与会计课程相关的海量结构化数据和非结构化数据，并利用大数据技术对其进行清洗，然后将其应用到具体的教学以及知识学习中，提高学生对所学会计知识的实践应用能力。此外，会计工作是一项与金钱打交道较多的工作，所以道德与法律规范是每一个会计从业者需要坚守的准则和底线。通过大数据的方式能够帮助学生深入理解会计知识，还能够帮助学生学会如何正确规避法律风险，如何在错综复杂的会计处理工作中坚守会计人员的法律准则和道德底线，这也是通过大数据提升学生对所学会计知识实践应用能力的重要方式。

二、大数据时代会计教学资源改革

（一）大数据时代会计教学资源改革

伴随着互联网、物联网、社交网络等技术的发展与应用，大数据被广泛地应用到了社会生活的各个领域。从目前教育领域的发展趋势来看，大数据在高等院校教学中有着广阔的应用前景。单从教学资源来看，大数据给高等院校教学资源的开发与利用带来了新的改革路径。

1. 教学资源概述

教学资源是指以支持教学为目的，为学校、教师以及学生提供的所有的与教学相关的资源。学生与教师是在教学资源构建的环境中，利用教学资源进行教与学的活动的主体。教学资源种类繁多，可以说学校内除了教师和学生之外的所有资源，均属于教学资源。但是也有学者认为，教师和学生同样属于教学资源，因为教师是开展教学活动的主体，其发挥的正是"教学"作用，而学生是开展学习活动的主体，其发挥的是"学习"的作用。当然，这仅是一种范围层面的笼统界定。具体而言，教学资源包括物质资源、自然资源、社会资源以及媒体资源等一切与教学相关的教学材料与教学信息的来源。而将教师以及学生同样作为教学资源来看的学者，则将教师、学习小组、课外辅导员、家长等统一概括为人力资源。

除了传统的教学资源，因互联网与大数据技术的普及与应用，出现了数字化教学资源。数字化教学资源是指运用多媒体与信息网络技术对教学材料进行数字化转化处理，使教学材料能够在网络环境与多媒体计算机上运行。与传统的教学资源相比，数字化教学资源不仅具有教学内容载体的作用，还是教师组织教学活动的工具，也是支持学生学习活动的工具。可以说，数字化教学资源是教育发展的成果，是对原有传统教学资源的进一步丰富，且对于教学工作的开展能够提供重要辅助作用。具体而言，数字化教学资源包括视频、电影、网课、计算机、语言实验室等，这些教学资源现在已经逐渐成为课堂教学的主体，并在当代的会计教学工作中发挥着越来越显著的教学作用与功效。

2. 大数据时代会计教学资源的发展现状

（1）传统教学资源的转变。

随着互联网技术的发展与应用的普及，高等院校的教学资源与过去相比有了很大的变革，其中最主要的变化就是教学资源的来源越来越丰富，并在一定程度上改变了高等院校的教学方法与管理模式。

在当今会计专业的教学中，教学资源已经不再局限于传统认识中的教材、教具、教师等方面，而是具有更丰富的来源。其中，最为显著的变化就是数字化教学资源的出现。数字化教学资源是将教学材料进行数据化处理，使其能够在计算机及网络环境下运行的资源统称，如视频公开课程、数字化专业素材库、微课等。

目前，教师和学生的学习和生活的各项活动都与互联网系统密切相关。在学校的教学活动中，网络技术的互联构成了以办公管理与教学科研为主体的网络结构体系。教师和学生在应用过程中，形成了大量的数据信息，学校运用数据云技术对这些数据信息进行储存，并通过一定的算法进行分析、整合，计算出有价值的数字化教学资源，进而服务会计教学。例如，在大数据运用之前的教学活动，教师无法准确地获取学生对相关会计课程的偏好程度，但在大数据环境下，学校教学部门可以通过对某一会计课程网络视频的点击量、浏览时间、会计专业搜索关键词等数据信息进行分析，获取学生对课程的学习目的、动机与偏好，指导教师改进教学过程，促进高效会计教学过程的持续优化。

（2）知识经济及全球经济一体化对会计教学资源的影响。

当今社会是大数据时代，随着社会的进步以及经济的蓬勃发展，知识开始从免费向付费转变，人们对于有效信息的应用以及不断进行知识累积构成了知识经济时代，这也是人类智慧的外在体现。身处知识经济时代，新型经济岗位层出不穷，虽然农业和工业仍然是社会经济的重要支柱，但是诸多新型高报酬业务种类和工作岗位为人们提供了就业空间，这就意味着需要诸多的会计岗位人员，该专业的未来发展趋势和良好机遇越来越广阔。与此同时，会计教育改革拥有了充足的经济支撑和物质保证，给予了改革肥沃的土壤，这种外在的环境因素也是会计教育资源中必不可少的组成部分，外部环境的需要突出了会计教育改革的必要性和重要性，也对改革发展提出了更高的要求。

无论是信息技术的蓬勃发展，还是人类迈进了知识经济时代，都意味着全球经济一体化的出现。其中，最明显的一大表现就是电子商务在全世界范围内的流通，资本市场的全球化将会越来越模糊国度之间的市场界限，为跨国公司的进一步发展构建了有利的外部环境，而且由于国际贸易往来和跨国经营的成长，类似于国际信息会计披露、外币报表折算以及结算业务等全球范围内的会计经济业务也呈现直线上升的趋势。身处全球范围内的利益相关者需要会计信息的回馈，这就要求会计岗位人员必须熟知全球化的会计管理以及国际通行的会计准则。这种外部大环境大趋势的改变，为会计教育资源的变革指明了方向，意味着传统教学资源和现代化的教学资源相衔接。

（3）信息技术快速发展及文化环境的更新改变了会计教学资源。

在会计教学资源体系中，信息技术属于核心型的构成因素。现阶段由于互联网的应用和普及，企业想要获取的会计信息，已经突破了空间以及时间、地域上的约束，数据的信息来源得到了有效的拓宽，传统的会计信息系统突破了孤岛的限制，360°渗透企业组织销售、生产、经营、管理的每个领域。由此，传统的电算化会计出现了颠覆性的变革和成长，以信息技术为代表的会计教学资源，在会计专业的教学手段、教学方法、教学理念、教学内容、教学目标等方面提出了新的要求。

古往今来，任何一种文化形式都可以找到其文化根源，对会计的教学发展史而言，文化环境的变迁起到了极其重要的推动作用。风俗习惯、行为准则、思维方式、价值取向、思想观念等这些文化环境中的构成因素，无一不影响着会计领域的道德观、世界观、人生观、价值观，这对新的教学模式产生了根源上的冲击。杨振宁教授曾经说过，西南联大教会了他严谨的治学精神，但是西方教育教会了他创新的治学理念。随着国家在改革开放领域的不断深化，竞争观念、自由观念、民主平等观念等深刻地影响到了国民的社会文化生活。外在环境的变化，推动了高等院校会计专业的教育改革需要深化思考如何能够培育学生在不同的文化和环境中，处理好人际关系，正确地解决各种疑难问题。这种有利有弊的教育环境冲击，是当前会计教育资源调整过程中不可忽视的一部分。

（4）现代企业制度的建立和金融市场的发展对会计教学改革的影响。

目前，国内的市场经济正处于不断变革和发展中，逐步完善的现代企业制度对于企业也有了一定的要求，企业逐步成长为市场竞争中的主体以及能够实现自我发展、自我约束、自负盈亏、自主经营的法人实体，会计的财务处理权限也在不断扩张。现阶段，政府以及企业的关系处于相辅相成的共赢体系中，政府的职能逐步向着公益性事业和基础性产业的范围迈进，由此来推动社会保障福利制度的建设，给予社会一定的福利权利。除此之外，政府也在不断地加大在环境保护方面的力度和深度，由此取得了卓有成效的环境效益。与之相对应的是，环境会计、社会保障会计以及非营利组织会计领域也得到了长足发展。因此，关于此类的会计教育也是高等院校会计教育改革的重要内容之一。

现代企业想要得到成长和发展，离不开金融市场的支持。企业将资本投入金融市场上，以期望能够获得更高的利润收入。由此可见，金融市场是企业成长过程中的肥沃土壤，这就影响到了会计岗位的工作，如果金融市场欠发达，那么会计实务的发展也将受到局限，就无法谈及构建完善的金融会计方法和理论。现阶段我国的金融市场正处于蓬勃发展期，金融资本和产业资本之间的关系处于携手共赢的状态之中，以保险会计、证券公司会计、银行会计为代表的金融会计地位有所提升。外部环境的优化要求高等院校会计教育资源的扩充，对于会计教育也需要相应增加关于金融市场方面的教学内容。

（5）会计职能和教育领域的拓展对会计教学资源的影响。

当前阶段的会计岗位，除了具备基本的信息反馈功能及监督职能以外，其职能组成环节中决策也是不可忽视的一项。参考现代管理理论的观点可知，企业管理的核心在于经营管理，而经营管理的核心在于决策。企业的决策将会影响到其未来的发展走向，是成功还是失败，是发展还是衰退，都和决策有着直接的关系。立足于会计领域可知，会计管理的重心在于会计决策，无论是什么样的会计数据，都是在为会计决策提供直接或者间接的参考。所以，这就要求从事会计工作的人员，以自身能够接触到的信息资料为基准，从如何使资源达到最优配置的角度出发，通过分析成本和效益之间的对比关系，来为企业的决策层、管理层提供有价值的决策信息参考，推动企业的资本获得最大的经济效益，保证决策的正确性和科学性。

参考世界范围内公认的会计人员未来需要承担的职责可知，新时代合格的会计人员需要取得以下几个方面的长足进步：第一，提升对企业组织经营业务的评估能力；第二，提升对企业组织运营状况的评估能力；第三，学会应用更高级的信息会计系统。由此可知，新时代的会计人员自身的职能性显著加强，会计的工作领域也得到了系统化的延伸，其覆盖范围越来越广，已由单纯的行政职能人员逐步发展成为企业的决策者、消费者的合作伙伴。而且，由于现今的经济现象越来越复杂，社会发展程度逐步加深，除了最基本的企业经营会计以外，人力资源会计、环境会计、通货膨胀会计、社会保障会计、金融业会计、合并会计等，也成为会计领域的重要组成部分。总体行业的资源变革也要求高等院校在培养会计专业人才的过程中，添加与之相适应的教学内容，以便培养出多样化的会计专业人才。

除了上述影响因素以外，近年来诸多的高等院校随着自身教学实力的增加，也在不断寻求全球化合作之路，即与一些国际职业组织或者是世界范围内的高校的通力合作，从事会计从业资格教育以及学历教育，期盼培养出具有更多技能的专业化会计人才。当然，诸多的国家也对中国的教育市场秉持着寻求合作的态度，借助于放宽签证、教育展览、给予高福利的工作条件等一系列的举措，吸引中国学生前往学习或者工作。除此以外，也有部分国家和地区的教育机构和我国的高等院校、职业院校开展了合作办学的教育机制。由此可见，我国国内的高等院校不得不面对着日益强大的竞争压力，优秀的会计专业人员成为炙手可热的人才争夺目标，这种竞争态势为国内教育行业的发展提供了一定的机遇和参考，我们可以充分地借鉴国外的优秀经验，促进教育领域的深化变革。当然，这种挑战是无处不在的，如何突破困境，使会计教学资源更加优化，为会计教育的变革提供有力的支持，真正推动会计教育的转变和提升，也是高等院校迫在眉睫需要思考的问题之一。

（二）大数据时代会计教学资源的改革与应用途径

1.挖掘会计教学中的大数据，开发新教学资源

在会计教学中，高校应有意识、有目的地挖掘、分析教学过程的大数据信息，运用大数据信息开发新的教学资源。例如，可运用大数据手段，定向针对会计专业某一点击率高的课程进行数据的监控与收集。教学资源的管理者与应用者应思考课程点击率高背后的原因，并且在数据量足够大、覆盖范围足够广的时候，通过数据分析出学生某一阶段对会计课程的关注重点与兴趣点，挖掘出其产生兴趣转移背后所深藏的原因，如此就可以通过数据信息，有针对性地开发并安排合适的教学资源为会计专业的教学服务。

在会计教学中，运用大数据思维进行数字教学资源开发时，不应仅局限于对传统

教学资源的数字化处理与转化上，而应运用大数据思维从数据中挖掘出具有教学价值的信息，为会计专业教学服务。从长远的发展观点看，会计教育并非让学生在刚从事会计职业时就成为专业的会计工作者，而是要使学生能终身学习，具有作为一名会计人员所应具备的学习能力和创新能力。学生不仅要掌握各项会计知识，还应注意掌握人际沟通、解决问题的才能，以及所需的文化、历史、社会、政治、经济甚至美术、艺术等一般性知识，尤其重要的是，学生必须首先认同本专业，乐于遵守会计职业道德并从事会计专业工作。

2. 运用大数据信息，开发并设计优质网络课程资源

随着移动网络的普及，学生的上网方式已经发生了变化，移动终端已经成为学生普遍运用的上网途径。这种上网方式呈现碎片化的趋势，因此高等院校在设计教学资源上应考虑到学生碎片化的上网现状，将学校有线、无线网络与移动网络实现互联融合，搭建起学校网络平台，并在平台上投放精品网络课程，让学生能够利用碎片化的时间在网络课程中进行学习。

优质精品课程的开发是会计学优质教学资源中的重点内容。随着互联网技术的普及与教学模式的不断创新，新型网络课程被迅速推广。在开发优质网络课程时，高等院校可应用大数据信息，充分分析学生对会计课程的具体需求，有针对性地根据不同会计课程的特点设计课程的结构与内容，以满足不同学生的需求。同时，新型网络课程的课程时间一般只有 5 ~ 15 分钟，因此需要课程内容短小精悍、主题明确。网络课程设计会耗费大量的人力与物力，完成后应尽快进入共享平台进行课程资源的共享，以较早地实现应用价值。

3. 开发数字化专业课程，建立会计专业数学资源库

数据只有覆盖足够的广度与深度，才能具有大数据的意义。因此，在当今社会，数据只有在互通与流动中才能发挥出其应有的价值。目前，各高等院校之间已经开始摒弃之前优质教学资源学校保护的做法，开始开放相关数据信息，共享优质的教学资源。

运用大数据分析，对会计行业的发展趋势及会计专业需要的业务能力进行分析，根据会计行业的职业特点与主要工作内容进行整合排序，开发并建立起适合会计行业的专业核心课程体系。在《基础会计》《涉外会计》《财务管理》等主要课程基础上，通过整合各课程资源，建立起有利于学生会计职业技能发展与创新思维培养的教学资源库，帮助学生掌握会计专业技能。在教学资源上可以运用多种形式，如动画库、视频库、案例库、电子教材库、教学 PPT 库等，而视频库以教学视频、操作示范视频等不同的标签进行分类建立，案例库可以采用文字与视频两种方式建立起案例教学资源。在共享途径上，可以通过网络主流媒体与相关的网站平台资源建立起共享平台，让高

校教师或企业专业会计人员都可以登录共享平台上传课程资源，丰富教学资源，实现教学资源的共享。

4. 建立互动教育观，提升教师福利待遇

在教育资源的组成因素中，教师和学生的地位不容忽视，教和学是一种互动性的双边活动，学生的主体地位和教师的主导作用缺一不可。缺失了学生的主体地位，就形成了以教师为中心的单边活动；离开了教师的主导作用，就形成了以学生为中心的缺失型教学。只有二者真正的有效融合，才能有效地推动教学达到最佳的效果。大数据时代，会计教学资源的改革不能忽视教师和学生的关系，资源的改革体现在教学的整体过程之中，而且资源的改革牵扯到方方面面，本身就是一个相对复杂的系统。会计教学资源的改革和专业知识教育二者之间是共荣共生的，这就要求教师和学生作为资源中的共同体，需要良好互动、共同提高。教师的主导作用应该逐步体现在其引导职能上，通过科学有效的教学方式、手段，调动学生的积极性和参与度，真正培养学生的会计思维，让学生能够在发挥主观能动性的同时学习知识，养成自我提高、不断探索的学习能力。除此以外，为确保建立一支能适应市场经济发展和社会经济进步要求的高素质的长期相对稳定的会计教学教师队伍，一方面必须适当提高会计教师工资报酬，另一方面应采取措施使会计教师能有机会接触会计实践。具体来说，在会计教师自身知识的更新方面，允许会计教师每周有一天外出自由谋职或兼职，允许会计教师兼职担任注册会计师。建立会计职业界与教育界的联系和交流的制度，以增加会计教师的阅历和实践知识，提高会计教师的业务能力和工资报酬，有利于会计教学和会计研究。在教师的考核与晋升方面，应适当奖励从事课程设计、教程发展，进行教学实验、教学研究和积极探索新教学方法的教师。

5. 通过大数据的力量，构建会计教育云平台

从当代会计教育的行业发展状况来看，对高等院校培养专业人才而言，通过会计教育云平台是必需的渠道。提高云计算在线服务的作用，使高等院校能够培养更多的信息化数据会计人才。通过供应商给予的服务器，可以推动会计教育网络应用程序的开发和应用，从而和云计算系统之间形成链接，最终使信息数据能够在大范围内共享。以当代高等院校会计专业人才培养的需求为参考，以云计算教学平台作为有效的教学资源改革方式，需要建立以下四类专业的信息系统：

第一，会计数据系统。会计数据系统涵盖了在云会计平台上的全部共享数据教学过程中需要的各种纸质数据及网络数据。与此同时，在确保不侵犯企业商业利益的情况之下，还可以把企业的真实财务数据吸纳到该会计数据系统中，作为真实有效的教育资源为教学过程提供现实化的参考。在会计专业教学设计上，将视频、文本等非结构性的数据保存到会计数据系统内，在与企业的云计算共享数据结合时，有效地跟踪

和收集，并进行电子教材的制作。在课堂教学过程中，按照传授的内容进行实时调取，进而将新案例呈现给学生，提高学生学习会计知识的积极性。通过各项数据软件的不同作用，对以上这些数据进行有针对性的分析，可以提高学生的会计专业能力。在教学组织上，发挥云计算教育平台自身的优势，不仅可以让学生有针对性地利用网络资源完成课程作业，提高数据信息查找的能力，还可以让学生运用学到的知识，构建会计项目小组，提高学生的团队合作意识及沟通能力。会计专业教学教师利用云平台当中的监控设备来监督学生学习状况，同时，学生也能够就不懂的地方在线向教师请教，提高自身学习的质量。

第二，会计的操作系统。既然已经拥有了会计数据系统，学生想要真正地操作会计工作，就需要掌握会计模拟的操作系统，学生可以在模拟状态下进行真实的演练，以提升自身的实际操作技能及动手实践能力。会计模拟的操作系统内部有着针对会计岗位的大量实操数据，学生在真实的模拟情境之下对这些数据展开实践操作，自身的工作心态、业务能力都能够得到有效的增长。

第三，移动终端系统。随着手机的大范围应用，会计专业的教学不应该只局限在课堂之上，而是应当突破时间、地域、空间的限制。通过学习和操作这种移动终端系统，会计教育变得无处不在。

第四，会计教学系统。会计教学系统的构成比较复杂，可以涵盖多个模块，如效果控制模块、课堂教学模块、课下测验模块等。通过效果控制模块，教师可以检验学生的学习成果；通过课堂教学模块，可以调用数据库；通过课下测验模块，可以帮助学生查漏补缺。另外，会计教学系统应当和其他三项系统之间形成有效连接，相应的数据存储、结果存储也应该达成互通。

三、大数据时代会计教学改革的形式

在教育领域的教与学过程中，蕴藏着海量的有价值的数据，这些数据通过分析与整合能够形成有价值的信息，成为推进高等院校教学模式与教学理念改革的动力。从目前大数据在会计教学应用的现状与趋势来看，大数据推进会计教学改革的形式主要有以下几个方面。

（一）重视对学生的实践技能的培养，完善继续教育

目前，虽然大多数的高等院校仍然会重点关注学生对会计专业课程理论知识的掌握，但是在当今大数据时代背景下，对会计人员的要求，不仅需要其具有全面系统的理论知识，还需要掌握较强的实践技能。因此，高等院校也开始重视学生职业实践技能方面的发展，帮助学生在进入社会后能尽快适应工作岗位的技能要求。而且会计专

业本身就具有一定的实践性特点。因此，教学教师在进行教学课程的设计时，应重视实践能力的课程设计。具体来讲，课程设计可以采用校企合作的方式，汇集来自不同行业的财务数据资源，让学生在实践课程上接触到企业真实的数据，模拟企业环境让学生运用所学到的知识去解决实际问题。学校也可以聘请提供财务数据企业的会计从业人员与教师共同指导学生的实践课程。在会计的实践课程上，教师还应运用不同的手段，从不同的维度去考核学生对会计技能的掌握情况，让学生在掌握会计理论知识的同时，提升实践技能。在这个过程中，教师应转换教学观念，重视对学生实践技能的培养，让学生在学校就能积累技能经验，为未来走上工作岗位打下理论知识与技能基础。例如，中央财经大学会计学院对财务专业学生的培养方式和方向进行了全面调整。"学院规定，学生计算机的操作技术除了要掌握基础课程，还必选数据库和数据语言等核心专业课程。学生入学后统一学习会计学和财务管理，一年半后，再选择专业方向。"这里的核心专业课程指"注册会计师""管理会计"和"公司金融"。本科生在完成"基础通识教育"阶段后，可结合自身兴趣和能力，选择相应的核心专业方向进行学习，并由各个方向的实务合作单位提供实习机会。

（二）大数据时代的会计教学改革必须重视培养学生的创新能力

相比于传统会计教育培养出来的专业人才，现阶段大数据时代背景下的会计教育改革，必须更加重视培养学生的综合能力，使其成为高级会计人才；拥有足够丰富的会计专业类知识，且自身的综合素质以及业务水平层次也要较高。除此之外，专业的创新技能至关重要。创新能力可以说是一切综合类水平的高端进阶版本，如果用会计专业人才的个人技能构建出一个金字塔形的知识结构，那么基础的会计知识储备就是根基，实践技能、操作技能、个人素质等共同构成了金字塔的塔身，而以会计知识储备、实践技能、操作技能、个人素质为基础的创新能力，则是金字塔的塔尖。

大数据时代的会计教育改革，在培养学生拥有基础的会计知识综合能力的同时，也注重对其创新能力的培养。以专科为例，会计专业的教学时间只有三年，在这三年的时间中，需要学习的会计类知识非常复杂、庞大，而且由于科学技术处于不断进步之中，学生学到的知识和技能在后期也可能会产生滞后的问题。因此对会计教育改革而言，除了真正帮助学生学习知识和技能，更重要的是帮助他们培养能够学习知识和技能的基本能力和技巧方法。"授人以鱼，不如授人以渔。"因此，会计专业的教师在传递知识的过程中，也要培养学生的能力，尤其是创新能力，在未来会计岗位的工作过程中会起到至关重要的作用。当代高等院校的教育要着力于培养创造性的人才以及创新精神，使其真正成为维护国家和民族利益的中坚力量。教育部在《面向21世纪教育振兴行动计划》中也提出实施"高层次创造性人才工程"，要求高等院校"成为知识创新和高层次创造性人才培养的基地"。由此可见，知识经济需要知识创新，而知识创新又需要高层次创造性人才。实施创新教育、培养创新型会计人才是知识经济对会计教育的必然要求。会计具有双重属性，即自然属性和社会属性，自然属性决定了会计的相对稳定性，社会属性则说明了会计与社会政治、经济等各方面的环境存在密切的关系。处于不同环境下的会计受到的影响不同，会计理论与方法体系也有所差别。

在会计实务中，主要表现在两个方面。一方面，会计制度准则会随着经济环境的改变而做出相应改变。例如，为了适应社会主义市场经济体制，我国于1993年进行了较大规模的会计改革，改变了传统的会计核算制度。在这之后，又制定了统一的《企业会计制度》和一系列的具体会计准则，会计改革不断向纵深发展。在这种情况下，会计专业的学生怎样才能适应不断深化的会计改革的需要以在今后的工作中得心应手，显然是会计教育必须面对和解决的问题。另一方面，由于不同企业的特殊情况，其会计管理方法必然千差万别。会计专业的学生如何适应企业的不同情况从而进行有效的会计管理，也是会计教育应该解决的问题。我们认为，要解决上述问题，关键在于培养会计专业学生的适应能力，而适应能力又是建立在创新能力基础之上的。一个人只有具备了创新能力，才可能解决实际工作中遇到的新问题，也才可能结合实际情况进行具体分析。否则，必然是无所适从，或者生搬硬套。由此可见，从会计专业的特殊性来看，实施创新教育、培养创新型会计人才是非常必要的。

（三）培养专业复合型会计人才

在目前高等院校的会计学专业课程教学中，大多存在着重核算而忽视对学生会计其他业务能力的培养与教学的现象，在这种情况下，培养出的学生大多只具备基础财务业务能力。但是在目前大数据环境下，企业需要的是复合型专业人才，对财务人员的业务能力需求已经不仅局限在财务的核算与管理方面，还应具有参与经营分析、经营预算、税务筹划等各方面的能力。财务的核算管理与监督是会计工作的基础工作内容，但科学地分析企业的运营状况，并预测未来的发展趋势，就需要会计从业人员具备理财融合能力。因此，高等院校应紧跟社会发展趋势，及时总结反思会计专业的教学课程开发与设计，改革会计教学方法，在高等院校的会计专业教学过程中融入经济趋势预测与财务管理等知识的教学，让学生不仅能够学习到基础的财务核算知识，还能学到更全面的专业知识，构建起完整的财务学知识体系，培养出专业的复合型会计人才。

（四）科学合理地设置会计专业课程，挖掘多元化的会计人才培养渠道

每一学科的教学活动都是以教学课程为载体的，课程设置得科学与否对课程的教学质量与教学效果有着直接的影响。在当今大数据时代背景下，会计教学课程应与时

俱进，根据社会发展需求，进行会计教学课程的创新与改革，改变传统的课程教学方法，将互联网思维融入会计课程教学中。互联网技术的应用能够整合线上与线下的教学资源，帮助学校与教师整合不同教学资源的优势，创新教学课程设置。因此，高等院校应利用互联网建立教学资源共享平台，实现教学资源的共享，构建起能够满足未来会计人才能力需求的课程体系。

在大数据时代，会计教学改革的一大路径就是建立多元化的人才培养渠道，优化人才培养结构，如可以推行校企合作实训基地。大数据时代背景下，工学结合、校企结合、产教融合是重要的教育改革方向。建立校企合作实训基地，能够充分地给予学生真正实践的机会，让学生将理论结合实际，夯实在课堂上学到的理论知识体系，并且能够培养学生的信息处理、管理会计、数据处理等多样化的技能，学生自身的常规操作流程及技巧也能够掌握得更加扎实。

（五）优化教师队伍知识储备，推行以企业项目为目标的任务驱动式教学

大数据时代教育资源的核心因素包含教师。所以，要全面地优化教师队伍，促进其知识结构的提升，使当代的会计专业教师能够掌握核心的信息技术、管理技术、补充知识，可以从以下几个方面入手：第一，学校筛选出优秀的会计专业教师外出学习，让其亲身经历系统化的社会培训，学习数据处理技术、财务管理信息系统以及企业财务业务，在其掌握了这些优秀的学习经验之后，回到学校开展一系列的培训和实践活动，将优秀的经验普及到全校的会计专业师生中去。第二，在多元化的人才培养渠道中，校企合作培训基地也为教师优化自身的知识结构提供了方便。教师可以深入企业来提升自己的财务信息处理技能，或者将企业的财务专家、财务部门领导邀请到校内开展培训或讲座，辅助教师提升实践能力，使其拥有足够的财务专业知识，能够和企业的财务管理系统相对接。第三，强化专业讲座的知识力量。通过网络直播、在线培训等一系列方式，鼓励教师多去参加相关的会议讲座，夯实知识基础，强化教学水平。

在优化知识结构的基础之上，教师要推行以企业项目为目标的任务驱动式教学。教学的过程要注重模拟企业的实际财务信息处理业务，让学生亲身体会到社会工作等相关流程，教师要引导学生去进行实践活动，将数据处理课程和信息系统课程融入其中，让学生在完成企业的财务工作的同时，也学到数据处理以及信息系统的相关知识。

（六）根据会计的专业方向开展教育改革，新建课程和讲座

高等院校在培养会计专业人才的过程中，会讲授十几门甚至二十几门课程，涉及会计工作的方方面面，那么在进行教育改革的时候，就可以会计的专业方向为基准来展开分门别类的改革措施。例如，可以将审计业务、企业基本财务管理、信息系统以

及传统会计综合归类成财务会计课程，将数据处理课程、企业业务合并为管理会计课程。管理会计和财务会计这两大类课程在授课过程中，都强调理论联系实际。因此，教学教师在教学的环节，可以将数据处理技术以及信息管理技术渗透其中，使真正的数据处理和信息技术能够为财务工作提供辅助。

高等院校在开展会计专业的教学改革环节，要新建与素质教育相关的课程，充分立足于现阶段创新型、复合型会计人才的需要，培养学生的创新意识和创新能力。通过讲座或者相关课程的方式，帮助学生学习到更多的会计专业学习方法，如会计研究方法等。这种积极地更新知识的过程，能够保证学生处于不断的探索和创造之中，具备对财务工作分析、运用、理解、吸收、消化的能力，符合当代社会以及企业组织对人才的需求。一直以来，财务会计人才市场的供应量基数就较为庞大，为了充分地帮助学生就业，高等院校可以开设一些和创业就业相关的讲座或者课程。不可否认的是，现代大学生就业形势较为严峻，如何在重重的就业压力之下突出重围？相关的就业和创业教育至关重要。当代的中国处于大众创新、万众创业的时代之中，这就要求当代大学生应该具备一定的创业能力和创业素质，要求其心理素质过硬，在从事实践活动的过程中能够具备必要的能力和涵养。

身处大数据时代，社会发展迅速，整个行业的发展也有着日新月异的变化，因此高等院校出于创业就业的目的考虑，就要针对财会类行业的最新消息、新的理论或者是新的知识、新的技术展开一系列的讲座或者是新加课程，让学生能够走在行业的最前列，了解并掌握这些知识。为了充分地节省时间，又能起到良好的教学效果，高等院校可以采用大学生较为青睐的多人讲座的形式。

除此以外，高等院校新开设的课程并不能仅局限于会计专业，还可以设计一些能够扩充大学生知识面，促进其道德素质、个人能力提升的相关课程，采取自学和讲授两种教学方式进行教学。例如，南京农业大学设置了选修课和必读课，其教材有《孙子兵法》《史记》《齐民要术》《老子》《论语》《红楼梦》《三国演义》《诗经》等，学生可以立足于自身的兴趣爱好，在这些指定的书目中有选择性地上课，后期通过一定的考核来积攒学分。南京农业大学推出的这种人才培养方案，主要采用了自学的方式，根本目的就是帮助学生培养独立思考的思维以及自学能力，期待学生在提升文化素质的同时又能加强美育教育。高等院校在会计专业教学改革的过程中，可以充分地参考南京农业大学改革之路的优秀经验。

（七）大数据时代会计专业人才培养考核制度领域的变革

自古以来，无论是何种教学方式，考核阶段都是必不可少的重要环节，考核可以直接地检验教师的教学质量以及学生的学习成果，有利于学生查漏补缺。而科学合理的考试制度不仅能真正地调动学生的学习积极性与参与度，也能够督促教师的教学环节向着高质量的目标靠拢。所以，大数据时代在会计专业人才培养的过程中，考核制度领域的变革不能缺少，这也是当代会计教学改革的必然要求之一。具体而言，考核机制的改革涵盖了以下几大类。

第一类，考试内容的改革。身处大数据时代，会计专业人才培养的目标相当明确，就是为了培养高素质的复合型会计人才。所以，考核的根本出发点就是评估学生的综合能力。大数据时代对于考试内容的改革有以下几项具体的要求：

其一，考试的题目设置需要来源于教材，但是又不能完全依赖于教材。考试内容来源于教材指的是考题的设置基本上需要和教材内容、教学大纲保持一致性，把会计专业理论、基本技能、基本操作方式应用于对问题的分析以及决断之中，目的是考核学生对问题的分析能力以及解决能力。对于教学教师没有讲过的学科内容，或者是大纲还未涵盖的部分，也可以适当地引入考题设置之中。例如，北京中医药大学的考试设置，除了对学科内容、研究前沿，以及新领域的知识内容予以考核之外，还加入了部分学生自学内容的考核，教师只提出了规定的大纲要求，具体的自学内容留给学生，但是在最终的考核阶段，这部分依然是被设置在考核范围之内的。通过这样的方式来评估学生的自学情况，后期学生可以根据自己的表现来有意识地提高相应的学习能力。可以充分参考此类方法，在会计教育的改革过程中进行借鉴和应用。

其二，试题的设置不能拘泥于唯一性的标准答案。当代高等院校培养会计类专业人才的一大目标就是帮助学生具备创新意识和创新能力，因此在考题的设置上可以设置少量的不止一个标准答案的试题，或者是没有固定标准答案的试题，让学生自由发挥想象力，独立思考，以此来评估学生的创新意识及创新能力。通常而言，该类试题可以采用案例分析或者论述题的形式。例如，在中级财务会计考试的过程之中，有这样的一道题目：要求学生论述开发费用是资本化还是费用化。而像"比较论述中外会计的差异对其展开剖析"这样的研讨性题目在试卷中的分值比例应根据不同课程的性质和特点合理确定。

其三，考试内容具备多样性的选择权。为了能够科学、合理地考核学生的学习质量，考试内容应当具备多样化的选择权。具体而言有以下三种方式：一是为学生设计两套试卷。一套主要是对学生实际操作能力的考核，另一套是对理论知识的考核，学生可以根据自己的知识储备情况从中二选一。当然，也可以设计一套理论和实际相结合的试卷。通过这种区别化设计考试内容的方式，在充分考虑每个学生的特长的同时，又能够体现出教育的自主性，有利于提升学生的应考积极性，也有利于教学质量的提升。二是参考目前在多门学科里已经使用的选修题模式。即同一套试卷有一部分的共同题目，还有一部分是自主选择题，学生可以二选一或者是三选一作答。相比于前一种试卷的设计方式，该方式减少了教师的工作量。三是增加附加题。其分值在满分分值以外，学生可以根据自己实际情况选择做或者不做。

第二类，考核方式的变革。纵观传统教育方式中的考核形式，通常开卷少闭卷多、口试少笔试多，侧重于理论考核，缺乏足够的实践考核，通过一次考试就评定学生的学习成果，对于衡量学生的学习能力失之偏颇。现阶段处于大数据时代，在会计教育改革的过程中，考核方式也应有所变革，可以分为闭卷考试、开卷考试、口试、笔试、实践操作考试、小考、小论文、总结报告等。这种有利于提升综合能力的多样化的考核方法，应该更加全面、更加深层次地普及下去。具体而言，可以从以下四方面入手：

其一，不要将对学生学习效果和学习态度的评估寄希望于最终期末的考核，而是应该在日常的学习状态中加以评价，更加全面、综合性地评估学习效果。现阶段，学生会计学科的最终成绩通常由两部分构成，一方面是期末考试成绩，另一方面是平时成绩，通常二者各占 50% 的比例。一名合格的"会计人"应该具备的是综合性的业务能力，因此可以适当提高日常成绩所占比重，这样才能够更加公平地反映学生平时的学习情况。目前，高等院校测试学生的日常成绩通常是参考其作业完成情况和日常的小考试结果，不可否认的是，有一部分课程只设置了期中考试，甚至在某些特殊条件之下，存在取消期中考试的情况，如果直接用日常的作业完成情况来判定学生成绩，显然无法做到全面性和综合性，何况部分学生的作业在完成过程中存在借鉴他人的现象，而且高等院校的教师批改作业不像初中、高中那样及时，因此只参考作业的完成情况来确定学生的日常成绩，显然没有足够的说服力。基于上述原因，我们需要在考核学生日常作业完成情况的基础之上，再增加其他的考核项目，如日常出勤率、平时的小测验成绩、课堂是否遵守纪律等。总而言之，采用多样化的考核内容就是为了能够综合性地评估学生的考试成绩和学习态度，因为学习态度和日后的工作态度有着紧密的联系，希望借由这种多方面的考评，能够客观、全面地评定学生阶段性的学习成果。

其二，提倡开卷考试和闭卷考试相结合的新考试形式。闭卷考试在全世界的教育领域都有着悠久的历史，其优势不言而喻，而且是永远无法替代的，所以在考评形式中，闭卷考试仍然需要延续下去。比如，基础会计的相关考试主要考核的是学生对知识、理论、概念的理解程度，此时以闭卷考试的形式，能够充分督促学生加深记忆，积极应对，夯实会计专业的基础知识。与此同时，在会计教育改革的进程中也要适当地引入开卷考试。开卷考试试题具有多变性，更能够灵活地帮助学生掌握书本知识。借助开卷考试的方式，学生能够发现问题、分析问题并且解决问题，促使其逻辑思维能力能有所提升。

具体而言，开卷考试有以下三种方式：一是完全性的开卷考试。学生可带入考场的开卷资料包括日常笔记、教科书、参考书、工具书等。有学者曾经指出，教学的根本目的是帮助学生获得思维能力上的进步，考试是为了考核学生的创造能力和创新意识，学生带着书进考场，并不是错误的。二是有限制条件的开卷考试。该考试方式在清华大学有所实践，学生可以带上资料入场，不过对于资料的数量和纸质有着一定的要求。此种考试方式的根本目的是让学生更加注重平时的学习积累，而不是临时抱佛脚应付考试。三是闭卷和开卷相结合的考核形式。高级财务会计这门课的考核就可以应用此类考核方式。这类考核形式的试卷上前 50% 的考题内容采用闭卷考试，后50% 的考题内容采用开卷考试。当然，也可以选择同一门课程有开卷题目和闭卷题目两种类型，学生根据自己的实际情况加以选择。无论是何种考试形式，其根本目的都是让学生掌握知识，考试只是辅助手段。

第三类，改革考试题型。相对于传统的会计考试，我们认为，现阶段的考试题型更应该注重对学生应用能力以及理解能力的评估。从会计学的专业特点以及未来的人才培养目标出发，提出以下几点建议：

其一，取消名词解释的论述题或者是填空题，避免学生生搬硬套、死记硬背，应该以应用类题型和分析类题型为主。

其二，在会计专业课程考核过程中，题型可以有五大类：多项选择题、单项选择题、计算题、案例分析题以及论述题。在论述题和计算分析题里面，需要设置相关的计算指标，然后针对计算指标予以一定的分析或处理，以便考核学生的综合应用能力。

其三，主观题分值需要有所降低，客观题分值需要有所提升，以这种平衡性来全面、科学地考核学生的成绩。

其四，考核的形式不局限于笔试，还可以采用口试、答辩或者论文的形式，针对学生的实际能力、操作能力、交流能力来予以综合性的评估。

其五，日常考试的次数要有所增加，可以借助调研案例等多样化的考核方式，这样既不增加学生过重的课业负担，又能够灵活地评估学生的个人能力和学习状态。除此以外，课题研究等也能够综合地判断学生的学习成果，如会计史之类的课程都可以采用论文撰写、课题研究的方式来予以考评。

四、大数据时代会计教学改革的创新思维

会计教学改革的创新首先应进行教学观念创新，只有对教学观念进行了创新，才能带动教学模式的改变。从目前互联网的发展情况来看，大数据的出现改变了企业的经营发展方式，因此，现代企业会计人员需要具备有效地运用科技手段进行大数据的处理与分析，为企业提供经营决策依据的能力。

但从目前高等院校会计专业的教学现状来看，会计专业的教学课程仍局限于记账、算账等财务核算的内容，缺乏对学生理财融合能力方面的培养，导致学生在走上工作岗位后只能做一些基础的财务核算工作。因此，为保证学生能够具备企业经营发展所

需的会计管理能力，高等院校与教师应转变教育思维与教学模式，引入新的教学资源，丰富教学内容，培养复合型会计人才。

（一）创新教学理念，丰富教学内容

教学创新最根本的是对教学理念的创新。会计专业的教师担负着授业解惑与引导学生积极学习的职责。教师需要具备最基本的创新意识，改变传统教学中以教材为中心、以教师为课堂主体地位的教学思路。只有保持创新意识，才能在具体教学过程中充分利用现代先进教学工具，才能全心全意着手研究新的教学方法，才能督促学校领导不断创新教学评价制度，以此从上到下、从内到外形成一整套先进的完整的教学理念。只有努力营造出有利于创新思维存在的环境，才能让学生在这样的环境中努力学习以汲取更多的知识，让他们在学习中不断提升创新意识与实践能力。

会计专业的学生在毕业会后会进入企业的财务会计岗位，与企业的商业数据打交道，因此，为了培养学生运用会计学理论、方法进行数据收集、整合、分析与运用财务数据的能力，高等院校应设置有针对性的课程，如《上市公司报表分析》《大数据存储原理与大数据平台基础》《商业财务报表分析》《互联网金融概论》等课程，根据课程的普适性与重要性，合理地将其设置为必修课程或选修课程。为丰富学生的课程内容、拓展学生的思维，高等院校可以聘请其他相关院系的教师对会计专业的学生进行短期的授课教学，或是开设专家公开课，这样不仅能够丰富学生的知识体系，还能促进学校不同科系教师之间的互动与交流，为教师提供互相学习的平台。同时，这种方式还能加强学校各学科间的交叉融合，促进会计专业相关学科的建设与发展，有利于培养出专业性强、知识面广的创新型会计人才。

（二）完善会计教育的云数据平台

从目前高等院校会计专业教育的发展趋势来看，建立云会计平台是发展的必然，利用云平台开发会计教育网络的应用程序，与云计算系统进行互联，实现教学资源的共享。云数据平台主要由会计数据系统、会计模拟系统、移动终端系统与会计教学系统等几方面组成。会计数据系统中的数据来自会计教学过程中所产生的信息，也包括来自企业中的共享数据信息。在确保商业数据安全的前提下，将相关数据信息共享到教学数据库中，通过对数据的分析，发挥数据的作用。会计模拟系统中储存了很多有效数据信息，能够让学生在模拟的会计情景中进行实际操作的练习，提高学生的实践操作能力，为学生未来就业打下基础。移动终端系统可以让学生通过手机、平板电脑等移动设备，随时随地利用碎片化的时间登录云平台进行学习。会计教学系统则由很多小的模块组成，教师在会计课程教学中，可以利用数据库中数字化会计教学资源了解学生对会计知识的理解与掌握情况，调整会计教学模式与教学资源。

（三）优化教学目标，改革教学模式

会计专业主要是为社会培养大批应用型人才的专业，因此会计教学目标也要与时代发展相一致。只有时刻保持对社会发展的关注，才能对教学目标进行逐步优化，才能依据社会所需对会计专业学生的学习知识进行细化，才能为社会培养出大批应用型人才。同时，在大数据时代还要不断强化会计知识结构，因为随着时代的发展，会计课程的容量和难度将不断增加。当前，我国已步入网络信息化时代，充分运用先进的信息化技术为会计专业服务是大势所趋。

只有不断创新会计教学理念，不断优化会计专业教学目标，不断改变会计专业教学模式，才能让教师更好地引导学生充分利用大数据环境，对会计学科与会计工作形成正确认识。在此前提下，教学教师要不断激发学生的主观能动性与学习积极性，还要建立完善的学生竞争机制，培养学生的竞争意识。同时，要对教学环境不断完善，营造和谐的课堂氛围，吸引学生加入轻松有趣的讨论中，不断激发学生的发散性思维，让其在讨论中潜移默化地提升自学能力与思辨能力。

会计专业是一门理论性很强的专业，教师在教学过程中应重视教学过程的有效性，改革教学方法，引入数字化教学资源。教师在教学设计时，可以将学校的教学资源与企业储存在云平台中的共享数据相结合，制作电子教学素材并储存在云数据平台。在教学过程中，教师要依据教学内容随时调取教学资源，为学生提供最新的教学案例，提高课堂教学效果。随着互联网的高速发展、大数据时代的到来，高等院校财务课程急需改革，以培养创新型财务人才来适应市场需求。缺少数据源和技术与财务、师资力量匮乏、缺乏合适的实践教学平台成为高等院校开设财务大数据课程的痛点。高等院校要依据大数据实践教学平台，依据产业数字化人才能力要求，基于高等院校对"大数据＋财务"复合型人才培养的需求，打造大数据技术与财务分析、决策相融合的实践教学产品；用大数据分析平台、数据预处理工具、机器学习算法等核心内容，以场景化的教学模式呈现大数据技术的实战应用、数据的预处理与标准化过程、使用大数据技术对企业经营进行分析、洞察与预测的过程，训练学生数据采集、数据清洗、数据挖掘、大数据分析与辅助经营决策的能力，培养学生的技术素养与专业素养。

在具体的教学活动中，教师可以运用云数据平台的网络教学资源，指导学生组建会计项目小组，分配任务给项目小组，让学生运用学到的知识，通过小组协助的方式查找网络资源。在这个过程中，教师与学生、学生与学生之间能够形成良性的互动交流，让每一个学生都参与到教学活动中来，这样不仅能够培养学生未来就业所需要的团队协作精神，还能提高课堂教学效果。利用云数据平台，教师还能够随时掌握并监督学生的学习情况，学生也可以利用网络与教师及时的在线沟通，提高学习成绩。

（四）构建理实一体化教学模式，建设双师型师资队伍

传统会计理论教材往往不注重理论与实践操作之间的联系，只强调知识的系统全面性，这就在一定程度上使学生只能有效掌握相关的理论知识，但在如何运用理论知识上不能做到通融应变。针对这种教学现状，教师要根据学生综合发展的情况编制出理实一体化的会计教材，在编制教材时务必要遵循能够与实际的会计工作岗位保持统一的原则，同时要注意将会计实训操作依据不同阶段的教学目标与理论知识紧密联系，再根据会计理论知识开展实训项目。当然，与其他专业相比，会计专业的实践操作有其特殊性，因此，在编制时要注意以下内容：①将会计从业资格标准编制在会计教材中，让学生做到学有所依；②为了保障能够编制出理实一体化的会计教材，在编制时要注意对会计教材进行整合与创新；③学校在获取实训教材的途径方面，可以让负责该项工作的教师尽可能多地收集一些材料，在教材相关章节中将这些整理并归类好的材料编加进去。例如，教师在编写有关经济业务的教学内容时，为了让学生学会对财政业务的内容进行具体分析，教师所编制的教材就要全部使用企业中的实际凭证。

若想使理实一体化的教学模式顺利开展，就需要一大批非常优秀的兼具丰富教学经验与实践操作能力的双师型师资队伍。部分会计教师在传统教育模式下对学生进行灌输式的教学方法，因为他们没有从事会计工作的经验。对学生来说，传统教学方式下的课堂氛围不够浓厚，而且缺乏生机活力，学生自然会觉得非常枯燥单调，这样不仅挫败了学生的积极性，也使其失去了学习会计知识的兴趣。理实一体化的教育教学模式正是针对这种情况而产生的新型教学模式，它不仅要求教师必备过硬的专业素养，还要求其必须具备扎实的实践操作能力。

为了保障教学进度与教学质量，就需要加强对会计教师的专业培训，即建设一批双师型师资队伍。因此，可以从以下几点做起：①为了让教师能够更积极、更主动地参与到会计专业培训中，高等院校要加强对会计教师进行必要的思想教育，让他们能够从思想上对会计这门课程有更深入的了解，同时对自己所掌握的会计基础知识逐步完善与深化，以便很好地掌握会计工作的流程并把握好未来的发展趋势；②为了让会计教师能够主动将理论知识与实践经验相结合，高等院校还应当结合实际制订出长期有效的培训计划，不断对教师考核制度与评价体制进行完善；③我国教育部门也应加大资金投入，对双师型师资队伍培训给予高度重视，教师可以依据各个企业的会计岗位需要对已有的实验教室布局进行调整，同时为学生设置相应的工作台并进行合理分工。比如，设置销售工作台、记账工作台等，同时建设一系列的诸如建设银行、农业银行、交通银行等模拟银行，建设诸如审计工作室等模拟实验室。此外，教师在实践教学中，还可以让学生根据每个岗位的具体需要分别扮演不同的角色，让学生对不同的会计流程进行深刻体验并逐步了解会计工作的主要内容，不断加强实践能力，进而在学业结束后能够迅速融入工作环境。

（五）构建良好的学习环境，创造更多实践机会

当今优秀的管理会计人才越来越受到重视。因此，高等院校要基于主体责任，彻底转变以往对会计专业学生的培养思想，着重培养管理会计人才，从实际行动上为管理会计人才营造有利于学习的环境氛围，同时要为其创造更多实践机会。

在实际教学过程中，会计专业教师还要对大数据给社会企业带来的人才冲击进行主动了解，同时要不断结合政府新出台的政策导向归纳出会计人才发展的新要求，从而根据学生的实际情况制定出比较符合会计专业人才的长期发展规划；还要对课本体系进行重新制定，使学生不断巩固专业基础知识并不断提升实践技能。

未来，校企双方还将在以下三个层面进行合作：一是人才培养方案合作。高等学院大数据人才培养方案将嵌入更多的大数据分析与预测内容。二是课程合作，包括管理会计、"大数据＋管理会计"、"大数据＋审计"等系列课程的联合开发。三是实训合作。让更多学生深入企业中实践学习。随着大、智、移、云、物、区等技术的发展，财务会计必须向管理会计转型，"会计要引领业务，会计能创造价值"，未来的财务人要做"业务中的财务专家，财务中的业务专家"。

作为全社会会计人才培养的主要力量，高等院校在以后的工作中还要不断进行一些积极尝试。比如，在校内建立专门的管理会计系，每年招收一定学生对其进行专业培养，抓住有利机会引导学生到实习基地参加实践活动，为社会培养高尖端的专业会计人才；还可以将管理会计学纳入会计教学的主要内容中，将管理会计研究方向设置在研究生阶段，聘请一批具备良好声誉且拥有专业学识的人员作为教师，向学生传授相关管理会计知识，在一定程度上为企业提供管理会计人才储备。为了不断激励会计专业教师创新教学模式，高等院校还要建立完善的会计人才考评机制，通过评价结果给予教师一定奖励，促使其不断在教育教学工作中更加努力，同时对教育教学中存在的不足之处及时改正。此外，高等院校也要不断推进管理会计资格考试与认证制度的建设。

第二节　大数据时代会计教学改革的措施

大数据时代给人们及社会带来的影响是巨大的，可以说大数据时代彻底颠覆了诸多传统的生活方式，给人们的思维带来了新的冲击。会计教学在大数据时代也必须做出改变。大数据时代会计教学改革的主要措施有如下几方面。

一、改革课程架构体系，为学生发展夯实基础

会计专业包含的内容广泛，而且社会对会计人才的要求多元化，这就使得学校在开展会计专业知识教学时，需要根据具体的实际需要改革课程架构体系，以适应社会发展。对于社会对会计人才的需求，可以通过大数据的方式进行调查，然后根据调查的结果进行相关理论知识的划分。根据大数据的分析，会计人才培养可以分为知识、能力及素质三个方面，这也表明可以针对会计人才进行如上三个方面的改革。具体而言，会计课程的架构需要按照会计知识是基础、会计能力是根本以及会计素质是前提的标准进行建设。只有构建会计知识、会计能力以及会计素质三方面的会计课程，才算是达到会计教学改革的初步要求，才能为学生的未来发展奠定基础。

首先，会计知识。知识是开展会计工作的基础，会计人才必须具备一定的专业知识。在大数据时代，教师可以选择一种其认为更合理的方式开展会计基础知识教学，这既是教学方式的转变，也是教学理念的转变。但是无论教学方式如何转变，只要能够保证学生的学习效果即可，因为这才是学校开展教学工作的初衷与根本。在会计基础知识教学中，教学教师不仅要保证学生对知识的学习和掌握，还要使学生将知识融会贯通，这一点至关重要。

其次，会计能力。会计能力是一种对基础知识的掌握能力，是一种能够成功应对各种会计考试并能够处理各项会计事务的能力。对学生会计能力的培养不是仅通过简单的书本教学就能够实现的，还需要通过具体案例来提高学生的会计技能。教师可通过大数据对会计工作中的各种现实问题进行统计，然后整理给学生，增加学生的会计处理经验。当然，"纸上得来终觉浅，绝知此事要躬行"，教师想要切实提升学生的会计能力，还需要加强学生实践，让学生在具体的会计工作中历练。

最后，会计素质。会计素质是会计行业工作人员需要具备的一些会计素养。会计素质除了与会计基础知识相关外，还与会计工作人员的会计能力相关。因为会计工作人员不仅要保证自己不违反会计职业道德规范，还要保证完成会计工作。因此，教师既要保证学生对会计基础知识的把握，又要注重学生会计能力及会计素质的提升。

二、调整教学内容，保证知识的实用性

会计知识教学的目的在于实践应用，所以在进行会计教学内容的设计时，要围绕会计工作实用性的标准进行。一般而言，各高等院校多是遵循会计教材的既定顺序开展教学。这种教学方式仅完成了教学内容的有效传输，而忽视了对学生知识运用能力的提升。对此，我们需要根据实际需要对会计教学内容进行相应的调整与变革，以培

养学生对会计知识的实际应用能力。具体而言，会计教学内容的调整可以从三个方面进行：

第一，调整教学内容的顺序。会计教学内容顺序的调整需要参考学生的意见进行。教师可以通过大数据的方式，统计学生的学习习惯或者学生对教材教学顺序的意见，然后对教学内容进行重新设计与调整，以更加符合学生的学习习惯，并保证学生的学习效果。当然，会计教学内容的调整不能完全依靠学生的意见和偏好而定，尽管学生是会计知识学习的主体，但是因为其对会计知识的应用方式以及应用渠道并不熟悉或者精通，所以会计教学内容的调整还需要参考教师以及会计行业工作者的意见。科学的教学内容设计不仅能保证会计知识的实用性，还能提高课堂教学效率，提高学生学习效率。会计教学内容的具体调整可以各项会计事务的办理流程为标准，也可以相关会计知识的关联性为标准，不同的调整方式决定了不同的学习理念与模式，同时对学生学习会计基础知识的结果也会产生不同的影响。

第二，增加教学案例。传统的会计教学一般以理论介绍为主。虽然在理论介绍的后面也会有一定的教学案例，但是教学案例很少，不利于学生对所学会计基础知识的学习和理解。对此，会计教材内容可以增加一定的教学案例，即在介绍一定的会计理论知识之后，安排一定的教学案例，帮助学生对所学理论知识进行学习与运用。安排的教学案例不能单一，而是要多元化。因为具体的会计知识内容不会只应用在某一个方面，这就需要通过增加教学案例的方式，对会计教学内容进行延伸，以帮助学生全面地学习知识。同时，还要对教学案例的难度进行适当的调整和安排。因为会计基础知识的实践运用环境是复杂的，这就使得教学案例必须具有一定的深入性或者复杂性，这样才能够促进学生思考，从而使学生掌握相关会计专业知识的具体应用方式。

第三，注意合理地设置问题。在一般的会计专业教学内容安排中，以会计知识的正面讲解为主，这种教学内容的设计方式虽然能够直接将会计专业知识完整、准确地告知学生，但是不利于学生对所学会计基础知识的学习和掌握，与会计教学的最终目的相背离。对此，我们需要重新调整会计教学内容，以直接提问或者启发提问的方式促进学生思考，引导学生更好地学习会计专业知识。根据大数据对学生阅读和学习会计专业知识的统计可知，学生通过阅读教学内容的方式开展会计专业知识学习时，其大脑其实处于一种无思考的状态，或者说其只是通过眼睛观察知识，而不是用大脑思考知识。此时，通过在教学内容中提出问题引导或者启发学生思考，学生就会注重对其所"观察"的知识进行深入思考与学习，这样才能够保证学生对所学会计知识的学习与吸收效果。

当今的教学内容设计方式是先阐述内容，最后提问，但是这种内容设计方式存在着一些问题。一是问题的设计位置。学生阅读完相应的会计理论知识之后阅读会计问题时，大多数学生会重新返回阅读并思考，那么第一遍的阅读就是无价值的，是一种时间成本的浪费。二是问题太少。一个完整的章节内容最后配以若干问题，显然是不能将教学内容完全包含在内的，而且不利于细化教学内容。三是问题的设计多是从知识本身的角度出发，而不是对问题进行生活或者实践应用方面的拓展，这样不利于提升学生对所学会计专业知识的实际应用能力。所以，从设计教学问题的角度出发，教师既要注意问题设计的位置，又要增加问题的数量，还要注重所提问题与实践应用之间的关联，以便更好地保证学生对所学知识的学习效果，提升学生对所学知识的实际应用能力。

三、变革传统教学模式，让学生乐学并学好

教学模式是会计教学工作开展的具体方式，对提高教学效率、保证学生的学习效果发挥着重要作用。然而，在传统的教学过程中，各高等院校教师采用填鸭式的教学方式开展教学，即在课堂上，教师往往通过直接传输教学内容的方式开展会计知识教学，这种教学方式虽然能够保证会计教学内容的准确与完整传授，但是不能有效激发学生的学习兴趣，最终的教学效果自然也就难以得到保证。在大数据时代背景下，教师应当明确学生才是课堂教学的主体，所有的教学工作都应当以学生乐学及学好为中心开展。这就要求教师在开展会计教学时，变革传统教学模式，激发学生学习兴趣，保证学生的学习效果。

具体而言，传统教学模式的变革需要以教学理念的革新为重点，即只有在会计教师转变教学理念的前提下，才能够变革教学模式。对此，教师在以学生为中心、以学生学会为基本点的教学理念指导下，改变教学模式，以提高学生对会计知识的学习兴趣。兴趣是最好的老师。在开展具体的教学工作时，教师应当注重对学生学习兴趣的激发，如果教师一味地按照一种教学方式开展教学，即使这种教学方法再好，久而久之，学生也会对其丧失兴趣，或者感到厌烦。所以，变革教学模式的第一步是丰富教学方式。

此外，教师在开展教学工作之前，需要了解学生的兴趣点在哪里，然后再转变教学方式，以与学生的学习兴趣相匹配。要找到学生兴趣点，教师就要注意课下对学生进行细致观察，还要注意时下的热点新闻，毕竟热点新闻往往会成为诸多学生的重点新闻话题。教师以热点新闻的方式进行教学导入，必然能够有效激发学生的讨论兴趣，自然有助于教师后续教学工作的有效开展。但是，需要注意的是，选取的热点新闻要与教学内容契合。变革教学模式还要注重对学生思维能力的训练。开展会计教学的根本目标是要保证学生的学习效果，即保证学生对所学会计知识的吸收和掌握。所以，在会计教学过程中，教师要注重对学生思维能力的有效训练。

其实，与传授学生会计知识相比，培养学生思维能力显得更重要。"授人以鱼，

不如授人以渔"，只有传授学生学习方法，才能保证学生学习效果。在锻炼和提升学生的思维能力时，教师可以通过预习教学、问题引导教学等方式开展。所谓预习教学，指的是教师引导学生提前预习。因为学生所预习的内容都是新知识，所以对锻炼和培养学生自身的思维能力具有很大的帮助。当然，在开展具体的预习教学时，教师既可以指明具体的预习内容，又可以指导学生如何预习。一般而言，教师可以在开展预习教学的初期，通过问题引导的方式，帮助学生明确所要思考的具体方向。当学生能够自主掌握预习的方式和方法之后，教师就无须具体指明教学方向以及教学内容，而要将预习全面交到学生手中。预习教学与问题引导教学的教学理念是一致的，即培养学生的自主思维能力。这种思维能力的锻炼既可以通过正面教学进行，也可以通过反面教学进行。所谓反面教学，指的是从学生的作业错题的角度出发，启发学生对自身所犯的错误进行思考，这也是锻炼学生思维能力的有效方式。

由此我们也能够看出，具体的教学方式是变化无穷的，但是理念始终未脱离其根本。变革教学模式的第二步是降低学生的学习难度。因为会计理论知识相对较为抽象，所以教师可以采用具体案例的方式开展教学，这样能够有效降低学生的学习难度，由浅入深，逐步加强学生对所学知识的学习和掌握。除了案例教学之外，教师还可以通过生活化教学、趣味化教学、直观化教学等方式降低学生的学习难度，促进学生对所学知识的学习和掌握。当然，以上所阐述的各种变革教学方式的理念、方法以及具体的教学方式并不是一以贯之的，教师可以根据具体的教学需要进行变换与选择，保证学生的会计学习效果。

四、强化实践教学，增强学生职业能力

"实践是检验真理的唯一标准。"只有强化实践教学，才能真正增强学生的职业能力。在大数据时代，越来越多的会计知识涌现，但这些知识并不是仅通过课本或者课堂教学就能够完全领会和掌握的，而是需要实践操作。而且现实生活中面临的会计问题各种各样，更加需要通过引导学生强化实践来提升其对所学会计知识的掌握与应用水平。具体而言，可以从以下三个方面强化实践教学：

第一，在教学计划中安排各类技能训练课程，如记账训练、珠算训练及点钞训练等。在大数据时代，虽然办公已经基本实现电子化，但是这并不代表传统的会计技能无所适用。比如，在最初没有电子计算机的时代，记账训练是会计人员必须掌握的一项基本技能，可以说这是当时会计人员开展会计工作的基础。而到了电子计算机时代，各种会计办公软件的出现使得以往诸多的记账知识应用极少，久而久之，人们对这项会计技能的掌握已经变得生疏。然而，会计行业工作人员依然不能将这一基础技能抛弃，因为在审阅会计报表以及填写纸质版的会计信息时，记账训练依然发挥着重要作

用。珠算和点钞训练亦如此。在大数据时代，珠算已经被电子计算器取代，甚至每个人的手机里面都包含计算器软件，人们可以随时打开手机运用计算器软件，但是，珠算依然不会离开我们的生活。2013 年 12 月，我国珠算申遗成功。美籍华裔物理学家李政道曾说："我们中国的祖先很早就创造了最好的计算机，就是到现在还在使用的算盘。"由此可见，珠算至今依然在世界的舞台上熠熠生辉。虽然珠算已不再被人们广泛应用，但是其可以用来锻炼和提升人们的思维能力、感知力、注意力、记忆力、想象力等诸多能力，特别是对心算能力的提升有重要作用。所以，会计工作人员同样需要锻炼和掌握珠算计算的能力，以更好地提升自身的会计技能。虽然点钞这一会计技能已经被新时代的点钞机取代，但是点钞机的运用只是作为一个辅助性的工具，即在确认钱数之后再运用点钞机进行验证，而人们很少将点钞机作为判定资金多少的唯一标准。这就说明，点钞训练在当今时代依然不过时。即使在大数据时代，人们的诸多生活方式以及生活习惯均已改变，但是一些传统的会计技能却没有过时，反而依然从不同角度助力会计行业以及整个社会的发展。此外，会计软件仅是帮助会计工作人员开展会计办公的工具，会计工作人员的知识以及思维才是开展办公作业的有效指导。只有全面提升会计工作人员的思维能力，才是有效开展各项会计工作的基础。

第二，开展大型作业、模拟实习等模块化、项目式的实践性教学。会计模拟演练是大数据时代的新生产物，是在统计社会中存在的各种现实会计案例的基础上，为学生开展会计专业学习提供的场景化练习设计。具体而言，教师需要通过大数据的方式搜集具体相关课程大型作业，以应用于实际课堂教学中。这种作业形式不同于日常的课后作业，并不需要学生用笔进行相关会计专业题目的回答，而是需要学生通过实践行动的方式完成。这既是一种对学生会计知识掌握程度的考核，又是一种对学生知识运用能力的考核。日常的课堂教学仅将会计专业知识传输给学生，以帮助学生完成会计知识的学习和掌握，而学生对会计知识的运用能力则需要通过大型作业设计以及模拟实习等实践方式来提高。

但是，这种大型作业以及模拟实习的教学方式并不适用于会计专业小节的知识教学，而是适用于在完成某一章节内容的教学之后，对学生进行综合性的考核。这主要是因为在模拟练习中，所运用到的会计知识是多方面的，而不会是其中的某一点或者某几个方面，所以对于学生的综合性应用能力的考核要求会比较高，这必然要求学生需要对具体的会计教学内容进行全面性的学习和掌握。

第三，引导学生开展社会实践，如利用周末或者假期时间开展社会调查、认识性实习、实务性实习以及毕业前的社会实习等。引导学生开展社会实践是在开展大型作业、模拟练习实践教学基础上的进一步实践。这种社会实践是脱离了院校教育的另外一种实践，是一种更具真实性的实践演练过程。当然，在开展具体社会实践的过程中，教师需要对学生的实践过程加以指导。针对学生的实践演练过程，教师可以通过大数据的方式进行统计与分析，然后从中挖掘出学生的不足，明确改进方向，以更好地开展会计教学工作。在引导学生开展社会实践的过程中，教师需要注重开展社会实践的阶段性。比如，教师可以将学生的会计专业实践练习分化成周末作业，引导学生将自己的周末时间充分利用起来。教师还需要及时收集学生的实践反馈，或者可以和学生一起在周末进行会计专业实践，直接对学生在实践过程中产生的问题进行解说，有效提升学生对具体会计专业知识在社会实践中的应用能力。教师还可以利用暑假时间，引导学生自主参与社会实践，这是学生真正独立开展社会实践学习的重要方式。但是，教师依然不能通过完全放养的方式完成这一教学环节，而是需要学生及时将自己的实践过程反馈回来，教师再根据学生的反馈进行数据分析，为学生的自主实践提供更有针对性的指导，提升学生对会计专业知识的实践运用能力。

五、完善评价机制，关注教与学的过程

评价机制是开展教学工作的保障机制，是审核会计教学过程以及教学结果的有效手段。以往也会对会计教学的过程进行评价，但这种评价具有一定的片面性，也就是说，以往的教学评价总是围绕着课程教学的内容展开，而不是针对学生的学习能力、领悟能力以及对知识的实践运用能力等方面展开的。这样的教学评价机制是不完善的，是较为片面的。在大数据时代，人们对信息的把握不再拘泥于某一个或者某几个方面，而是全方位的，这就是大数据信息在当今时代的真正意义。这对通过大数据进行信息的预测与评价极为重要。所以，在开展会计教学改革的过程中，可以通过大数据的方式对会计教学过程进行评价，以保障会计教学评价的全面性。这种评价方式不再局限于某一节课堂教学的过程，而是将其贯穿于整个学期乃至整个学年的教学过程。

当然，在具体通过大数据的方式开展会计教学评价时，并不是要在完成某一学期或者学年教学之后再运用大数据进行整体性的评价，而是要进行及时评价、及时发现教学过程中存在的各种问题，帮助教师及时修正教学方式，保证学生的学习效果。因为大数据分析的全面性、科学性及准确性，所以其对教师的教学评价更有针对性，教师仅需要按照大数据的分析完善教学方式和教学内容即可，既方便又高效。在通过大数据对教师的教学过程进行评价的同时，还需要通过大数据对学生的会计学习过程进行评价，这样才能从教师和学生两个方面对会计教学进行变革与改进。

就学生的会计学习过程而言，教师主要需要收集以下几个方面的信息：一是要通过加强观察的方式了解学生的学习情况，如学习时间、学习状态、学习内容、学习方式等，这些都是大数据需要统计的具体信息。二是学生的作业情况，包括学生的考试成绩等，这也需要记录在大数据收集的信息数据范围内。三是学生在大型作业以及模

拟练习中的表现。虽然大型作业以及模拟练习也可以看作会计教学课后作业的组成部分，但是毕竟不同于日常的课后作业，其更注重的是学生对所学会计知识的应用能力。四是学生在周末以及假期的社会实践情况。这些都可以作为评价学生在会计行业适应能力的重要信息，所以，教师需要从日常学习、作业解答、考试成绩、模拟练习以及社会练习等多个角度，对学生的整体学习过程进行全面的评价。

评价机制建设是有效开展大数据信息评价的基础，但这不是开展大数据信息评价的终点。大数据的具体应用更加注重统计信息数据之后的分析与应用，所以，在开展会计教学时，除了做好教与学的大数据信息统计之外，还需要做好大数据的后续分析与应用工作。具体而言，就是在对教师的教学过程数据信息以及学生的学习过程数据信息进行统计之后，还需要展开数据分析。所谓数据分析，就是对会计教学过程以及学生的学习过程进行反思的过程。以学生的学习过程为例，教学教师通过收集学生的学习过程数据，可以挖掘学生在学习过程中具体存在哪些不足，比如，是对基础知识掌握不够牢固，还是对会计知识的具体应用不够娴熟。在确定学生的不足之处之后，教师再探寻学生为什么对基础知识掌握得不够牢固，是因为学生上课不注意听讲，还是因为学生的学习方法不当，或者是教师的教学方法存在问题，这些都需要教师进行细致地分析。教师无论是对教学过程进行分析，还是对学生的学习过程进行分析，都需要结合教学过程数据以及学生学习过程数据两方面的信息来看，而不能仅分析一个方面的数据，否则就会使数据分析不全面。在挖掘出具体教学问题之后，教师再"对症下药"，通过转变具体的教学方式等手段完善会计教学过程。

当然，这并不代表教师通过分析之后得出的教学改进策略一定有效，具体还需要根据后续的数据统计进行分析与评价。而且，对会计教学过程的数据分析与评价永无止境，教师需要不断运用大数据的方式对教学过程及学生的学习过程进行分析和评价，提高教师的会计教学水平，提升会计专业学生对会计知识的学习效果。

第三节 大数据时代会计教学改革的未来展望

大数据时代给会计教学带来的影响是极其深远的，其不仅改变了当今会计教学的模式，还会继续影响会计专业的未来发展。特别是随着科学技术飞速发展，未来的会计教学改革也会是多方面的。具体而言，大数据时代会计专业教学的未来改革主要包括以下五个方面内容。

一、继续创新会计教学理念

教学理念是开展会计教学工作的先导，任何会计教学改革都需要从教学理念的变革开始，这既是有效开展会计教学改革的初始与源头，又是大数据时代会计专业教学改革的必然。在大数据的影响下，会计教学进行了一系列的改革，但是，所有教学改革无不是萌生新的教学理念之后的结果。未来会计教学的变革与发展同样遵循这样一个发展过程，即先产生新的会计教学理念，然后才会产生新的教学改革。通过大数据的方式，对人们关于会计教学理念的认识以及创新方向进行统计，在整合相关专业人士的意见之后，再对其进行整理与分析，从中挖掘出可行的创新教学理念，然后付诸行动，逐步实现新的会计教学理念的变革。从这里的会计教学理念变革过程可以发现，会计教学理念的变革是与时代的发展紧密结合的，也是与教学行动的变革紧密结合的。在通过大数据的方式分析出新的会计教学理念后，人们便开始着手开展新的教学理念的实践探索。

创新会计教学理念要着眼当下。所谓着眼当下，指的是在当前会计教学中尚存在着诸多问题，这些问题会对未来会计行业的变革与发展产生影响。对当下会计教学中存在的问题进行挖掘可以通过大数据统计的方式开展。

当下会计教学中存在的问题主要包括几个方面：

一是会计专业教材内容有待完善。这里的教材内容不合理并不是指会计教材内容存在错误或者疏漏，而是指会计教材中的内容多是若干年前的资料信息，与当今时代的实际发展脱节。诚然，学生能够通过该类会计教学掌握会计核算的基本方法，但是不利于其与当下时代的发展相结合，自然也就不利于学生对会计专业知识学习效果的提升。

二是相对滞后的会计教学方式和手段。传统的教学模式已经不再适应当今时代教学的发展需要，因此必须对其进行变革，否则会计教学的效率和效果将难以得到有效提升。

三是课程体系单一，教学内容重复。当下的会计专业教学主要还是以教材教学为主，忽视了对学生实践能力的锻炼与培养，这也是影响学生会计专业知识学习效果的重要阻碍。

四是高等院校教师实践经验不足。虽然能够在高等院校任教的教师普遍具有高学历，对会计专业理论知识的掌握程度必然不会太低，但是多数会计专业教师缺乏社会实践，甚至很少参与社会实践，那么教师对学生所进行的指导也必然多是从理论角度出发，这对锻炼和提升学生的会计专业知识实践应用能力会有所限制。

五是校外实习基地教学效果不理想。在开展会计专业教学的过程中，各高等院校也会给予学生一定的校外实习机会，但是这种机会并没有脱离学校环境的束缚，还是沿用会计理论的方式解决现实问题，或者说，这仅是将教材中的作业问题转到现实中，而不是以现实生活中的会计实际问题考查学生，教学效果自然不会理想。在对当下会计教学中的问题进行统计之后，我们便可以明确未来会计教学改革的方向。但这同样不能离开大数据的支持，同样需要利用大数据的方式对会计教学问题的解决进行信息的收集与整理，然后形成新的教学理念。

二、产教融合

所谓产教融合，指的是将教学与生产统一结合的一种教学模式。一般而言，产教融合主要应用于职业高校，但是这并不代表产教融合仅属于职业学校，专业高等学校同样可以应用这一教学模式。通过产教融合的方式开展会计专业知识教学是符合当今时代发展需要的，因为知识不仅存在于课本，也存在于社会生活。正如周恩来所说："与有肝胆人共事，从无字句处读书。"这里的"无字句处"指的就是社会实践。各高等院校在开展会计专业知识教学时，需要将课本知识教学与现实生活相结合，这样才能够达到最佳的教学效果。通过产教融合的教学方式，学生不仅能够在学校学习到会计专业知识，还能够将该部分知识很快应用于社会实践中，这种不断学习又不断运用的方式不仅能够有效加深学生对所学会计专业知识的学习与理解，还能够有效提升学生对会计专业知识的实践应用能力。产教融合的教学方式是将会计专业知识教学与社会实践相统一的一种教学方式，是一种有助于提高会计专业教学效率和教学质量的方式。当然，产教融合并不简单，因为这涉及高校与产业之间的融合性发展，所以实际开展起来会有一定的难度。然而，困难固然存在，但是只要确定方向，就能够获得相应的解决办法。具体而言，解决办法有两种：一种是构建虚拟的产业空间。在大数据时代，高等院校可以构建一个虚拟的产业空间，这样既不需要通过投资找项目，又不需要通过营销搞市场，只需要利用高等院校教师的智慧及专业知识，就可以构建一个虚拟场景。当然，这个场景不同于校外实习基地。虽然校外实习基地也可以算作一种学校组织的实践教学方式，但是其与现实社会之间的差距太大，而通过虚拟构建的产业则完全根据现实社会进行模拟，这样才能给学生一种"身临其境"的感觉。另一种是高等院校根据自身的办学特色，开办真正的实质企业。这样既能够为高等院校的发展建设提供资金，又能够将高等院校的专业知识投入实践，实现知识与应用之间的融合。这是一项大工程，而不是仅拘泥于会计一个专业。比如，一所石油高校就可以通过开办石油企业的方式推展产教融合，而会计专业的学生便可以作为学校石油企业的"会计部门"员工，通过对学校财务数据进行核算、对账等方式锻炼和提升对会计专业知识的实践应用能力。如果就会计一个专业开展产教融合，也是可行的，因为当今社会中存在诸多代理记账公司，其主要作用是帮助企业代管记账业务。高等院校的会计系可以申办一家代理记账公司，并与市场营销专业的学生合作，市场营销专业的学生负责跑市场，会计专业的学生负责代理记账业务。如此既能够为学校增加收入，又能够提高学生对所学知识的实践应用水平。当然，各高等院校还可以选用其他合适的方式开展产教融合教学，但是要保证学与用之间的衔接，保证实践环境的社会真实性，要为学生创设真正的社会生活情境，否则难以达到产教融合所需要的效果。

高等院校在产教融合教学过程中，必须将"产"与"教"之间的流程进行有效的衔接。比如，在学生学完某一方面知识之后，教师可以引导其参与到与该部分知识相关的产业实践中，帮助学生加深对该部分知识的认识。因为产业发展所处的环境是社会环境，而非学校环境，所以学生在实践中也能够了解到社会中会计问题的具体解决办法，这对提升学生的会计实践操作能力至关重要。产教融合其实就是高等院校与社会实际之间的桥梁，通过这座桥梁，学生能够开展会计专业实践，而且及早接触社会也能够很好地帮助学生了解社会并适应社会，缩短学生适应社会的时间，促进学生成长。

三、软件教学进入课堂

随着大数据时代的发展，各种不同的财务软件层出不穷，这些财务软件分别从不同的方面为会计工作的开展提供着便利。高等院校在开展会计教学时，不仅要注重对专业知识的学习，还要注重对财务软件的掌握。当前较为主流的财务软件包括金蝶、税友、用友等，这些财务软件分别从不同的角度给予了会计工作人员相应的便利，对于提高会计工作人员的工作效率具有重要作用。具体而言，高等院校可以通过开设具体课程，让学生学习和使用各种财务软件，帮助学生认识到各种财务软件之间的差别以及优缺点，帮助学生正确使用各种财务软件。在针对以上主流财务软件的使用进行讲解时，教师不仅要从以上软件的财务报税等功能角度出发进行讲解，还要对其附属功能进行全面的讲解，以增加学生对财务软件的认识，提升学生的会计专业能力。比如，金蝶软件仅是一款财务软件，但是随着企业规模的不断扩大，金蝶软件逐渐开始向企业管理的方向延伸。教师在面向会计专业学生讲解金蝶软件中财务报税等功能的同时，还要讲解金蝶软件中的企业管理功能，以丰富学生的企业管理知识，提升学生在社会中的竞争力。税友和用友软件的教学也是如此，教师不仅要讲解这类软件的基础财务报税功能，还要对其附属的其他功能进行详细说明，帮助学生全面学习和掌握这些软件的使用方法和技巧，使其做到精益求精。在大数据时代，会计教学需要特别注重各项计算机技术在会计管理中的应用，多元化的软件充斥在我们身边，虽然会计专业的学生不一定要对所有的软件进行学习，但是主流的且有实用价值的会计专业软件还是要学习和掌握的。

教师不能仅从知识角度对各项财务软件进行介绍，还要从使用角度出发，引导学生熟练掌握各种财务软件的使用方法。如果教师在开展财务软件教学的过程中，采用以练习为主、以讲解为辅的方式，那么教学效率就会大大提高。在大数据时代，各种财务软件的使用也不再仅遵循着既定的财务管理模式进行设计，其也在不断地进行调整与更新，目的就是更好地为企业提供财务管理服务。这就说明，尽管各种财务办公软件为企业会计管理工作的开展提供了极大的便利，但是也存在诸多不足之处。对此，教师要将财务软件操作教学与手工记账教学相结合，发挥出财务软件办公和手工记账办公的双重优势，以提升学生的会计办公效率。教师在开展财务软件教学时，还要鼓励学生将所学知识运用到社会实际中，通过社会实践反馈自己对财务软件的应用与操作问题，提升对各种财务软件的实践操作能力。但是，在帮助学生解决其所遇到的财务软件学习问题时，教师不仅要通过自身讲解和说明的方式开展教学，还需要通过学生之间相互讲解的方式进行讨论式教学，这样既能够促进学生之间展开深入的交流，又能够帮助教师了解学生对各种财务软件的学习和掌握情况。同时，教师还可以根据学生对各种财务软件的学习情况，帮助学生建立数据库，更好地帮助学生做好数据分析工作，了解学生在会计知识运用中以及财务软件使用中的困惑点，开展更有针对性和更为有效的教学活动。

四、开展"云计算"教学

云计算是大数据时代的产物之一，是一种将网络大数据进行分割计算，再将计算结果合并的一种计算方式。在会计日常工作中，可以通过云计算的方式为用户带来网络、金融以及性能较高的计算服务。一般而言，云计算可以分为公有云、私有云以及混合云三种方式，不同的云计算方式分别针对不同类型以及具有不同需求的企业。就普通高等院校而言，建设私有云的成本相对较高，因此可以利用混合云实现云计算中的功能。从目前的教育业发展情况来看，建立云会计平台是高等院校会计专业发展的必然趋势。所以，高等院校应当开发会计教育网络应用程序，在确保信息稳定的前提下，与云计算系统相连接，实现数据共享。基于教学需求，云计算教育平台应含有会计数据系统、会计模拟操作系统、移动终端系统以及会计教学系统。首先，会计数据系统。会计数据是开展会计工作的基础，可以说，会计工作就是一件一直和数据打交道的工作。如果是企业会计，那么其数据主要包括企业内部的数据以及在云会计平台内保存的共享数据。而高等院校教学除了存储以上数据外，还需要对日常教学过程中出现的数据进行统计。因为高等院校应用的是混合云系统，所以其中必然会应用到企业数据，对此高等院校应当做好相应的安全保密工作，以免影响企业的安全运转。其次，会计模拟操作系统。该系统将是引导会计专业的学生开展会计学习的重要操作系统，会计专业的学生正是在该系统所模拟的会计情境下进行实践学习，这对提升学生的动手操作实践能力具有很大的帮助。同时，该系统还应当具有一定的打分功能，这样就能够对会计专业学生的操作过程进行评判，从而规范会计专业学生的会计操作，以提升会计专业学生的实际操作能力。再次，移动终端系统。设计该系统的目主要是方便会计专业学生的实践操作。现在已经进入移动端时代，手机的功能越来越多样化，而且智能化，其在帮助人们打破地域和时间限制的同时，又极大地提高了人们的办公效率。未来的会计办公必然也会在移动终端系统实现，这样会计工作人员就能够随时随地开展会计事务处理，方便快捷。最后，会计教学系统。会计教学系统主要是针对课堂会计专业知识教学而开发并设计的，主要由一些小的系统模块组成，不同的系统模块分别负责和管理不同的内容。比如，可以将其设计为课堂教学模块、效果设计模块等，课堂教学模块主要用于了解学生对会计知识的学习情况，效果设计模块主要对学生的学习效果进行分析，并挖掘出学生在会计专业知识学习中存在的不足，进而加以完善。

此外，教师还可以将会计教学内容上传至云计算系统，方便学生自主学习与复习。因为云计算系统是与企业数据信息相结合的，所以在学生针对某企业的会计报税等信息进行实践操作之后，学生还可以通过后续的企业报税信息进行实践操作结果验证。这种实践操作可以理解为一种变相的社会实践，因为学生通过参考企业数据信息开展会计管理工作时，已与企业的专业会计站在了同一起点。因为会计专业的学生尚处于学习阶段，所以其在开展会计实践操作时，对于各种会计专业知识的运用能力以及运用方法尚未全面灵活掌握，这就需要通过加强实践，以自主练习提升自身的会计专业水平。学生通过云计算平台直接参与企业财务管理工作，对会计专业知识运用能力的提升会起到很好的促进作用。而且通过对比学生与会计专业人士计算结果，还能够有效促进学生自主思考，对提升学生的会计思维能力、疏通学生可能存在的知识障碍具有很大的帮助。因为当学生对某些会计专业知识存在误解时，自身是很难发现的，只有经过实际操作，才能将自己的知识盲点挖掘出来，进而加深对该部分会计专业知识的理解。此外，会计专业教师通过云计算平台开展网络课堂教学，也进一步丰富了课堂教学形式。总而言之，构建云会计平台，可以强化学生与学校以及教师之间的沟通与交流，还有助于提升会计专业学生的动手操作能力，有助于科学分配课程比例，强化教育改革，创新会计课程，进一步推动会计专业教学的高质量发展。

五、注重学生核心素养的提升

在对会计专业人才进行培养的过程中，除了应当注重对会计专业人才的专业能力进行培养，还需要对会计专业人才的核心素养进行培养。会计专业的学生除了需要学习《思想道德修养与法律基础》《毛泽东思想和中国特色社会主义理论体系概论》

之外，还需要学习《财经法规和会计职业道德》。这既是为了进一步提升学生的专业服务能力，也是为了进一步提升学生的专业素养，以使其能够更好地开展会计管理工作。

教师要变换《财经法规和会计职业道德》这门课程的教学方式，充分发挥这门课程的教学价值。

首先，教师要从知识本身的角度出发，开展相关财经法规和会计职业道德的教学，使学生能够从思想角度以及行为角度认识到自身将来从事的职业与法律法规和职业道德之间的关系，帮助学生明确如何规避以身试法。当然，这里所说的规避以身试法，并不是指要教导学生如何投机取巧，而是要使学生真正明白自己在未来会计工作中应该做哪些工作，不应该做哪些工作，帮助学生明确开展具体会计工作的标准。

其次，在保证学生对"财经法规和会计职业道德"的知识进行充分的学习和了解后，教师可以通过实际案例的方式引导学生思考。在引入具体的教学案例时，教师要注意以下三点：一是案例的真实性，二是案例的层次性，三是案例的复杂性。所谓案例的真实性，是指所引用的案例要有据可查，而不是胡编乱造的。这样做的目的是引导学生充分认识到自身工作与法律之间的联系，引起学生对《财经法规和会计职业道德》这门课程的重视和对自己会计行为的重视。所谓案例的层次性，指的是在开展会计法律案例教学时，教师要注意由浅入深，使学生能够充分认识到不同环节、不同类型的会计不法行为及其给社会以及自身带来的危害后果。案例的复杂性主要包含两方面内容，一是会计工作的内容复杂，二是会计工作的关系复杂。会计专业的学生要提高警惕，避免陷入不法会计行为的深渊。

最后，除了帮助会计专业的学生真正提高对会计法律法规以及会计职业道德相关内容的认识之外，教师还需要从行为角度出发，对各种各样的会计不法行为以及不良道德行为进行模拟，使学生能够"身临其境"，真正远离会计不法行为。总而言之，提高会计专业学生的核心素养不是一件简单、轻松的事情，也不是一件短期内就能够见到成效的事情，所以教师在开展《财经法规和会计职业道德》等课程教学时，除了要注重课本知识以及实践外，还要注意多从学生角度出发进行剖析，使学生形成良好的道德品质。只有培养学生良好的行为品格，才能使学生的核心素养得到有效的提升，这样，学生未来自然就能成为合格的会计人员。

参考文献

[1] 程淮中，王浩．财务大数据分析 [M].上海：立信会计出版社，2022.

[2] 程平．高等教育会计类专业创新与重构系列规划教材 大数据智能风控 [M].沈阳：东北财经大学出版社，2022.

[3] 董艳丽．新时代背景下的财务管理研究 [M].长春：吉林人民出版社，2019.

[4] 高云进，董牧，施欣美．大数据时代下财务管理研究 [M].长春：吉林人民出版社，2021.

[5] 胡娜．现代企业财务管理与金融创新研究 [M].长春：吉林人民出版社，2020.

[6] 金宏莉，曾红．高校学术研究论著丛刊 人文社科 大数据时代企业财务管理路径探究 [M].北京：中国书籍出版社，2021.

[7] 景静．财务会计与企业管理研究 [M].北京：北京工业大学出版社，2021.

[8] 寇改红，于新茹．现代企业财务管理与创新发展研究 [M].长春：吉林人民出版社，2022.

[9] 雷芳．基于大数据背景下环境会计信息披露对地矿企业价值的影响及路径研究 [M].上海：立信会计出版社，2021.

[10] 李靖．大数据背景下应用型人才培养教学模式创新研究 以会计专业为例 [M].长春：吉林大学出版社，2021.

[11] 李小花．新时代背景下大数据与会计专业人才培养及教学改革 [M].吉林出版集团股份有限公司，2022.

[12] 李艳华．大数据信息时代企业财务风险管理与内部控制研究 [M].长春：吉林人民出版社，2019.

[13] 刘春姣．互联网时代的企业财务会计实践发展研究 [M].成都：电子科技大学出版社，2019.

[14] 刘导模，罗汉俊，杨雪萍主编；冯萃萃副；方加燕，何金桂编委．大数据财务报表编制与分析 [M].北京：中国商务出版社，2022.

[15] 刘赛，刘小海．智能时代财务管理转型研究 [M].长春：吉林人民出版社，2020.

[16] 刘淑莲，任翠玉．高级财务管理 [M].沈阳：东北财经大学出版社，2017.

[17] 马娱，孙燕主编 . 财务大数据分析与实务 [M]. 北京：北京理工大学出版社，2022.

[18] 蒙蒙，禹久泓著 . 基于管理会计大数据及工具视角的企业创新能力的研究 [M]. 北京：中国经济出版社，2020.

[19] 潘栋梁，于新茹 . 大数据时代下的财务管理分析 [M]. 长春：东北师范大学出版社，2017.

[20] 秦选龙 . 大数据下的管理会计变革 [M]. 北京：中国纺织出版社，2022.

[21] 曲柏龙，王晓莺，冯云香 . 信息化时代财务工作现状与发展 [M]. 长春：吉林人民出版社，2021.

[22] 阮晓菲，王宏刚，秦娇 . 财务管理模式与会计实务 [M]. 长春：吉林人民出版社，2021.

[23] 孙玲 . 大数据时代职业院校会计人才培养模式的改革与创新 [M]. 北京：中国纺织出版社，2021.

[24] 王利敏 . 大数据时代背景下企业财务管理变革 [M]. 北京：中国商业出版社，2021.

[25] 王小沐，高玲 . 大数据时代我国企业的财务管理发展与变革 [M]. 长春：东北师范大学出版社，2017.

[26] 韦姿百，王硕 . 大数据背景下会计信息化系统创新与发展 [M]. 北京：中国书籍出版社，2023.

[27] 徐炜 . 大数据与企业财务危机预警 [M]. 厦门：厦门大学出版社，2019.

[28] 徐文妮 . 大数据背景下的财务共享中心建设研究 [M]. 长春：吉林人民出版社，2021.

[29] 徐晓鹏 . 大数据与智能会计分析 [M]. 重庆：重庆大学出版社，2023.

[30] 许本锋 . 大数据与管理会计 [M]. 北京：经济日报出版社，2022.

[31] 杨继美，周长伟 . 玩转财务大数据 金税三期纳税实务 [M]. 北京：机械工业出版社，2017.

[32] 张勇，张文惠 . 会计大数据基础 [M]. 苏州：苏州大学出版社，2021.

[33] 甄阜铭 . 大数据与智能会计 [M]. 沈阳：东北财经大学出版社，2023.

[34] 周星秀，连长嵩，潘苗 . 大数据时代 高校财务数据分析与风险防控之路 [M]. 北京：中国传媒大学出版社，2020.